古代歷史文化研究輯刊

二一編

王明蓀 主編

第 39 冊

先秦至唐書寫規範化研究

郭良實 著

國家圖書館出版品預行編目資料

先秦至唐書寫規範化研究／郭良實 著 — 初版 — 新北市：花
木蘭文化事業有限公司，2019〔民 108〕
目 2+222 面；19×26 公分
（古代歷史文化研究輯刊 二一編：第 39 冊）
ISBN 978-986-485-757-9（精裝）
1. 文化研究 2. 中國文字
618   108001556

ISBN-978-986-485-757-9

古代歷史文化研究輯刊
二一編　第三九冊　　　　　　　ISBN：978-986-485-757-9

先秦至唐書寫規範化研究

作　　者　郭良實
主　　編　王明蓀
總 編 輯　杜潔祥
副總編輯　楊嘉樂
編　　輯　許郁翎、王筑　美術編輯　陳逸婷
出　　版　花木蘭文化事業有限公司
發 行 人　高小娟
聯絡地址　235 新北市中和區中安街七二號十三樓
　　　　　電話：02-2923-1455／傳真：02-2923-1452
網　　址　http://www.huamulan.tw 信箱 hml810518@gmail.com
印　　刷　普羅文化出版廣告事業
初　　版　2019 年 3 月
全書字數　145583 字
定　　價　二一編 49 冊（精裝）台幣 122,000 元　　　版權所有·請勿翻印

先秦至唐書寫規範化研究

郭良實 著

作者簡介

　　郭良實，1981 年生於甘肅天水，美學博士，研究方向爲中國書畫理論與實踐。先後從首都師範大學中國書法文化研究院與中國人民大學藝術學院獲碩、博士學位，師從解小青、鄭曉華教授。後在清華大學美術學院從事博事後研究，合作導師爲陳池瑜教授。現就職於首都博物館國內合作與民族考古研究部。

　　學術論文《論「六書」與書寫規範化》《論異體字與書法的關係》等發表於《中國書法》《藝術百家》《中國美術研究》等專業期刊。

提　　要

　　該研究以「先秦至唐書寫規範化研究」爲題，以與之相關的系列問題爲研究對象。主要從「內」、「外」兩方面展開論述。「內」指的是漢字自身的發展演變機制；「外」指的是政治制度、文化教育與書法藝術。

　　第一章，影響書寫規範化的內在因素。「六書」理論作爲漢字形義關聯的紐帶，對漢字書寫規範起到直接制約作用。漢字各種字體從產生到成熟的演變過程，也是漢字書寫典範的建立過程。

　　第二章，政治制度與書寫規範化。本章選取史官、文史、校書校、正字、楷書手等職管，探討其與書寫規範的關係。選官制度當中的「以書取士」也促進了書寫規範。

　　第三章，文化教育與書寫規範化。本章探討書寫教育、歷代字書與歷代石經對書寫規範的影響與關係。

　　第四章，書法與書寫規範化。本章考察書法技法理論對書寫規範的影響。此外，探討了過度追求文字形體規範對書法藝術表現力的影響以及爲了滿足美觀需求，隨意改變文字結構，形成異體字的現象。

　　第五章，書寫規範化取樣調查。本章選取唐代墓誌文字爲考察對象，探討其形成原因，並參照文字構形學理論對其進行梳理分類。

　　餘論，書寫規範的形成是以「六書」機制與漢字演變爲內部動因，以國家行政制度爲推動力，最後以文化教育爲實現方式。

緒　論 …………………………………………………… 1

　0.1 選題背景與意義 ……………………………………… 1

　0.2 研究現狀綜述 ………………………………………… 4

　0.3 研究內容與概念界定 ………………………………… 6

　0.4 研究方法與思路 ……………………………………… 8

第1章　影響書寫規範化的內在因素 ……………………… 11

　1.1 「六書」與書寫規範化 ……………………………… 11

　　1.1.1 「六書觀念」與「六書理論」………………… 12

　　1.1.2 「六書」的「橋樑」作用 …………………… 15

　　1.1.3 「六書」與書寫規範 ………………………… 16

　1.2 字體演變與書寫規範的形成 ………………………… 19

　　1.2.1 大篆與小篆 …………………………………… 21

　　1.2.2 隸書與楷書 …………………………………… 30

第2章　政治制度與書寫規範化 …………………………… 35

　2.1 史官與文史 …………………………………………… 35

　　2.1.1 史官 …………………………………………… 36

　　2.1.2 文史 …………………………………………… 40

　2.2 校書郎與正字 ………………………………………… 44

　　2.2.1 校書郎 ………………………………………… 44

　　2.2.2 正字 …………………………………………… 46

　2.3 楷書手與翰林書待詔 ………………………………… 47

　　2.3.1 楷書手 ………………………………………… 47

　　2.3.2 翰林書待詔 …………………………………… 56

　2.4 以書取士 ……………………………………………… 59

　　2.4.1 以書取士溯源 ………………………………… 59

　　2.4.2 唐代以書取士的途徑 ………………………… 60

第3章　文化教育與書寫規範化 …………………………… 65

　3.1 書寫教育 ……………………………………………… 65

　　3.1.1 「六藝」之書教 ……………………………… 65

　　3.1.2 史官、文史之職業教育 ……………………… 68

　　3.1.3 「書學」教育 ………………………………… 71

　3.2 字書教育 ……………………………………………… 79

　　3.2.1 《史籀篇》等 ………………………………… 80

目

次

3.2.2 《說文解字》 …………………………… 85

3.2.3 《玉篇》 …………………………………… 87

3.2.4 《干祿字書》 ……………………………… 89

3.3 石經與字樣學 ………………………………… 91

3.3.1 熹平石經 …………………………………… 92

3.3.2 正始石經 …………………………………… 95

3.3.3 開成石經與唐代字樣學 ………………… 98

第4章　書法與書寫規範化 …………………… 101

4.1 書寫技法理論 ………………………………… 101

4.1.1 唐代以前的書寫技法理論 …………… 102

4.1.2 唐代的書寫技法理論 ………………… 106

4.2 書法與規範化的矛盾 ……………………… 114

4.2.1 追求形體美觀而形成的異體字 ……… 114

4.2.2 過度規範化對藝術個性的削減 ……… 117

第5章　書寫規範化取樣調查（以唐代墓誌異體字為考量對象）………………………… 121

5.1 唐代墓誌異體字的成因 …………………… 122

5.1.1 社會文化 ………………………………… 122

5.1.2 書寫的傳承與延續 …………………… 123

5.2 唐代墓誌異體字的類型 …………………… 127

5.2.1 書寫變異 ………………………………… 128

5.2.2 構形變異 ………………………………… 142

餘論：先秦至唐書寫規範化的規律與基本特徵 … 155

附　圖 ……………………………………………… 161

附表：唐代墓誌異體字字形表 ………………… 179

參考文獻 …………………………………………… 217

緒　論

0.1 選題背景與意義

　　古人云，文字乃「經藝之本，王政之始。」前人以此垂範後世，後人以其瞭解歷史，實爲「道」之根本。通過文字，人們可以超越時間與空間的限制而進行交流。顧野王《玉篇・敘》又云：「文遺百代則禮樂可知；驛宣萬里則心言可述。授民軌物則懸方象魏；興功命眾則誓威師旅。律存三尺，政仰八成。聽稱責於附別，執士師於兩造。勒功名於鍾鼎，頌美德於神祇。故百官以治，萬民以察，雕金鏤玉，升崧岱而告平；汗竹裁縑，寫憲章而授政。莫不以版牘施於經緯，文字表於無窮者矣。」總而言之，文字是人類進入文明社會的標誌，國家政治、經濟、文化、教育以及人們日常生活的方方面面都離不開文字，其重要性可想而知。

　　歷史上任何一個統一的王朝，爲了國家的統治與政權的長久，都會重視文字使用規範化。《禮記・中庸》：「非天子，不議禮、不制度、不考文。」「考文」即考證書名。這說明早在西周時起，規範語言文字就與制定禮樂典章具有同等重要性。西周晚期，周宣王太史籀編纂了《史籀篇》，作爲當時通行的字書範本。春秋戰國以降，諸侯力政，不統於王，亂改名作，造成「言語異聲，文字異形」的局面。秦統一後，施行「一法度衡石丈尺，車同軌，書同文」的措施，對官方正體小篆進行了全方位的整理與規範。漢承秦制，在文字使用規範上也非常嚴格。吏民上書時，如果字寫得不規範，還會受到彈劾。漢末靈帝時爲了勘定儒家經典與正定文字，還刊行了中國歷史上第一部石刻

經典——《熹平石經》。魏晉時期，社會動盪，文字使用較爲混亂。但國家還是適時頒佈政令，正定文字。《魏書·世祖紀》載：

> （始光二年）初造新字千餘，詔曰：在昔帝軒，創製造物，乃命倉頡因鳥獸之跡以立文字。自茲已降，隨時改作，故篆隸草楷，並行於世。然經歷久遠，傳習多失其眞，故令文體錯謬，會意不愜，非所以示軌則於來世也。孔子曰：「名不正則事不成」此之謂矣。今制定文字，世所用者，頒下遠近，永爲楷式。〔註1〕

魏晉以來，異體字繁多固然與字體演變有密切關係，但無論怎樣，文字作爲社會通行符號，必須有「軌則」可循。當時，顏之推等學者也對於文字規範提出了自己的建議。《顏氏家訓》云：

> 世間小學者，不通古今，必依小篆，是正書記。凡《爾雅》、《三蒼》、《說文》豈能悉得《蒼頡》本指哉？亦是隨代損益，各有同異。〔註2〕

可見無論是國家還是學者，對文字使用規範問題都十分重視。隋唐統一之後，國家政治穩定，文教發展迅猛。字樣學隨著科舉考試與儒家經典的校勘工作逐漸成熟，對唐代乃至後世文字書寫規範奠定了基礎。

漢字作爲文化傳承、信息交流的工具，其符號的規範統一有利於國家行政暢通，文教發展，即便是普通民眾生活的生活也與文字緊密相關。如書信往來、各種契約乃至賬本藥方等等，都是以文字形式實現其功能。正是由於漢字在社會各個方面具有廣泛的基礎，使其成爲整個文化系統中最爲活躍的子系統。漢字書寫規範也牽涉到文化的方方面面。比如在中國古代，經學的發展就與書寫規範密切相關，勘定經典文本的同時往往伴隨著正定文字。此外，漢字作爲書法的載體，書寫規範化還牽涉到許多書法問題。比如書法當中的異體字現象。這些都是值得研究探討的話題。

研究「先秦至唐書寫規範化」這一課題，對於當今文字規範以及相關制度的建設具有重要借鑒意義。《簡化字溯源》一書中對現在使用的 388 個簡化字字頭進行統計。發現：

> 現行簡化字始見於先秦的共 49 字，占所選字頭的 12.63%；
> 始見於魏晉南北朝的共 62 字，占 15.98%；

〔註1〕 （北齊）魏收：《魏書·世祖紀》，北京：中華書局，1974 年，第 70 頁。
〔註2〕 （北齊）顏之推：《顏氏家訓·書證篇》，北京：中華書局，1993 年，第 515 頁。

始見於隋唐的共 31 字，占 7.99%；

始見於宋（金）的共 29 字，占 7.47%；

始見於元朝的共 72 字，占 18.56；

始見於明清的共 74 字，占 19.07%；

始見於民國的 46 字，占 11.86%；

始見於中華人民共和國成立後（截止 1956 年《漢字簡化方案》

公佈）的 1 個字，占 0.26%。〔註3〕

我們再來看看以下字例：

《唐王緒太夫人郭五墓誌》：**断**機留訓，遺卷餘澤。

《唐周善持墓誌》：穢陳平之糠皰，笑原憲之葭**床**。

《唐南玄暕墓誌》：蝗**虫**作災，不入中牟之境。

依據《干祿字書》，**断**、**床**、**虫**三字在唐代都屬於俗字，即不規範文字。但是，這三個字的字形與今天我們使用的簡化字相同或十分相近。這是一些簡化字源於古代俗字的具體例證。這些字例也為我們今天的文字簡化和規範工作提供了重要的依據。

對於書法學科研究而言，研究漢字書寫規範化方面的歷史，對於書法理論研究與創作實踐都有其價值。例如，古代學習書法是以文字學為基礎，在書寫正確規範的文字基礎之上再探求文字形體之美。唐代書學所開設的專業課是《說文》、《字林》以及《三體石經》等文字學科目。這樣的教學方式對我們當今的書法教育有很好的借鑒意義。儘管時代不同，學生培養目標有所不同。但我們不能改變書法依附於漢字的事實。《墨池編》云：「今之學者，但能明知八法，洞曉六書，道理既全，體格自實。」〔註4〕「八法」為用筆的規則，「六書」是結字的依據。古人云：「蓋六書乃造字之宏範，而八法乃運用之規模，得之則善，失之則俗。」〔註5〕掌握了這些基本原理，就為學習書法奠定了堅實的基礎，進而可以求發展，求創新。即便是創造不出新的審美樣式，也總不至於寫出錯字。

〔註 3〕張書岩等主編《簡化字溯源》，北京：語文出版社，1997 年，第 6 頁。

〔註 4〕（宋）朱長文：《墨池編・林罕小說序》見盧輔聖主編：《中國書畫全書》第一
　　　　冊，上海書畫出版社，1992 年，第 213 頁。

〔註 5〕趙鳳儀跋《趙孟頫書籍田賦卷》後。（清）張照等：《石渠寶笈》見《景印文淵
　　　　閣四庫全書》第 824 冊，臺灣商務印書館，1986 年，第 141 頁。

目前對這一課題的相關問題也有一些研究成果，但總體上看數量較少，研究深入程度不足，也不夠系統全面。多從文字學角度探討，較少論及書寫規範與書法的關係。因此有必要專門進行系統研究。

0.2 研究現狀綜述

本課題所涉及的文獻種類大致分爲三類：一、語言文字類；二、書法史論、制度與教育類；三、歷史類。下面分別進行綜述。

語言文字研究類

李建國《漢語規範史略》一書，探討了自先秦到清代語言文字規範的相關問題，介紹了一些重要的字書、韻書、詞典，並從文化教育、佛教、科舉等方面論證其與語言文字規範的關係。對本文的撰寫有一定的啓發。該書以時間爲敘述線索，每個時期都選取一些相對重要的問題進行探討，這樣的敘述方式照顧了時間的連貫性，卻難免影響了對一些問題的持續深入研究。范可育等人所著《楷字規範史略》一書，對《玉篇》、《干祿字書》等六部古代楷書字書進行調查、分析和統計，然後就調查統計結果作出分析討論，書後附錄有《現代楷字與唐代正字、俗字對照表》〔註6〕。本文第五章選取唐代墓誌異體字時對此表參照較多。另外，文字學領域對這些字書中的異體字多有研究，可資借鑒。劉葉秋著有《中國字典史略》一書。本書根據古代字典不同的編纂目的與方式對其分類，介紹了從戰國、秦漢到近代的字典、詞典等語言文字工具書，較爲系統全面。

裘錫圭的專著《文字學概要》是文字學研究領域的重要成果。出版已經二十餘年，依然具有重要地位。本文在字體演變等問題上多有參考。王寧的《漢字構形學講座》系統闡述了漢字構形學的理論架構，爲當今漢字研究開關了新的道路，具有方法論的意義。當代學者研究俗字、異體字多有借鑒。本文在釐清異體字概念，對異體字進行分類時還參考了張書岩編著《異體字研究》、張湧泉著《漢語俗字研究》、歐俊昌、李海霞著《六朝唐五代石刻俗字研究》等論著。

〔註 6〕據《楷字規範史略》記載，此表來自郝茂碩士論文《唐代的正字和俗字》中的字表。見《楷字規範史略》，第 147 頁腳注。

　　此外，張正烺《六書古義》一文（載於《歷史語言研究所集刊》第十冊），對「六書」問題探討比較深入細緻。探討「六書」問題的還有呂思勉《文字學四種》與陳夢家《中國文字學》等著作，本文或多或少都有參考，不再一一列舉。趙平安《隸變研究》是近些年研究隸變問題最重要的著作，對許多問題研究深入而透徹。對本文啓發良多。該書後附有《新出〈史律〉與〈史籀篇〉的性質》一文，頗具新意。本文第三章第一節「史官、文吏之職業教育」就是受此啓發。在研究唐代正字學方面，施安昌的論文《唐人〈干祿字書〉研究》、《唐代正字學研究》具有代表性。此外還有陸錫興《唐代的文字規範和楷體正字的形成》等。

書法史論、制度與教育類

　　在書法的各種論著與論文當中，多少都會涉及書寫規範的問題。比如叢文俊《中國書法史・先秦、秦代卷》，對於先秦以及秦代的文字書法研究十分深入。朱關田《中國書法史・隋唐五代卷》也是書法史研究的代表之作。其論文《唐代楷書手、經生與書直》是研究唐代書手的代表。周侃博士論文《唐代書手研究》則更爲系統全面。鄭曉華《翰逸神飛：中國書法藝術的歷史與審美》一書包含對傳統書法的現代闡釋、書法藝術的歷史與書法創作和鑒賞三部分，書中關於文字規範的相關論述頗爲精當。他的《古典書學淺探》涉及唐代「尚法」等問題，與本書相關，因此亦有參照。王元軍研究漢、唐書學創建頗多，如論文《唐代翰林待詔及其活動考述》、《干祿仕進與唐人的書法》、《論漢代屬吏擇取考核與書寫之關係》等，其專著《漢代書刻文化研究》對漢代選官與書寫規範均有論及。張典友博士專著《宋代書制論略》與李慧斌博士專著《宋代制度視閾中的書法史研究》，雖然研究的是宋代書法相關制度，對本文亦有幫助。賀煒煒博士論文《隋唐墓誌異體字研究──兼論異體字與書法表現之關係》分析了隋唐異體字的成因，並探討了異體字與書法創作的關係，圖文並茂，比較詳實。張愛華碩士論文《唐代〈開成石經〉研究》，採用書法史與經學史相結合，文本與字體相結合的方式，對《開成石經》進行了較全面的研究。陳志平博士的《中國古代書學一詞的七種含義》一文，較爲全面地梳理了古代文獻當中「書學」一詞的含義，爲後來的研究提供便利。

書法教育方面的專著有向彬博士的《中國古代書法教育研究》，從多個方面展開研究並探討了古代書法教育的動因。賀文榮博士論文《中國古代書法教育的結構與形態》，著重研究書法教育的組成部分及其關係。李正庚博士論文《先秦至唐書法教育制度研究》，從書法官學、私學、家學以及選官制度等方面進行研究。此外，陳學恂主編《中國教育史研究》和李國鈞、王炳照主編《中國教育制度通史》中也有書法教育相關內容，本文也有所參考。

歷史類

閻步克專著《樂師與史官：傳統政治文化與政治制度論集》探討了樂師與史官兩大群體的發展演變，揭示了樂師與儒生，史官與文史之間的內在聯繫。許兆昌專著《周代史官文化》，從源流、制度等多方面研究了周代史官。賴瑞和著作《唐代基層文官》對校書郎、正字等研究頗為詳細。毛蕾《唐代翰林學士》中全面考察了唐代的翰林學士制度，並專門考察了翰林書待詔。相關學術期刊論文還有：呂靜《秦漢官僚體制下的基層文史研究》，劉桓《殷代史官及其相關問題》，朱楨《貞人非卜辭契刻者》等。

從目前書寫規範化研究現狀來看，無論研究數量還是研究方式都存在明顯不足。涉及古代書寫規範化的研究多是散論，比如向光忠的《漢字規範鑒古論今》〔註7〕。研究書法則多從藝術性的角度展開，而不是從「規範化」的視角研究。《漢語規範史略》一書具有開創性，但研究視角與本文不大相同。目前沒有專門以此為題的專著。因此很有必要進行專門的研究。

0.3 研究內容與概念界定

本文將研究範圍限定在先秦至唐這一歷史時期之內，有兩點原因：一、先秦至唐貫穿了漢字字體演變的全過程。各種字體到唐代時都已成熟穩定並形成各自的典範樣式。二、與書寫規範化相關的政治、教育制度和書法藝術，都已發展完備，要探討這些因素與書寫規範化的關係有足夠的材料。如果範圍過大，材料過於龐雜，則恐怕不易掌握全局架構。

「書寫」的概念在本文就是指漢字書寫。這個「書寫」包括普通的日常書寫和具有書法意義的書寫。「書法」是漢字書寫的藝術，普通日常書寫並不

〔註 7〕刊於李宇明，費錦昌主編：《漢字規範百家談》，北京：商務印書館，2004 年。

一定具備藝術性。從先秦到漢末，漢字獨立的審美價值並不顯著。漢末魏晉以後，「翰墨之道」逐漸興起，書法才逐漸具備了相對獨立的審美品格。在書法史上，更多的是實用性與藝術性集於一身的作品。因此，使用「書寫」的概念更能體現出漢字自身的特殊性。

　　書寫規範化即字形規範化。漢字作爲表意文字，其字形本身就是表意符號。儘管古代不同地域存在方言的差異，但只要使用通用的文字就能進行交流。因此，字形規範化一直以來是漢字規範化的重點。然而，在印刷術廣泛使用之前的漫長歷史階段，文字多以手寫的方式出現於各種領域。因此，書寫規範化的目的是字形規範化，字形規範化也取決於書寫規範化。這兩個概念在本文具有同等的意義。書法作爲「形學〔註 8〕」，字形規範也與其有直接關聯。

　　高明指出：「漢字的規範包括兩個內容，一是字體結構的規範，另一是字的形體規範。漢字結構主要有三種，即象形、會意與形聲。形聲字是漢字表音的主要形式，在它的結構中，既有表義成分也有表音成分，故而極便識讀，頗受群眾的歡迎。因此，自形聲字產生之後，不僅創造新字多採用形聲結構，而其他結構的字體也向形聲方面規範。如有些象形字和會意字，本來已存在很久，因受形聲結構的影響，中途又在原來的字體中，增添聲符或形符，轉化爲形聲字。」〔註 9〕可見引文所說的「字體結構的規範」指的是漢字構形方式向形聲字發展的過程。本文所探討的書寫規範化不屬於這種情況。

　　高明又在《中國古文字學通論》中以秦統一小篆爲例解釋「字的形體規範」，將秦小篆規範方式分爲四種：固定各種偏旁符號的形體；確定每種形旁在字體中的位置；每字形旁古代，彼此不能代用；統一每字的書寫筆數〔註 10〕。這些經過國家統一整理規範的文字就是正體字，與異體字（包括俗體、別字、錯字等）相對。這是本文書寫規範化所涉及的第一層意思，即書寫正體字。當然，古代正體與俗體的概念並不是非常明確，界限也並不十分清晰。本文所研究書寫規範化的第二層意思是書寫形體端正美觀的文字。如唐代以書取士，要求「楷法遒美」，也是屬於規範化的要求。「規範」一詞本身就有「標

〔註 8〕　《廣藝舟雙楫》云：「蓋書，形學也。」（清）康有爲：《廣藝舟雙楫》，《歷代書法論文選》，上海書畫出版社，1979 年，第 845 頁。
〔註 9〕　高明：《中國古文字學通論》，北京大學出版社，1996 年，第 165 頁。
〔註 10〕　高明：《中國古文字學通論》，北京大學出版社，1996 年，第 166、167 頁。

準」、「法式」與「典範」的含義〔註11〕。書法中經常談到的「楷法」「法度」都具有規範、標準的要求。比如張懷瓘在《書估》中評價王羲之父子：「子為神駿，父得靈和。父子真行，固為百代之楷法。」這裡的「楷法」更傾向於典範的意思。朱長文《續書斷》評虞世南書「含含剛特，謹守法度」。黃庭堅云：「學書端正，則窘於法度。」上述文獻中所說的「法度」則更傾向於法式與規矩。書法當中的這類要求都會影響到書寫規範化。

0.4 研究方法與思路

研究方法

研究方法指的是科研活動中蒐集資料，並對其進行組織利用的方法。本文主要使用了文獻研究法、二重證據法、交叉研究法、圖表統計法和圖文結合法。

1. 文獻研究法

文獻研究法是人文、社會科學最常用的研究方法之一。首先，通過對課題相關文獻資料的搜集整理，瞭解本課題的研究現狀。也就是說，我們的研究要立足於前人的基礎之上。其次，通過對文獻資料的研究，發現新材料，找出新問題。然後，通過對文獻的分析與梳理找到新的視角，提出新觀點。本文主要採用的是文獻研究法。

2. 二重證據法

隨著甲骨文、敦煌文獻等出土文獻的發現，社會科學研究方法也隨之發展。1925 年，王國維在《古史新證》中說：「我輩生於今日，幸於紙上之材料外更得地下之新材料。由此種材料，我輩固得據以補正紙上之材料，亦得證明古書之某部分全為實錄，即百家不雅馴之言亦不無表示一面之事實。此二重證據法惟在今日始得為之。雖古書之未得證明者不能加以否定，而其已得證明者不能不加以肯定可斷言也。」〔註12〕本文也較多地使用了這一研究方法。比如張家山漢簡《史律》篇當中所記載了當時以《史籀篇》試學童的詳

〔註11〕 《辭源》（建國六十週年紀念版），北京：商務印書館，2009 年，第 3116 頁。
〔註12〕 王國維：《古史新證：王國維最後的講義》，北京：清華大學出版社，1994 年版，第 2、3 頁。

細情況，可以與傳世的《漢書‧藝文志》和《說文‧敍》相互印證。甲骨卜辭當中記載學生上學的事情，可以和傳世文獻中記載殷商時期學校的狀況互相參證。

3. 圖表統計法

圖表統計具有一目了然的特點。在許多問題上，這種直觀的方式比語言更有優勢。比如本文在說明西周金文筆形線條化趨勢時，進行列表比較說明。

4. 圖文結合法

書法爲視覺藝術，語言描述有其不足之處。因此將文獻與圖片相結合，可以更爲直觀地說明事物的特點。本文涉及到書法作品時多附圖說明。

研究思路

1. 從內因到外因

文字作爲人類創造的符號系統，受到人的支配。當這一系統建立起自己的運行秩序後，人反過來又要遵守這一秩序，否則將破壞這一系統的運作。在漢字當中，維持漢字運作的就是「六書」機制。「六書」既是造字規則，也是書寫依據。此外，漢字字體演變的過程就是規範建立的過程。「六書」與漢字演變都是制約書寫規範的內因，也是本文首要研究的問題。政治制度、文化教育和書法藝術相對而言則是影響書寫規範的外部因素。

2. 重新建構

本文不按照歷史朝代進行章節展開的順序，而是將所涉及的問題進行分類，重新建構出符合本文敘述思路的框架。對於具體節目安排，也是根據不同時期的具體特點進行取捨。儘量體現出研究對象的內在理路。

第 1 章　影響書寫規範化的內在因素

　　書寫規範化受制於許多因素，如文字政策、選官制度、書法傳播等，甚至個人的書寫習慣與書寫心理都會影響到書寫規範化。這些都可以看做影響書寫規範的外在因素。漢字作爲一種文字符號系統，其本身就具有規定性。比如漢字的造字思維方式，以及漢字核心理論「六書」理論，對於書寫規範有著潛在的影響。此外，漢字產生演變的過程也是規範形成的過程，從一種舊字體演變爲新字體則是打破舊規範形成新的規範過程。這些因素都可以看作是影響書寫規範化的內在因素。

1.1 「六書」與書寫規範化

　　眾所周知，「六書」理論形成於漢代，那麼《周禮》當中所記載的「六書」是否與漢儒闡釋的條例相同呢？許多學者已經對此提出質疑。經過分析，筆者認爲先秦「六書」與漢代「六書」並不相同。首先，先秦「六書」僅僅是人們對於文字書寫的一種觀念，並非漢儒所說有詳細的條例。其次，漢代「六書」也絕非漢儒向壁虛造，而是「六書」的觀念發展到一定階段的理論化。第三，無論是「六書」的觀念還是「六書」的理論，都是漢字內在的運行機制。通過「六書」機制，漢字可以實現「形與義」之間的雙向轉換，一方面，人們可以通過字形來瞭解字義；另一方面，人們可以通過字義來選擇字形，從而對書寫規範起到相應的制約作用。

1.1.1 「六書觀念」與「六書理論」

「六書」一詞最早見於漢初〔註1〕《周禮・地官・保氏》當中：「保氏掌諫王惡，而養國子以道，乃教之六藝：一曰五禮，二曰六樂，三曰五射，四曰五馭，五曰六書，六曰九數。」〔註2〕保氏的職責是以禮義匡正君王、并負責教育貴族子弟，其主要教學內容就是六藝。其中「六書」是必要科目之一。《周禮・大司徒》中又記載道：「以鄉三物教萬民而賓興之。一曰六德：知、仁、聖、義、忠、和；二曰六行：孝、友、睦、婣、任、恤；三曰六藝：禮、樂、射、御、書、數。」〔註3〕大司徒主管教化民眾，管轄六鄉，他以鄉三物（六德、六行、六藝）教化萬民，並舉薦賢能之士。

然而，《周禮》當中只有「六書」之名，對其具體所指並未言及。鄭眾在注釋《周禮》時明確指出六書的名稱：「象形、會意、轉注、處事、假借、諧聲。」〔註4〕班固在《漢書・藝文志》中說：「古者八歲入小學，故周官保氏掌養國子，教之六書，謂象形、象事、象意、象聲、轉注、假借，造字之本也。」〔註5〕

鄭眾和班固對六書只是提出名目，並未作詳細闡釋，直到許慎《說文敘》，才對六書做出了定義，並列舉出字例。《說文解字敘》云：

> 周禮八歲入小學，保氏教國子，先以六書：一曰指事。指事者，視而可識，察而可見，「上」「下」是也。二曰象形。象形者，畫成其物，隨體詰詘，「日」「月」是也。三曰形聲。形聲者，以事為名，取譬相成，「江」「河」是也。四曰會意。會意者，比類合誼，以見指撝，「武」「信」是也。五曰轉注。轉注者，建類一首，同意相受，「考」「老」是也。六曰假借。假借者，本無其字，依聲託事，「令」「長」是也。〔註6〕

〔註1〕 張政烺說：「『六書』之學，本於《周官》。」對於」六書「理論的所有質疑都基於對《周禮》一書的質疑。彭林在《〈周禮〉主體思想與成書年代研究》一書中做了詳盡的論證，認為《周禮》應當成書於漢初，本文從此說。北京：中國人民大學出版社，2009年，第180頁。
〔註2〕 《十三經注疏・周禮注疏》，北京大學出版社，1999年，第352頁。
〔註3〕 《十三經注疏・周禮注疏》，北京大學出版社，1999年，第266頁。
〔註4〕 《十三經注疏・周禮注疏》，北京大學出版社，1999年，第352頁。
〔註5〕 （漢）班固：《漢書・藝文志》，北京：中華書局，1962年，第1720頁。
〔註6〕 （漢）許慎：《說文解字・敘》，北京：中華書局，1963年，第314頁。

　　我們通過上述文獻基本可以看出「六書」理論形成的基本過程。《周禮》中的「六書」屬於「六藝」之一，並無具體名目。繼而鄭眾、班固先對其冠以名目，許慎再對其予以闡釋、列出字例。這三家對「六書」的研究可以說是逐漸深入，逐步細化。三家「六書」名稱雖不盡一致，但所指事實大體相同。

　　然而，近代以來許多學者對於《周禮》中所載的「六書」究竟是不是漢儒所闡釋的六種造字條例產生了質疑。這種質疑源於《周禮》一書成書年代的不確定性。即便《周禮》是西周以後成書，其中所記載的史實是否與西周相符？文字學與書法學最為關注的是「六書」究竟是不是西周時期學童寫字教育的內容。這一問題與本文也密切相關，因此，下文我們將對各家學說對「六書」的質疑進行分析清理。

　　首先對「六書」提出質疑的是康有為，他在《廣藝舟雙楫》中說：

　　　文字之始，莫不生於象形。物有無形者，不能窮也，故以指事繼之。理有憑虛，無事可指者，以會意盡之。若諧聲假借，其後起者也。轉注則劉歆創例，古者無之。〔註7〕

他認為「六書」當中「轉注」一條為劉歆所創。言外之意其餘諸條古已有之。時隔一年之後，他在《新學偽經考》中又說：

　　　保氏六書之說，條理甚備，唯古書絕不之及。唯許慎《說文》、鄭康成注《周官》稱焉。然皆出歆之傳，蓋創造於歆而偽附於《周官》者也。《左傳》：「止戈為武，反正為乏」，蓋歆所偽竄，鄭漁仲攻之，識蓋高矣。然歆亦非能創為之，蓋事、形、聲、意，通以轉假，古人所本有；名義條例，歆之所發明。〔註8〕

這時他認為「事、形、聲、意，通以轉假」都是古人所本來有的，至於「六書」的名目是劉歆的發明。康氏的懷疑點，古書未曾提及。呂思勉在其《文字學四種》中質疑道：

　　　自周初至漢末，歷史已逾千年，況《周官》固戰國時書，其距漢末，亦數百載；果使其時已有六書之說，安得自許以前，迄無用

〔註7〕姜義華、張榮華編校：《康有為全集》第一集，北京：中國人民大學出版社，2007年，第252頁。
〔註8〕姜義華、張榮華編校：《康有為全集》第一集，北京：中國人民大學出版社，2007年，第407頁。

其法著字書者？而班、鄭、許三人而外，義迄無提及者乎？且六書
之說，豈可以教學僮哉……若以六書教學僮，是猶今之教學僮者，
用字典分部之說也，有是理乎？又六書之說，許似不甚明瞭。許說
某字當屬六書之某，而其實不然。及依許說，則在六書中無類可歸
者甚多。……學問歷時愈久，則研究愈深；研究愈深，則立說眾密。
果使作之《周官》之時，已有六書之說，至許君時，研究者必已甚
多，某字當屬某書，當早有定論，安得茫昧如此乎？故六書絕非古
說也。〔註9〕

呂思勉的質疑點有三：一是漢以前為何無人提及。二是怎麼會有人用字典分
部之說教學童。三是《說文》當中的有些字還不能確定分類，因此「六書」
不應該是舊說。此外，陳夢家認為班固、許慎與劉歆都有學術師承關係，漢
代「六書」三家之說都出自劉歆。〔註10〕張政烺也認為「六書」是劉歆一家
的之說。理由之一是「六書」過於深奧，怎麼可能用來教學童。還有，他也
發現《說文》當中存在解釋不通的字，並且「六書」「絕不見於新莽以前之
書」〔註11〕張氏還提出「六書」就是「六甲」〔註12〕的觀點。叢文俊對此類
觀點論述道：「漢人注解先秦典籍，均以『六書』為象形、指事、會意、形
聲、轉注、假借等造字方法，現代學者則以其艱深童蒙不宜，轉而以『六甲』
釋之。按，《漢書‧食貨志》、王粲《儒吏論》均有「學六甲五方書計之事」
語，明『六甲』與『六書』有別。又，『六甲』即十干、十二支相配所得之
六十甲子，『五方』即東西南北中五個方位，再配以金木水火土五行，皆易
記誦，雖然與陰陽迷忌緊密相關，卻遠不如文字的繁難和重要。所以，『六
甲』不會取代「六書」之教，《周禮》的「六書」指文字而言，殆無可疑。
我們認為，「六甲」與「六書」同為周代小學課業，僅學習的順序略有先後
之別。」〔註13〕

〔註 9〕 呂思勉：《文字學四種》，上海古籍出版社，2009 年，第 108～109 頁。
〔註 10〕 陳夢家：《中國文字學》，北京：中華書局，2006 年，第 97 頁。
〔註 11〕 張正烺：《六書古義》，見載於《歷史語言研究所集刊》，第十冊，北京：中華
書局，1987 年，第 1 頁。
〔註 12〕 「六甲」即甲子表。甲骨文、漢代簡牘中均有學童練習書（刻）寫甲子表的
實物發現，本文將在第三章論及。
〔註 13〕 叢文俊：《中國書法史‧先秦、秦代卷》，南京：江蘇教育出版社，2002 年，
第 405 頁。

上述觀點，各具其理，但並不能讓人滿意。首先，他們之所以認為「六書」過於深奧而不宜教授童蒙，是由於他們沒有意識到「六書」作為一種理論，有其萌芽、發展、成熟的過程。比如殷商時期的「六書」，就不可能如許慎所定的條例一般明確又詳細，那時候的漢字還主要以象形字為主。如果在漢字教學中使用「六書」的方法想必極為容易，不至於困難到成人都難以理解的程度。其次，「象形」字是漢字的基礎，可是從漢代開始文字就進入了今文字階段，文字的象形性基本消失，變為純粹的符號。而許慎所創「六書」是分析小篆字形的成果，後人理解起來定會覺得困難。第三，《說文》問世以後，歷代無不奉為字學圭臬，宋代以後，「六書」理論有趨於僵化的傾向，故而覺得「六書」艱深難懂。第四，現代漢字教學，包括對外漢語教學當中都在積極的使用「六書」理論，儘管簡化楷書與篆書構形差別較大，但對於學習者大腦當中建立「形義」聯繫依然有較大幫助。因此，認為「六書」不適合教學童的說法站不住腳。

綜合上述觀點，我們認為「六書」名目確實為漢儒所創，但在漢代之前，「六書」已經具備「雛形」，我們將其稱之為「六書觀念」，便於和漢代「六書理論」相區別。「六書觀念」與「六書理論」在內涵上並不相等，但前後一脈相承。前面所列材料當中，康有為就認為「六書」是「古人所本有」。我們也只是給這種已有的事實加上一個稱謂而已。朱宗萊也有相類似的看法，它的《文字學音篇形義篇》云：

> 「六書者，造字之本。古有其實，周定其名。猶舊有疊韻而陸法言定為二百六部。書有雙聲而僧守溫定為三十六母也。」〔註14〕

此說法大體不錯，但我們認為《周禮》成書於漢初。如改為「漢定其名」則更為恰當。「六書」在漢代時名目各異，順序也不盡相同，也正說明當時的人還在創造細目，還未得到統一。〔註15〕

1.1.2 「六書」的「橋樑」作用

現代語言學家費爾迪南‧德‧索緒爾認為世界上只有兩種文字體系，即表意體系和表音體系。表意體系是指：「一個詞只用一個符號表示，而這個符

〔註14〕錢玄同、朱宗萊：《文字學音篇形義篇》，臺北：臺灣學生書局，1969 年，第98 頁。

〔註15〕蔣善國：《漢字學》，上海教育出版社，1987 年，第 110 頁。

號不取決於詞賴以構成的聲音。這個符號和整個詞發生關係，因此也就間接地和它所表達的觀念發生關係。這種體系典範例子就是漢字。」〔註16〕表意文字的符號和它表達的觀念間接地發生關係。對漢字而言就是字形和字義間接地發生關係。在某種程度上，我們可以將漢字符號與它所表達的意義之間理解為「同構關係」。就如同藝術品的形式和它要表現的情感的關係一樣。「藝術品是將情感（指廣義的情感，亦即人所能感受到的一切）呈現出來供人觀賞的，是由情感轉化成的可見的或可聽的形式。」〔註17〕漢字符號則是將意義轉化而成的可視形式。在這樣的一種關係當中，符號形式定要受制於所要表達的意義。也就是說，字形要受到字義的支配。

然而，字義對字形的影響作用並不是直接實現的。這中間依賴於一個有效的運行機制，這就是「六書」。作為造字法，「六書」可以實現從意義到漢字符號的具體轉化；作為識字法，也可以完成漢字從符號到抽象意義的認識。《書苑菁華》云：「周之保氏教國子以六書。既教之小學，使辨其為書之形。必教之大學，使其通為書之意。」〔註18〕這就是說，通過「六書」可以辨識字形，也可以通明字義。要之，「六書」就是溝通漢字「形」與「義」的一座「橋樑」。

我們已經在前文指出「六書觀念」與「六書理論」不同。但這二者之間並不存在本質的區別，只是漢字「六書」在不同歷史階段的不同形態。這二者一脈相承，同樣對漢字書寫規範起到制約的作用。

1.1.3 「六書」與書寫規範

蔣善國認為「六書說是漢人歸納古人造字和用字的條例，不是古人根據「六書」這個條例來造字和用字。」〔註19〕高明也指出：「過去的文字學家多

〔註16〕 〔瑞士〕費爾迪南·德·索緒爾：《普通語言學教程》，高名凱譯，北京：商務印書館，1985年，第50～51頁。索緒爾在表意、表音文字定義後補充道：「此外，表意文字很容易變成混合的：某些表意字失去了它們原有的價值，終於變成了表示孤立的聲音的符號。」這段文字可以看做對「這個符號不取決於詞賴以構成的聲音」的補充與說明。這種現象在漢字當中主要體現在形聲字上。

〔註17〕 〔美〕蘇珊·朗格：《藝術問題》，北京：中國社會科學出版社，1983年，第24頁。

〔註18〕 （宋）陳思：《書苑菁華》見盧輔聖主編：《中國書畫全書》第二冊，上海書畫出版社，1992年，第526頁。

〔註19〕 蔣善國：《漢字學》，上海教育出版社，1987年，第111頁。

認爲漢字是倉頡所造，而且是根據『六書條例』創造的。如許愼《說文解字敘》云：『倉頡之初作書，蓋依類象形故謂之文，其後形聲相益即謂之字。』班固在《漢書·藝文志》中謂：『象形、象事、象意、象聲、轉注、假借，造字之本也。』這一觀點，不符合漢字起源和發展的基本事實，應當說是本末倒置。實際上古人開始造字並不知道有所謂『六書』，更不可能根據六書理論指導造字。『六書』乃是後人根據字形結構總結出的理論，所以說『六書』不是創造漢字之本，而漢字卻是『六書』之本。唯有弄清它們之間的關係，才能正確估計『六書』的價值和它對研究漢字所起的作用。」〔註 20〕以上觀點大體正確，但還有不完善之處。

　　先民造字時頭腦中固然不可能想著漢代人所提出的「六書」條例。但其造字的思維當中已經包孕了「六書」的胚胎，許愼《說文敘》云：

　　　　古者庖羲氏之王天下也，仰則觀象於天，俯則觀法於地，視鳥
　　　獸之文與地之宜，近取諸身，遠取諸物；於是始作《易》八卦，以
　　　垂憲象。及神農氏，結繩爲治，而統其事。庶業其繁，飾僞萌生。
　　　黃帝史官倉頡，見鳥獸蹏远之跡，知分理之可相別異也，初造書契。

〔註 21〕

很明顯，這種通過「仰觀俯察」進行「觀物取象」的造字方式正反映了漢字最初的狀況，這也可以看作是六書的源頭。隨著文字的「孳乳浸多」，「六書」觀念逐漸完備，到漢代許愼才形成理論體系。

　　此外，漢代之前的大多數古文字構形也可以用「六書」理論進行分析。但必須靈活運用。劉鶚在《鐵雲藏龜序》裏曾說：「以六書之恉推求鍾鼎多不合，再以鍾鼎體勢推求龜版之文又多不合，蓋去古愈遠愈難推求耳。」〔註 22〕恐怕劉鶚是嚴格的用「六書」條例推求金文，再用金文推求甲骨文，結果發現多數合不上。臺灣學者徐富昌在它的《文字學講義》中說「羅振玉、王國維不是採取「推」（實即套）的辦法，而是運用六書理論來分析甲骨文，結果認出許多與《說文》形體不同的字。羅、王之後，許多學者也運用六書理論分析偏旁結構，考釋出不少新字。」〔註 23〕這說明「六書觀念」早已存在於

〔註 20〕　高明：《中國古文字學通論》，北京大學出版社，1996 年，第 45 頁。
〔註 21〕　（漢）許愼：《說文解字·敘》，北京：中華書局，1963 年，第 314 頁。
〔註 22〕　（清）劉鶚：《鐵雲藏龜》第一冊，抱殘守闕齋，清光緒三十年（1904）。
〔註 23〕　http：//club.ntu.edu.tw/~davidhsu/New-Character-Lecture/ch7_5.html。

人們的頭腦當中，當然在漢字早期有可能是一種「無意識」狀態。這是一條無形的準繩，已經在影響著漢字的構形。

張政烺在《六書古義》一文總結道：「『六書』之學，原本《周官》，著於《七略》，大章於《說文解字》，流傳殆二千年，清代尤盛。總統學術，凡說經無分今古學，皆以此爲根本，旁及諸子百家，屈宋之賦，馬班之史，莫不於『六書』求達詁，可謂盛矣。」〔註24〕許愼「六書」理論問世後，逐漸成爲小學綱領。以「六書」統領全書的《說文解字》也隨之成爲漢字史與書法史的重要著作。唐代封演稱其爲「字學之宗」。《顏氏家訓》評價道：「隱括有條例，剖析窮根源。鄭玄注書往往引其爲證。若不信其說，則冥冥不知一點一畫有何意焉」〔註25〕《說文》以「六書」爲基本理論，從字源學的角度說解字形、分析字義，使漢字的形與義建立起密切的聯繫。這對於漢字的書寫規範化乃至文化的傳承發展可謂功不可沒。唐宋以降，《說文》被納入字學、書學教育的必修科目，「六書」研究逐漸興起。宋、元、明三朝冠以「六書」之名的著作約有三十五種（現存十二種），〔註26〕其影響可見一斑。

中國書法以漢字爲載體。因而作爲漢字理論的「六書」就自然而然地成爲書法的主要理論之一。從而對文人、書家的實際書寫規範產生影響。古代書家大都對「六書」有研究，有些書家甚至可以說精通「六書」。楊愼《墨池瑣錄》記載了虞集的一段文字：「魏晉以來，善書者未嘗不通六書之義。吳興趙公之書冠天下，以其深究六書也。此評始爲的論。」〔註27〕虞集指出善書者皆通「六書」義理，他認爲趙孟頫書法天下第一就是由於他深入研究「六書」的結果。趙宧光《寒山帚談》說：「鄭樵云：『六書明則六經如指掌』此語其大者耳！如以細，則將退而曰：六書明則諸體如探囊。斯可以概前說。」〔註28〕。這段文獻已明確指出，通曉「六書」的雙重意義。「六書」無論是對理解六經經義，還是研習五體書法都至關重要。朱長文《墨池編》曰：「今之

〔註24〕 張政烺：《六書古義》，見載於《歷史語言研究所集刊》，第十冊，北京：中華書局，1987年，第1頁。

〔註25〕 （北齊）顏之推：《顏氏家訓》，北京：中華書局，1996年，第510頁。

〔註26〕 黨懷興：《宋元明六書學研究》，北京：中國社會科學出版社，2003年，第36頁。

〔註27〕 （明）楊愼：《墨池瑣錄》，見盧輔聖主編：《中國書畫全書》第三冊，上海書畫出版社，1992年，第803頁。

〔註28〕 （明）趙宧光：《寒山帚談》，見盧輔聖主編：《中國書畫全書》第四冊，上海書畫出版社，1992年，第95頁。

學者，但能明知八法，洞曉六書，道理既全，體格自實。亦何必踵歐、虞、褚、柳之惑亂哉？」〔註29〕這就是說，只要通曉「八法」「六書」這些基本原理，寫字便可以有正確的結構和筆法，又何必總是步人後塵，被人迷惑。趙鳳儀題跋《趙孟頫書籍田賦卷》後說：「蓋六書乃造字之宏範，而八法乃運用之規模，得之則善，失之則俗。」〔註30〕由此可見其重要性。

理解「六書」原理，還有助於書家創作出更為「生動」的漢字形象。「朱子曰：古之書者志於義理而體勢存焉。周官教國子以六書者，惟其通於書之義理也。故措筆而知意，見文而察本，豈特點畫模刻而已。」〔註31〕朱長文「古之書者志於義理而體勢存焉」的論斷極具深意。「義理」就是道理，這裡指的是文字構形的道理、原理，「體勢」就是字的形體結構，屬於筆墨外形層面，明白「義理」書法就能得「體勢」。朱氏早已洞見「義理」與「體勢」之間的關係。漢字的結構本來就是各種形象抽繹出來的可視符號，所以「義理」可以喚醒人們頭腦中的形象意識，賦予漢字以「體勢」，這種「體勢」也可以理解為一種美的形式。這實際上是給漢字形體賦予了生命形式。張懷瓘總結為「囊括萬殊，裁成一相。」書法絕不僅僅是「點畫模刻」，它表現的是鮮活的自然萬物。

總之，「六書」作為溝通漢字字形與字義的紐帶，對書寫規範起到重要的制約作用。同時也為人們理解漢字符號的意義提供了一把鑰匙。

1.2 字體演變與書寫規範的形成

漢字從誕生之時起，其形體與結構就在不斷地進行演變與革新，直到新中國成立，政府還推行了文字改革。文字的演變與規範的形成，既有自然書寫發展的因素，也有人為地進行規範與改造的原因。「從形體上看，漢字主要經歷了由繁到簡的變化。這種變化表現在字體和字形兩方面。」〔註32〕字體的變化可以看作一種質變，即從一種字體變為特徵極不相同的另一種字體，

〔註29〕 （宋）朱長文：《墨池編·林罕小說序》，見盧輔聖主編：《中國書畫全書》第一冊，上海書畫出版社，1992年，第213頁。

〔註30〕 （清）張照等：《石渠寶笈》，見《景印文淵閣四庫全書》第824冊，臺灣商務印書館，1986年，第141頁。

〔註31〕 （宋）朱長文：《墨池編》，見盧輔聖主編：《中國書畫全書》第一冊，上海書畫出版社，1992年，第215頁。

〔註32〕 裘錫圭：《文字學概要》，北京：商務印書館，1988年，第28頁。

最典型的例子就是隸變。其實字體的變化都是從字形的變化開始的。字形的變化則比較溫和，可以看作是量變，往往是同一種字體的局部特徵發生較小的變異，這種變化積聚到一定程度，再加上人為的取捨，新的字體便誕生了。在漢字演變過程當中，字體和字形「兩方面的變化往往是交織在一起而難以截然劃分的。」〔註33〕

漢字發展的過程本身就是從不規範到規範。每種字體典型樣式的確立，意味著這種字體最高規範的形成。「可以這麼說，整個古文字時代——從現存文字早期形式甲骨文盛行的商代，直到漢代『今文字』（近代文字）體系的誕生，中國文字一直處在『創造』、『規範』、『美化』的過程中；其中『創造』、『規範』、『統一』是這近兩千年歷史中書法、文字學所致力的中心任務；『美化』則是附帶的、自然而發生的。」〔註34〕我們不難發現，漢字典範樣式的形成實際上是「美用合一」觀念作用於漢字書寫的必然結果。

我們在展開討論各體標準樣式形成過程之前，有必要對各種字體的性質及討論範圍作出說明。對於同一時期的文字，有正體和「輔體」〔註35〕之分。正體一般用於正式場合，比如國家慶典、頒佈法令等。往往和每種正體相伴使用的俗體則是「趨急速」的產物。正如鄭曉華所說：「無論在政治生活中還是經濟生活中，貴族、平民、官員還有大量的文字工作需要處理。如政府公文的起草、錄副存檔，王公大臣的私家文字往來、平民的契約、書簿、帳目等等，這些細瑣而繁雜的文字工作，如果都按祭祀、征戰的高文大典格式去書寫，那工作效率將極低，而且主事者將不勝其勞。生活的需要，促使書法藝術的發展，在協同文字進化、發展規範統一形式（正體）的同時，摸索、開拓一種非主流的書寫形式，這種形式我們把它稱為『輔體』。」〔註36〕由於輔體更能適應各類書寫需求，其存在範圍也極為廣泛。尤其是春秋晚期社會

〔註33〕 裘錫圭：《文字學概要》，北京：商務印書館，1988年，第28頁。

〔註34〕 鄭曉華：《翰逸神飛：中國書法藝術的歷史與審美》，中國人民大學出版社，2000年，第74頁。

〔註35〕 「輔體」一詞借鑒鄭曉華師的稱謂，見下文引文。「輔體」一詞與裘錫圭《文字學概要》中的「俗體」所指範圍基本一致：「所謂正體就是在比較鄭重的場合使用的正規字體，所謂俗體就是日常使用的比較簡便的字體。」「輔體」更能體現這類文字具有「輔助性」的作用，而「俗體」似乎有貶義，或者會給人以這一類文字並不重要的想法，因此後文用「輔體」。

〔註36〕 鄭曉華：《翰逸神飛：中國書法藝術的歷史與審美》，北京：中國人民大學出版社，2000年，第77頁。

動盪、「文化下移」以後，文字使用範圍迅速擴大，輔體極爲流行。從近年出土的大量秦簡、楚簡等文字實物可以看出其使用範圍極廣。儘管輔體的地位不及正體，但真正推動漢字發展演變則主要是輔體的功勞。

　　正體和輔體的身份也不是固定不變的。「其實，在文字形體演變的過程裏，俗體所起的作用十分重要。有時候，一種新的正體就是由前一階段的俗體發展而成的。比較常見的情況，是俗體的某些寫法後來爲正體所吸收，或者明顯地促進了正體的演變。」〔註 37〕比如隸書在秦代時還屬於輔體，到漢代時則發展爲正體。

　　篆、隸、楷、草、行五種字體當中，正體（篆、隸、楷）都具備各自的典範樣式，成爲不同歷史時期的官方正體。作爲輔體的草書和行書的形態則較爲靈活自由。漢代以後，輔體主要向書法藝術方向發展。當然，章草經過皇象等人進行整理走向了標準化的道路，但並未獲得正體的地位。因此本節主要討論篆、隸、楷三體的規範形成。篆書當中的甲骨文實爲商代的俗體，裘錫圭《文字學概要》中已經指出〔註 38〕。故選擇大篆、小篆、隸書、楷書作爲探討對象。

1.2.1　大篆與小篆

1.2.1.1　大篆的名實

　　大篆一詞最早見於《漢書·藝文志》：「史籀十五篇」，顏師古注云：「周宣王太史作大篆十五篇，建武時亡六篇矣」又說：「《史籀篇》者，周時史官教學童書也。與孔氏壁中古文異體。」看來漢人所謂的大篆就是《史籀篇》裏的文字。許慎又在《說文敘》中說：「及宣王太史籀著大篆十五篇，與古文或異。」〔註 39〕可見大篆與古文不盡相同。《史籀篇》一書早已亡佚，只有《說文解字》當中收錄了二百二十五字。許慎說：「今敘篆文，合以古、籀。」〔註 40〕其中的「籀」就指《史籀篇》中的籀文，可見籀文和大篆異名同實。段玉裁《說文敘注》說：「其有小篆已改古、籀，古、籀異於小篆者，

〔註 37〕裘錫圭：《文字學概要》，北京：商務印書館，1988 年，第 44 頁。
〔註 38〕裘錫圭：《文字學概要》，北京：商務印書館，1988 年，第 42～43 頁。「我們可以把甲骨文看作當時的一種比較特殊的俗體字，而金文大體上可以看做當時的正體字。」
〔註 39〕（漢）許慎：《說文解字·敘》，北京：中華書局，1963 年，第 315 頁。
〔註 40〕（漢）許慎：《說文解字·敘》，北京：中華書局，1963 年，第 316 頁。

則以古、籒附小篆之後，曰古文作某，籒文作某，此全書之通例也。」〔註41〕小篆是省改古文、籒文而來，傳承關係顯而易見。至於那些結構和小篆不同的，就附在小篆之後。

由於《史籒篇》已經亡佚，我們僅能看見《說文》當中收錄的 225 字，許多學者懷疑《說文》中的籒文經過輾轉傳抄可能已經面目全非。王國維和唐蘭則認爲籒文是東周時期的文字。對此，也有學者將這些籒文和西周金文進行了全面比對考察。「發現《說文》籒文或其偏旁可與西周金文對應的共 71 例，其中 23 例字形相同，28 例籒文字形略僞但擅變之跡清晰。這說明籒文爲西周文字確屬可信，也說明籒文和西周金文二者可以互證。」〔註42〕這說明《說文》所收錄的籒文字形比較可靠。因此，我們將以西周金文作爲探討大篆規範化形成的研究對象。

1.2.1.2 大篆規範樣式的形成

周武王消滅殷商，建立了西周王朝。西周的文字也基本承襲了殷商文字的風貌，後來周人在文字實際應用中進行了揚棄與改造，形成了形體比較規範的大篆書體。這種規範化傾向大致體現在四個方面：一、塊面狀筆形〔註43〕逐漸消失，變爲粗細均匀的線條；二、字形趨於對稱化，安排複雜字形的能力增強，單字所佔空間趨於一致；三、行軸線趨於垂直，行側輪廓趨於平齊，行間距趨於平行一致，直到行列分明的格局出現。這種變化，意味著一種新標準的建立，也標誌著大篆書體的規範化形成。下文將從筆形、字形、以及章法三個方面探討大篆規範樣式的形成。

1.2.1.2.1 筆形——線條化

西周前期的金文，「象形象事之意」比較明顯，有「圖畫」的意味，模擬物象比較寫實。這類古文字也可以稱之爲「圖形體」。〔註44〕隨著時間的推移和文字的演變，西周金文與商代金文相比，明顯脫離了「圖畫」的意味，儘管在西周前期（昭、穆王以前）的金文當中還存在方形、圓（弧）形的塊

〔註41〕（清）段玉裁：《說文解字注》，上海古籍出版社，1981 年，第 764 頁。

〔註42〕樊俊利：《〈說文〉籒文與西周金文和證》，載《語文研究》，2009 年，第 4 期，第 56 頁。

〔註43〕「筆形」即筆劃形態或形狀，漢字構形學術語。

〔註44〕周有光在《比較文字學初探》中說：「漢字的符號有三類：1. 圖形體，包括甲骨文、金文、大篆、小篆；2. 筆劃體，包括隸書、楷書；3. 流線體，包括草書、行書。」北京：語文出版社，1998 年，第 114～115 頁。

面，但畢竟文字的象形意味已大爲削減。到了西周後期（恭王、懿王）以後，這種塊面已經基本消失。時至春秋，漢字已經完全演進爲「線條化」的符號系統。

	西周早期	西周中期	西周晚期
天			
王			
在			
子			
正			
古			

　　周有光說：「金文晚於甲骨文，但是圖形性強於甲骨文，因爲金屬刻鑄不怕字形圓屈，甲骨刀刻宜於筆劃平直。大篆小篆逐漸失去圖形性。」〔註45〕這是指文字載體與書刻工具造成的風格差異。此外，形成風格差異的主要原因是兩類文字的使用場合不同。甲骨卜辭大多記錄占卜之類事宜，這種活動在崇尚鬼神的殷商時期非常頻繁，在甲骨上刻字基本上和占卜活動同步進行，刻辭必須使用簡便快捷的俗體。而金文的製作流程則比較複雜，要經過刻範、澆鑄等較複雜的工藝。這些器物多用於祭祀、慶典等莊重場合，人們在書寫時自然會使用正體。這種現實狀況導致商代甲骨上的一些文字甚至比西周金文更爲簡約，線條化傾向更明顯。文字爲實用而生，線條筆形比塊狀筆形在書寫上更具優勢。因此，金文筆形的線條化具有必然性。

〔註45〕周有光：《比較文字學初探》，北京：語文出版社，1998 年，第 114～115 頁。

文字種類 字例	商代甲骨文	商代金文	周代金文	秦小篆
鹿				
象				
魚				
鼎				

我們在翻閱《說文解字》時會發現其中收錄的籀文和古文的筆形都呈兩端尖細狀。難道這就是《史籀篇》當中籀文的筆形嗎？這與西周後期的金文筆劃藏鋒的形態很不相同。其實，這種「兩端尖細」的筆形在商代墨蹟與金文中早已存在，西周早期的金文當中也不鮮見。還有一種筆形是「粗起尖收」。可見，商代與周初的金文筆形較真實的保留了自然書寫的筆意。《大盂鼎》是西周早期的重器，其中銘文的筆劃也多呈現出自然書寫的筆意。這種自然書寫的筆形直到西周中晚期的金文當中才逐漸消隱，取而代之的是藏頭護尾的渾圓筆形。（圖 1-2.1）這種變化說明，西周金文當中「藏鋒」的筆形是經過修飾而成。《說文》中「兩端尖細」的籀文筆形也正好反映了當時自然書寫的筆意。縱觀先秦墨蹟文字，其筆形發展有自己清晰的脈絡。後來的隸書、楷書包括草書、行書都從這一脈演化而出。

金文受到自然書寫支配。但經過修飾的金文又反過來對自然書寫的審美觀念產生影響。進而促進了文字向美化、標準化、規範化的方向發展。叢文俊認為這種修飾「可以孕化出一種體現規範意義的成熟筆法，從西周早期開始，逐漸明晰、連續發展的粗細勻一的線條式樣，即可證明我們的觀點。」〔註46〕他將金文這種對字形與筆劃形態的修飾美化稱之為「篆引」，「篆」代表大小篆書體線條的等粗、排列組合中的等距等曲等長、式樣的轉變擺動之類似圖案花紋的特質，「引」代表書寫的轉引筆法，〔註47〕也就是上文所論述的線條化書寫。

〔註46〕 叢文俊：《中國書法史・先秦、秦代卷》，南京：江蘇教育出版社，2002 年，第 185 頁。

〔註47〕 叢文俊：《中國書法史・先秦、秦代卷》，南京：江蘇教育出版社，2002 年，第 185 頁。

1.2.1.2.2 字形——對稱化

王國維《史籀篇疏證序》中根據《說文》所收籀文字形推測道:「史篇文字,就其見於許書者觀之,固有與殷周間古文同者,然共做法,大抵左右均一,稍涉繁複,象形象事之意少,而規旋矩折之意多。推其體勢,實上承石鼓文,下啓秦刻石,與篆文極近。」〔註 48〕「左右均一」即對稱、均衡的意思。「象形象事之意少」指的自然是文字的象形意味、模擬物象的意思在減少。「規旋矩折之意多」是指文字符號本身出現「旋、折」一類的線條,並且都有「規、矩」。「旋」指的是弧形圓轉筆形,「折」指的是方折筆形。這兩類筆形的規範化是大篆字形規範的基礎。可見,王國維所描述的籀文特點與西周晚期金文大體相同。顯然,大篆與其之前的文字相比形體的規範性已大爲增強。

由於「篆」字的本義與篆書的特徵有極大關係,所以我們有必要考察其本義。《說文》解釋:「篆,引書也」「引」有牽引、引導、延伸的意思,「引書」其實就是牽引毛筆而書,即「平動」的書寫動作。啓功稱其爲「劃線」「劃道」〔註 49〕。段玉裁《說文注》:「引書者,引筆而箸於竹帛也。」王筠句讀:「運筆謂之引。」將「引」解釋爲運筆,恐怕還不夠確切。《周禮·春官·巾車》:「孤乘夏篆,卿乘夏縵,大夫乘墨車,士乘棧車,庶人乘役車。」周禮注:五采畫轂約謂之夏篆。《宋史·輿服志二》:「夏篆者,篆其車而五采畫之也。夏縵則五彩畫之而不篆。」「篆」應該就是條狀的紋路或花紋。段注說:「如雕刻圭璧曰瑑。」可見,雕刻圭、璧等玉器的一種工藝稱爲「瑑」。《周禮·春官·典瑞》記載:「瑑圭璋璧琮。」鄭玄注云:「瑑,有圻鄂瑑起。」「圻鄂」就指雕刻在圭璋一類玉器上的隆起線紋。〔註 50〕因此,「篆」和「瑑」都有劃線形花紋的意思。蔣禮鴻則認爲「篆」就是刻,是借用「瑑」之義。〔註 51〕綜上所述,我們可以得到一個啓示:大篆圖案化樣式的形成與玉器、青銅器的紋樣形式密切相關。首先,「篆「和」「瑑」在字義上十分接近,「篆書」的本義就是指在器物上雕刻出來的文字,由於這種文字具備「瑑」的特點,因此成爲「篆書」。其次,西周中晚期青銅器流行的竊曲

〔註 48〕 王國維:《觀堂集林》卷五,北京:中華書局 , 2004 年,第 254 頁。
〔註 49〕 啓功:《古代字體論稿》,北京:文物出版社,1999 年,第 10 頁。
〔註 50〕 《辭源》(建國六十週年紀念版),北京:商務印書館,2009 年。
〔註 51〕 蔣禮鴻:《蔣禮鴻集》第二卷,杭州,浙江教育出版社,第 17 頁。

紋〔註 52〕圖案，與大篆的圖案化傾向明顯存在相似性。（圖 1-2.2）此外，同一件器物上的紋樣與文字，在形式上相互影響也比較正常。人們可能會修飾文字形式以匹配整飭、精美的紋樣，從而製作出風格統一的器物。必須指出的是，後來的六國文字都或多或少都發生了圖案化演變，只不過程度不同。只有秦系文字接續了西周文字傳統，隨著秦統一中國，成爲中國文字的正宗。

西周金文字在字形上的規範化體現在兩個方面。一方面，書寫複雜字形的能力逐漸提高。比如經常出現的「寶」「彝」等字，在西周初期的金文當中常常被寫得字形較大，在整篇當中極爲顯眼。這種「隨類賦形」的結構，隨著書寫者對文字的熟練程度的提高，逐漸勻稱端正，與整體漸漸協調起來。另一方面，字形逐漸趨於「方塊化」。單字處於固定的界格之內，爲整齊的章法的形成提供了前提。界格之內的字形也逐漸屈從於界格的形式。這種現象初步奠定了「方塊字」的形式。

1.2.1.2.3 章法──秩序化

我們從商周時期的金文作品中可以發現，先民在書寫上一直在致力於建立一種秩序感。即便是那些貌似粗率的作品，依然可以看出「書史」〔註 53〕對整體章法秩序的努力追求。邱振中在研究研究甲骨文與金文的章法構成時發現：「所有甲骨文與青銅器銘文的作者，都在頑強地、認真地追求著章法的工整。儘管由於對工整的把握還不夠成熟，但動機十分清晰。換句話說，在這個時期書寫者的心理中，存在一個單純而頑強地意願，不管他們的技術手段如何不同，風格有何區別，都總能發現這種意願決定性的影響。」〔註 54〕這種對章法的工整追求，最終促使新的規範形成。

早在殷商時期的甲骨文與金文當中，漢字書寫就已經形成了從上到下，從左到右的書寫模式。這對書寫的時間展開以及空間安排做出了明確的規定。筆者在考察西周金文時發現，「書史」對於章法的把握還體現在對每行

〔註 52〕 「竊曲紋」即從動物圖形演變而成的屈曲盤旋的青銅器紋樣。見王世民等編著的《西周青銅器分期斷代研究》，文物出版社，第 182 頁。

〔註 53〕 商周時期的金文銘文爲記事所造，而這些記事者就是史官。最高級別的史官是大史（太史），除此之外還有專司各種事務的史官，這些史官都有書冊記事的功能，我們把這一時期金文的書寫者統稱「書史」。

〔註 54〕 邱振中：《書法的形態與闡釋》，北京：中國人民大學出版社，2005，第 101 頁。

字數的嚴格控制上。這最終導致了行列分明的正體規範樣式與漢字方塊模式的形成。在西周金文當中，無論是十多個字的短篇還是數百字的巨製，在每行字數的排列上都經過了計算與規劃。例如 15 字的銘文，一般都用 3 行，每行 5 字。16 字則是 4 行每行 4 字。「書史」對「子子孫孫」「大神大神」一類的重文都會計算在內。儘管在一行當中有些字形大小相差懸殊，「書史」還是能通過對整體的把握調控達到每行基本等齊的效果。（圖 1-2.3）如果末一行字書多於或少於前行時，一般會通過放大或縮小字形的辦法填滿整行空間。《牆盤》是西周中期的一件作品，銘文字數達到 276（不包括重文 5 字、合文 3 字），前面 17 行每行 15 字，當寫到最後一行時發現空間已不夠用，於是打亂既定章法，把剩下的 20 字擠在最後一行，這無疑是章法安排失誤所致。

西周較早的一件行列分明、字形規整的當屬康王時期的《大盂鼎》，但其筆形還帶有較濃的象形意味，塊面狀的筆形隨處可見。大約到穆王時，行列分明的作品逐漸多起來，如《班簋》、《靜簋》、《𢼊簋》等。這些作品通過對字形與行軸線的控制，使行邊側輪廓較為平齊。這種將單字置入界格的章法，後來逐漸得到發展與認可，最終成為西周金文的規範樣式。共和、宣王時期的「史頌」所作系列器物銘文與《虢季子白盤》的出現標誌著大篆規範樣式的基本確立，這也為後來小篆的規範化奠定了基礎。

1.2.1.3 小篆規範樣式的形成

西周時期學在官府，政府對文化教育進行了有效的監管與控制。《周禮》記載：「（外史）掌達書名於四方。」周天子給諸侯國確立文字標準，確保了西周時期的文字規範。到了西周末年，周王室衰落，「諸侯力政，不統於王。」文字各用其私，於是出現了面貌各異的六國文字。只有西土秦國一脈，在西周大篆的基礎上，逐步進行規範形成了小篆的樣式，並在統一六國之後，以行政手段推及全國，徹底改變了「言語異聲，文字異形。」的局面。

《說文・敍》云：「秦始皇帝初兼天下，丞相李斯乃奏同之，罷其不與秦文合者。斯作《倉頡篇》。中車府令趙高作《爰歷篇》。大史令胡毋敬作《博學篇》。皆取《史籀》大篆，或頗省改，所謂小篆也。」啓功說：「大篆是小篆的本生父，所以得列於八體。」〔註 55〕小篆與《史籀篇》的確存在淵源，

〔註 55〕 啓功：《古代字體論稿》，北京：文物出版社，1999 年，第 16 頁。

但許慎上述文字會給人一種錯覺，「似乎秦始皇用來統一全國文字的小篆，是李斯等人通過對籀文進行簡化而制定出來的一種字體……從有關的古文字資料看，籀文並不是在秦國在統一全中國前夕所用的文字，小篆是由春秋戰國時代的秦國文字逐漸演變而成的，不是由籀文『省改』而成的。《說文‧敘》的說法是不妥當的。」〔註56〕我們認為，秦系文字秉承了《史籀篇》的傳統，但並不是一成不變的照搬照寫，而是在使用過程當中不斷進行「省改」，這也是早期文字發展的一個特點。秦代統一之後，小篆樣式已經確立。因此，春秋戰國時期的秦系文字是研究小篆形成的原始材料。這些材料主要包括金文、石刻文字、簡牘文字以及一些權量、詔版文字。秦簡牘文字在小篆的時代還屬於「輔體」，雖然對正體也產生了一定的影響，但並未改變正體的發展方向，我們將在討論隸書規範樣式形成時加以考察。

秦國本為周天子的諸侯國，在文化上較為忠實地繼承了西周的風貌，我們在前文已經指出，西周晚期的金文已經為後來的小篆奠定了基礎。

據李學勤考證，秦國最早的一件青銅器是《不其簋》，（圖 1-2.4）銘文記錄了周宣王時秦莊公破西戎的戰役〔註57〕。《不其簋》銘文風格與周王室幾乎如出一轍。春秋早期秦武公〔註58〕所作的《秦公鎛》（圖 1-2.5）、《秦公鍾》（1-2.6）上的銘文與周宣王時的《虢季子白盤》在字形與章法上極為相似，都屬於較為疏朗一類。春秋中期的《秦公簋》（圖 1-2.6）銘文則略顯不同，行筆婉轉中參以方折，文字顯得比較剛硬，應當是受到「輔體」書寫影響。同一時期的還有 1986 年秦公大墓出土的石磬文字，字形修長舒展，已有小篆風姿。大約出現在春秋戰國之間的《石鼓文》則筆形略顯豐腴，字形端莊典雅，歷代視為小篆之祖。《詛楚文》係戰國中後期的秦國文字，原石和原拓都已亡佚，現存摹拓本，也是小篆規模。秦統一之後，秦始皇巡視天下，刻下了嶧山、泰山、琅邪臺、會稽等紀功刻石。遺憾的是這些石刻原物基本都已損毀，只留下嶧山刻石的完整摹本與泰山刻石的殘拓摹本。（圖 1-2.7）秦刻石文字的誕生標誌著小篆最高規範的建立。

〔註56〕 裘錫圭：《文字學概要》，北京：商務印書館，1988 年，第 64 頁。
〔註57〕 李學勤：《新出青銅器一件》，北京：文物出版社，1990 年，第 272 頁。
〔註58〕 本段涉及出土器物時間參照裘錫圭《文字學概要》，北京：商務印書館，1988 年，第 59、60 頁。

我們以西周晚期的《虢季子白盤》以及秦國最早的《不其簋》作爲參照對象，可以明顯發現秦國文字在筆形上的變化。下文將從文字筆形、字形與章法三方面來進行討論。

1.2.1.3.1　筆形：纖長舒展

相較而言，秦公鍾、鎛銘文筆形更爲纖細綿長，婉轉而靈動，起、收筆時微露鋒芒，有書寫意味，石磬文字也有類似特徵，但略勁健一些。《石鼓文》筆形更爲厚重，如綿裹裹鐵，起止也有「垂露」、「懸針」，但比較含蓄，有「金鈿」、「鏤鐵」的美譽。其筆形與《嶧山碑》已極爲接近而略顯樸茂，《嶧山碑》筆形更爲舒展，介於石磬文字與《石鼓文》之間。（圖 1-2.7）《虢季子白盤》則用筆稍凝重，藏鋒收筆。《不其簋》則顯得更古樸。

秦國文字在筆形上還做了「變直爲曲」和「易曲爲直」的改造。有時候爲了追求字形的規整勻稱，使筆形從直線變成曲線，有時爲了書寫的方便，使筆形變得平直起來。這兩種改變使小篆的象形程度更低，而符號化程度更高〔註59〕。

1.2.1.3.2　字形：對稱均衡、更加修長、齊整

從字形上看，秦國文字更爲規整，由於縱向筆形更爲纖長，重心上移，字形顯得挺拔。這種變化在秦公鍾、鎛和石磬文字上比較明顯。《石鼓文》則略敦實溫潤，像一位儒者，而石磬文字則像一位翩翩少年。秦國文字的對稱程度要高於西周晚期的金文。上文已經提到，秦國文字爲了求得對稱、方整的字形，甚至不惜改變筆形曲直。這種通過在既定空間內的筆劃變形，達到勻稱和諧的視覺效果的方式，和竊曲紋的形式非常相似。小篆就是通過這種紋樣化的方式取得了形體上的規範與秩序。

1.2.1.3.3　章法：行列嚴格有序

在章法上，秦公鍾、鎛與《虢季子白盤》有異曲同工之妙，字距、行距較之西周晚期其他規整類作品都要大。由於秦公鍾、鎛字形更爲端莊飄逸，整體顯得更爲典雅、靜穆。秦刻石的出現，標誌著方塊漢字形式的確立。自此以後，官方正體在正式場合出現，都以行列秩序分佈，極少例外。我們可以從下表來看古文字階段字形規範狀況：

〔註59〕裘錫圭：《文字學概要》，北京：商務印書館，1988 年，第 64 頁。

古文字字形特徵比較 〔註60〕

字體 類別		甲骨文	金 文	石鼓文	小 篆
文字構成		有規範，尚 多歧異	規範化，歧異減少	規範化，歧異減少	再規範化， 形式統一
形式特徵	筆劃形態	隨意自然	粗細趨於一體化，兩 頭圓平	基本實現一體化， 精細勻整	完全一體化 粗細一致
	組合方式	多自由率意	方塊字空間意識加強	形成長方空間均 勻分佈	嚴格的均勻 排列
	整體布局	多自由率意	明顯的規範意識	整齊相諧	規範化布局
	原始形象 特徵	存在	淡化	消失	完全消失 完全符號化

　　秦小篆借「書同文」政策隆重登場，又隨秦王朝的滅亡而失去正體地位，有其深層原因。小篆字體雖然字形標準美觀，但在實用性方面還是有所欠缺。大約在戰國中晚期，作為「輔體」的古隸，早就以其書寫方便快捷的優勢佔據了大多數日常實用領域，最終在漢代形成了新的官方正體——隸書。

1.2.2 隸書與楷書

　　學界把篆書向隸書的演變稱之為隸變，隸變是秦文字內部發生的，也可以說，隸書產生於秦系文字。這其中至少包含三方面的原因：一是與秦國獨特的地理文化環境密切相關。秦國傳承了西周的文字體系，文化上也一脈相承，故有「周秦」之稱。秦國地理位置相對閉塞，秦莊公破西戎以後，社會相對穩定，為文字的穩步發展提供了良好的條件。二是與秦文字自身的特點有關。我們通過對春秋時期的秦國金文，刻石文字以及戰國秦簡牘文字的對比可以看出，秦國文字的正體與「輔體」各自穩步演進，這二者之間互相影響的跡象並不明顯。但「輔體」的字形一般比較接近正體。因此隸書作為「輔體」的「合法性」比較強。三是秦國統一全中國，為隸書進一步發展和推廣

〔註60〕 鄭曉華：《翰逸神飛：中國書法藝術的歷史與審美》，北京：中國人民大學出版社，2000年，第77頁。

奠定了基礎，使其有機會繼續活躍於日常書寫的方方面面，並發展成具有書體典範意義的漢代隸書。

本文討論的隸書是指漢隸，又稱八分、佐書、史書。《說文敘》云：「是時，秦燒滅經書，滌除舊典。大發隸卒，興役戍。官獄職務繁，初有隸書，以趣約易，而古文由此絕矣。自爾秦書有八體：一曰大篆，二曰小篆，三曰刻符，四曰蟲書，五曰摹印，六曰署書，七曰殳書，八曰隸書。」看來在許慎的時代，人們認爲隸書是秦統一後才有的。大概是漢人沒有見到戰國秦簡牘文字，所以有此說。許慎在論及新莽六書（六種書體）時說：「……四曰：佐書即秦隸書。」隸書還有「佐書」的稱謂。《漢書‧本紀第九》說漢元帝劉奭：「多材藝。善史書。」應劭注釋說「史書」就是：「周宣王太史史籀所作大篆。」〔註61〕其實這是誤解。段玉裁指出了這個錯誤，他說：「或云善史書，或云能史書，皆謂便習隸書，適於時用，猶今人之工楷書也。」〔註62〕所謂「史書」「佐書」都是指官府的書佐和文吏日常使用的字體，即隸書。由於隸書具有書寫快捷方便的優勢，在秦漢時期政府日常公文書寫當中發揮了極大的作用，隸書本身也逐步得到了發展與規範，最終形成了東漢時期的漢隸典範樣式。當然，隸書的萌芽最晚要追溯到戰國中晚期的秦國文字。

我們在春秋中期的《秦公簋》銘文當中就發現，篆書婉轉的筆形當中加入了一些硬朗的折筆效果，給這件作品注入了一種新鮮的感覺。這種方折用筆的出現可以看做隸書誕生的前兆，也醞釀著一種新的書寫規範產生。到了戰國時期，秦孝公時代的一些銅器銘文當中，可以看到正體與俗體並存的情況。這種俗體就是隸書形成的基礎。秦孝公之後，這些俗體愈加流行〔註63〕。上世紀七十年代睡虎地秦簡的發現是考古界的一件大事，這批書寫於戰國晚期到秦代統一前夕的簡牘，其字體的隸書特徵已基本全面，儘管還有一部分字形爲篆書，但將這種字體稱爲隸書亦不爲過。學界一般將這一類字體與西漢早期的簡牘文字統稱爲「古隸」，以便與「漢隸」相區別。西漢早期簡牘和銅器上的文字和秦代簡牘文字相似，都已經出現了一些「波畫」，從這些文字材料上可以看出隸書逐漸成熟的脈絡。比較有代表性的是敦煌漢簡和居延漢簡。大約到武帝、昭帝之後，成熟的隸書已經形成。東漢中後期開始，典型

〔註61〕　（漢）班固：《漢書‧本紀第九》，北京：中華書局，1962年，第229頁。
〔註62〕　（清）段玉裁：《說文解字‧敘‧注》，上海古籍出版社，1981年。
〔註63〕　裘錫圭：《文字學概要》，北京：商務印書館，1988年，第67頁。

隸書的特徵進一步加強，並大量施之於碑刻。這些碑刻隸書當中有許多優秀的作品，被人們奉爲學習隸書的典範與楷模。

在古文字階段，文字的筆形並未確定，有塊有面，有方有圓，主要以模擬物象爲主，直到西周中後期的大篆和後來的秦小篆形成粗細勻一的線條，可以看作古文字階段筆形規範的結果。隸書規範筆形的完全確立，要到東漢中期的碑刻文字。

對於隸變過程當中漢字筆劃的形成，趙平安在《隸變研究》一書中已做過一些研究。他列舉了若干字例以說明點、撇、捺、勾的形成〔註64〕。因此，本文主要探討他未曾言及的波畫（蠶頭燕尾）的形成。因爲波畫是最能代表隸書特徵的筆劃。

隸書產生的基本動因就是追求書寫的快捷方便。因此，其字體必然要符合自然書寫的規律，比如人手生理的機能就是不可忽視的因素。邱振中認爲：「波狀筆劃的出現是『擺動』筆法發展的必然結果。毛筆沿弧形軌跡擺動，即帶有旋轉成分；當手腕朝某一個方向旋轉後，總有回復原位置的趨勢，如果接著朝另一個方向回轉，正符合手腕的生理構造，同時也只有這樣，才便於接續下一點畫的書寫，於是運筆軌跡便由簡單弧線逐漸變爲兩段方向相反而互相吻接的圓弧。轉筆的發展促成了隸書典型筆劃的出現。」〔註65〕我們也可以理解爲，隸書波畫的形式是人手機能所賦予它的。這一論述指出了隸書波畫形成的主要原因之一，但還不夠全面。

對於書寫節奏感的追求，也是促成波畫成熟的主要原因之一。對節奏感的理解是人類與生俱來的一種能力〔註66〕。其實早在商代與周代前期，人們已經開始嘗試使用富有節奏的方式進行書寫。筆者認爲，這種追求節奏感的方式所形成的筆形與後來隸書的波畫有著內在聯繫。比如商代帝乙、帝辛時期的金文當中，有一些「又」字或表示右手的部件都或多或少的出現「匕首」狀的筆形。到了西周，這類筆形開始逐漸增多，到康王時最多，《大盂鼎》是

〔註64〕趙平安：《隸變研究》，保定，河北大學出版社，2009年，第59頁。

〔註65〕邱振中：《書法的形態與闡釋》，北京：中國人民大學出版社，2005年，第63～64頁。

〔註66〕讓·莫里諾在福西永《形式的生命·導論》中引用勒魯瓦-古爾漢：《姿態與言辭：記憶與節奏》中的文字說：「審美情感的編碼以所有生物共有的生物特性爲基礎。而這種編碼就是能夠感知明暗值與節奏的感官編碼。推而廣之，從最簡單的無椎脊生物開始，就對節奏做出應和，對不同的明暗值做出反應。」陳平譯，北京大學出版社，2011年，第23頁。

這類筆形的代表作。康王時還有一件墨書作品，只有「白懋父」三字，「父字」末筆也是「匕首」狀，（圖 1-2.8）大致反映當時的自然書寫狀況。這種筆形一直持續到昭王，直到穆王時基本消失，筆形變得粗細均勻。如下表所示：

字例 ＼ 字體	西周金文	秦簡	漢簡	漢碑
有				
父				
史				
受				

　　有毛筆書寫經驗的人都會發現這是書寫的筆意，而不是模擬物象的筆形。之所以會出現這種筆形，有兩方面的原因：一是手的生理特徵使之然。我們用右手寫字時，向下和向右方向的筆劃都會由輕到重或由細到粗，除非在行筆時逐漸把筆提起。也就是說，金文當中這種「匕首」狀的筆形和隸書的波畫一樣，都是人手的機能所致。二是人們在這種筆形中感受到了明晰的節奏感，從而變成一種有意的追求，這就是康王、昭王時「匕首」狀筆形越來越多的主要原因。儘管這種筆法比較自由，充滿活力，但有人可能覺得不夠莊重，不適合刻在青銅禮器上，於是便將筆形逐漸統一。這代表著周王室審美的轉變，這種審美一直延續到秦代統一，小篆標準形體誕生。

　　筆形粗細均一，字形對稱的大篆和小篆看上去很美觀，極具裝飾性，對於美飾王權，歌頌功德再合適不過。但當文字需要快寫時，篆書的缺點就暴露出來了。因此，隸變發生在戰火不斷，文字使用頻繁的戰國時期，也就不足爲奇了。而加快書寫速度的最直接方式就是改變原有篆書的書寫節奏。當然，書寫節奏的改變就等於改變了原有的筆形，隨之會導致字形的改變，但秦簡牘隸書的書寫節奏並不鮮明，字形也明顯與篆書相關，應該是篆書對其有約束。漢代隸書逐漸成爲正體，人們對這種新的字體也漸趨熟練，書寫的節奏感進一步增強，波畫逐漸增多。新的書寫節奏帶來的是新的筆形樣式，在視覺上也帶來了新的美感。陳彬龢說：「秦以來隸書，多用方筆，至前漢末稍成斜方，至後漢更甚，同時用筆，點畫亦趨巧妙。蓋前漢隸書之點畫，有

如兒童之用筆，其後漸次進步，執筆正真，起筆、止筆、波磔，亦能逆筆突起，或捩、或押、或浮，種種巧技，故用筆之變化，至後漢進步殆達極頂。」〔註67〕從方筆到斜方，標誌著「蠶頭燕尾」的完全成型。這段文字也闡明隸書用筆在漢代從「隨意」到「刻意」的規範化過程。由於隸書較之篆書簡易方便，受到人們的普遍推崇，成公綏《隸書體》云：「蟲篆既繁，草藁近偽，適之中庸，莫尚於隸。規矩有則，用之簡易。隨便適宜，亦有弛張……」〔註68〕這指出了隸書的優勢。

從某種程度上說，隸書規範的形成反而給書寫增加了一定難度，這無疑給書寫者在心理上造成一定的不滿，因而轉向創造一種更令人滿意的字體。這也是文字作為實用符號的一種特性，即在有效傳達信息的同時，要盡可能經濟實用與美觀。於是，人們不斷地在「美」與「用」之間探索，以求達到最優化的狀態。

東漢後期，隸書作為一種新的字體樣式在文人士大夫中間極為流行，主要用於刊石勒銘，因此有「銘石書」的稱謂。但是，人們在書寫日常文字時卻並不嚴格按照規範樣式來寫。也就是說，作為正體的隸書和作為「輔體」的隸書並行發展。「輔體」隸書顯得比較簡約，波挑筆劃逐漸消失，已經可以看出楷書的端倪。裘錫圭把這種日常字體稱為「新隸體」，屬於過渡性字體。在這種字體基礎之上，演生出了行書和楷書。比較典型的例子就是《李柏文書》。（圖1-2.9）到了漢魏之際，楷書已經基本形成，出現了以鍾繇為代表的書法家。他的代表作《宣示表》是最早的楷書作品。其後有王羲之父子的小楷，都屬於早期楷書作品。儘管在文人士大夫中間楷書已較為通行，但在一些正式場合還是在使用「新隸體」，多見於碑誌文字。如東晉時的《廣武將軍碑》、《爨寶子碑》、《謝鯤墓誌》等。直到南北朝時期，楷書才具有了正體的地位，人們將其廣泛用於碑誌文字，形成了獨具特色的魏碑體。需要指出的是，鍾王楷書和魏碑楷書的成因不同，前者由行書發展而來，後者由「新隸體」發展而來。因此魏碑的隸書意味更濃一些，比如撇捺開張的體勢就似隸書。經過南北朝時期的演變，楷書終於在唐代形成自己的規範樣式。字體演變也宣告結束。在唐代，楷書名家輩出，進一步完善了楷書法則，樹立典範，對後世書寫規範影響極大。從唐代至清末，楷書一直作為官方正體被廣泛使用。

〔註67〕 陳彬龢：《中國文字與書法》，武漢古籍書店，1982年，第30頁。
〔註68〕 （西晉）成公綏：《隸書體》，見《歷代書法論文選》，上海書畫出版社，第9頁。

第 2 章　政治制度與書寫規範化

2.1 史官與文吏

　　文字乃是：「經藝之本，王政之始。」文字的誕生標誌著人類進入文明社會。張懷瓘《文字論》說：「文字者，總而爲言……因文爲用，相須而成。名言諸無，宰制群有。」〔註1〕可見文字是應社會發展的需要而產生，具有「宰制群有」的功能。因此其社會、政治屬性早已確定。

　　相傳漢字爲黃帝的史官倉頡所造。《世本作篇》云：「沮誦、倉頡作書。」《說文·敘》云：「黃帝史官倉頡，見鳥獸蹄迒之跡，知分理之可相別異也，初造書契。百工以乂，萬品以察，蓋取諸夬。『夬，揚於王庭』，言文者，宣教明化於王者朝庭，『君子所以施祿及下，居德則忌』也。」〔註2〕這些記載都無從考證，但從商周以來的歷史事實可以判斷，史官創造文字是較爲可信的。而創造文字的史官，則注定與文字結下不解之緣。周宣王太史作《史籀篇》，秦太史令胡毋敬作《博學篇》，《漢書》云：「太史試學童，能諷書九千字以上，乃得爲史。」可見史官與文字關係極爲密切。

　　從現有文獻來看，史官制度在商代就已經建立，到西周已經非常完備。《史通》云：「蓋史之建官，其來尚矣。昔軒轅氏受命，倉頡、沮誦實居其職。至於三代，其數漸繁。」又云：「史官之作，肇自黃帝，備於周室，名目既多，

〔註1〕（唐）張懷瓘：《文字論》，見《歷代書法論文選》，上海書畫出版社，1979年，第208頁。
〔註2〕（漢）許慎：《說文解字·敘》，北京：中華書局，1963年，第314頁。

職務咸異。」〔註3〕我們從《周禮》當中品類繁多的史官名目就可以看出這一點。

2.1.1 史官

《周禮》曰：「史，掌官書以贊治。」就是說「史」的職責是管理政府文書並起草文書。鄭玄注曰：「若今起文書草也」許慎《說文解字》云：「史，記事者也。從又持中，中，正也。」可見「史」的本義是一類人，或者說從事記事職業的人，「史籍」的意思是後來才有的。但是，許慎把「中」解釋爲「正」的說法存在爭議。清末學者吳大澂在《說文古籍補》中說：「史，記事者也，象手持簡形。」他認爲「中」的形狀像簡冊。馬敘倫《說文解字六書疏證》說：

> 中者筆之初文，古書以刀刻，筆之形本作↓，↓篆變爲丰耳。吳大澂、王國維以爲象簡形，非也。ᇦ者，素之到（倒）文，↓爲筆之初文，所以書，故從又持↓爲史，會意。〔註4〕

總之，這些考證都是圍繞史官的職能展開的，都有其合理性，但目前還沒有定說。胡厚宣考證商代史官職能時說：「由甲骨卜辭看來，殷代的史，尚非專門記言記事，掌握國家文書詔令薄書圖冊的文官，也不是專門擔任著王朝鑽龜占卜，鑽燧取火以及國家庶事的任務。主要乃是擔任國家邊防的一種武官。」〔註5〕看來先秦史官的職能具有多面性，僅僅從記言記事的角度來考證「史」本義，具有其局限性。

當然，我們主要關注的是史官記言記事的文字書寫行爲及其「掌達書名」的職能對當時社會文字使用的規範作用。商周時期學在官府，史官對書寫教育起到重要的作用，這一話題將在下一章來論述。

史官作爲商周時期的管理階層，具有良好的專業知識技能，可以視作當時的政治、文化精英階層。他們作爲文字工作者，其書寫行爲與作品都爲當時樹立了典範。

〔註3〕（唐）劉知幾：《史通·史官建置》卷十一，四部叢刊本。
〔註4〕馬敘倫：《說文解字六書疏證》第二冊，上海書店，1985年，第81頁。
〔註5〕胡厚宣主編：《全國商史學術討論會論文集》，《殷都學刊贈刊》，1985年，第195頁。

　　商代的史官制度已經比較完備，大致分爲大史、作冊、四方之史三類。陳夢家對甲骨卜辭加以整理，發現史官的稱謂有二十餘種：「尹、多尹、又尹、某尹；作冊；卜某、多卜；工、多工、我工；史、北史、卿史、御史、朕御史、我御史、北御史、某御史；吏、大吏、我吏、上吏、東吏、西吏。」〔註6〕這其中的「東史」「西史」「御史」「我吏」一類的史官屬於戍邊官員，「御」有防禦的意思。「東、西」等方位表示就職的地區，即四方之史。〔註7〕上文已指出，胡厚宣也認爲商代史官多爲武官。當然，還有一類史官屬於內廷官員，負責記錄人事，占卜吉凶與書寫典冊等事務，如「作冊」、「卜」、「多尹」都屬於這一類。

　　甲骨刻辭中常常出現的「卜」和「貞」屬於執掌占卜問筮的史官。董作賓在《甲骨文斷代研究例》一文首先提出「貞人」的概念，認爲「貞人」就是商代的史官，這對甲骨文斷代幫助很大，他同時也提出了「貞人」就是甲骨卜辭的契刻者的論斷。他說：「在肩脾骨臼的刻辭中，又發現了這問卜的貞人，也就是當時的記事史官，這可以說是一件極有趣味的發現，三千多年以後的我們可以看見三千多年前的史官所親手書寫的文字，並且可以指出這是某人某人的作品，而欣賞他們的每個人的書體與作風，豈不是一大幸事！」〔註8〕這一觀點的提出，對人們研究甲骨文書法帶來了一定啓發。但是，許多學者對這一觀點也提出了不同意見。陳夢家指出：「董氏以貞人斷代本是很重要的發明。但是他以爲『貞人』不但是命龜者的卜人，又是史官；不但是刻卜辭的人，並且是書寫卜辭的人。這樣的引申，就過分了。我們既已分別書與刻爲二事，而卜事是分工的，並非由一人包攬。在討論侯家莊出土卜辭時，董氏曾看到有七版完甲上虞辛卜人許多的刻辭往往有『書法的歧異』，即連他自己的署名在一版之內可有不同的寫法（考古 1；107，113），他將此解釋爲貞人書寫太隨便與太不規則。我們以爲這種現象正足以證明卜者與刻辭者之不屬於一人。我們看到許多同版的卜辭，同屬於一個卜人的卜辭，其字形的結構與風格不同處，正證明了卜人並不一定是刻者。」〔註9〕還有其他持類似觀點者，反駁的理由多是：同一個「貞人」的名字書寫方式不同，甚至在同

〔註6〕陳夢家.：《殷虛卜辭綜述》，北京：中華書局，1988 年，第 521 頁。
〔註7〕劉桓.：《殷代史官及其相關問題》，殷都學刊，1993 年，第 3 期。
〔註8〕董作賓：《董作賓先生全集》，臺北，藝文印書館，1977 年，第 384 頁。
〔註9〕陳夢家：《殷虛卜辭綜述》，北京：中華書局，1988 年，第 15～16 頁。

一塊龜板上也有這種情況。或者認為貞人的地位很高，不可能幹刻寫之類的秘書性工作〔註10〕。我們也可以推想而知，自古以來在文獻上留下名字的多是有一定身份地位的人，至於書寫和刊刻者，多因無名而不寫。西周青銅器銘文、隋唐碑誌都是如此。總體上看來，董作賓的論斷值得懷疑，這一問題還有待深入研究。大體上說，甲骨文書寫屬於某類史官，而這些史官的書寫技藝也是極為精湛的。郭沫若說：

> 卜辭契於龜骨，其契之精而字之美，每令吾輩數千載後人神往……細者於方寸之片，刻文數十；壯者其一字之大，徑可運寸。而行之疏密，字之結構，迴環照應，井井有條。……技欲其精，則練之須熟，今世用筆墨者猶然，何況用刀骨耶？……足知存世契文，實一代法書，而書之契之者，乃殷世之鍾、王、顏、柳也。〔註11〕

郭氏對甲骨文書法的評價可謂極高。這樣的文字也足以給當時樹立典範。商周時期，典籍都在官府，因此「學在官府」。可想而知，文字使用也只是在一定範圍之內的。而史官書法的典範作用，也只能產生在有限的範圍之內。

周代史官，有五大類：大史（太史）、小史、內史、外史、御史。各自執掌不同事務，柳詒徵《國史要義》總結其職能大概有八種：

> 總五史之職，詳析其性質，蓋有八類。執禮，一也。掌法，二也。授時，三也。典藏，四也。策命，五也。正名，六也。書事，七也。考察，八也。〔註12〕

下面我們主要討論史官「策命」與「正名」的職能。

「策命」就是書寫、宣讀周王冊命臣下的文書。其職能由內史擔任。《周禮·內史》曰：「王制祿，則贊為之，以方出之。」鄭玄注：「贊為之，為之辭也。鄭司農云：『以方出之，以方版書而出之』」即起草策命文書的意思。這一職務在商代稱「作冊」，「周代的銅器銘文中，記載著很多諸如作冊、作冊內史、作命內史、作冊尹、內史尹氏、命尹等官稱，根據孫詒讓、王國維等學者的考證，他們應都屬於內史類史官。」〔註13〕從字面上看，「作冊」就是書寫典冊文書的意思，這是最主要的職責。《尚書·多士》記載：「惟殷先

〔註10〕 朱楨：《貞人非卜辭契刻者》，《殷都學刊》，1986年，第4期。

〔註11〕 郭沫若：《殷墟萃編·序》見《甲骨文研究資料彙編》，北京圖書館出版社，2008年，第8～9頁。

〔註12〕 柳詒徵：《國史要義》，上海：華東師範大學出版社，2000年，第6頁。

〔註13〕 許兆昌：《周代史官文化》，吉林大學出版社，2001年，第49頁。

人，有冊有典，殷革夏命。」其中的典冊就是史官所書的典籍。寫在竹片上稱「簡」，寫在木板上叫「方」，用皮繩編在一起爲「冊」，又稱「策」。《儀禮》云：「百名以上書於策，不及百名書於方。」木板不便於編排，所以將字數多的文字寫在寫在策上。那些比較重要的冊書，就要放在「丌」上，稱之爲「典」。《說文》云：「典，從冊在丌上，尊閣之也。」由於典冊屬於國家重要文件，其典範意義自然不可忽視。不論是文辭還是文字，都具有示範性。

商周時期寫在竹片，木板上的典冊不便長久保存，因而我們無從得見。不過作冊史所作的青銅器銘文還能見到。比如商代晚期的《作冊般甗》記錄了商王賞賜來氏作冊史的事情。西周時，作冊史所作的器物較之商代更多。比如昭王時的《折觥》、《折尊》，銘文所記的作冊「㫃（折）」與恭王時的《牆盤》的作器者史牆是同一家族，「㫃（折）」是「史牆」的祖父。〔註 14〕史牆爲恭王的史官，《牆盤》爲其自作，記載了西周自文王到恭王的功績，又敘述了其家族的發展歷程。書法用筆含蓄，字形已經基本脫去象形意味，端莊雅致。我們在第一章論述大篆章法時已指出，《牆盤》的章法安排出現了失誤。但總體看來，這樣的作品無疑是西周金文中的精品，也代表了當時史官書法的最高水準，堪稱楷模。最有名的莫過於宣王太史籀，他曾作大篆十五篇，即《史籀篇》。《漢書・藝文志》云：「《史籀篇》者，周時史官教學童書也。」史籀的書法我們無從得見，但從當時及後世將《史籀篇》奉爲典範來看，必定水平極高。

由於史官之職與文字有如此緊密的聯繫，爲文字制定規範並加以推廣似乎應當是其份內工作。西周時期的外史就承擔「正名」的職責。《周禮・外史》云：

　　掌書外令，掌四方之志，掌三皇五帝之書，掌達書名於四方。

　　若以書使於四方，則書其令。

可見外史的職責之一就是「掌達書名於四方」鄭玄注：「古曰名，今曰字。使四方知書之文字，得能讀之。」這是周王朝統一文字的有效措施之一。由外史向諸侯國公佈規範文字，這樣才能保證上行下達政令通暢。《漢書・藝文志》云：「古制，書必同文。」看來這一傳統由來已久。孫詒讓《周禮正義》云：「以書名之形聲，達之四方，使通其音義，即後世字書之權輿也」〔註 15〕字形及讀音都要規範，外史的工作類似現今的語言文字規範。

〔註 14〕　馬承源主編：《商周青銅器銘文選・第三卷》，文物出版社，1986 年，第 63 頁。
〔註 15〕　（清）孫詒讓：《周禮正義》，北京：中華書局，1987 年，第 2139 頁。

　　《周禮‧大行人》載：「王之所以撫邦國諸侯者……七歲，屬象胥，諭言語，協辭命；九歲，屬瞽史，諭書名，聽聲音。」鄭注曰：「七歲省，而召其象胥；九歲省，而召其瞽史。皆聚於天子之宮。教習之也。」由於不同地域的諸侯國與周王朝使用的語言不同，周天子在安撫諸侯國時……七年時召集（諸侯國的）譯官，告知他們語言，協調辭令。九年時召集樂師和史官，告知他們文字，協調辭令。看來周代的語言文字規範工作是循序漸進展開的。

　　這種通過設置專職史官和循序漸進統一規範諸侯國語言文字的方式在西周取得了良好的成效，這一點從西周金文上可以得到證明。但是西周末年以後，隨著周王室的衰落，導致文字上的「是非無正，人用其私」，亂改名作的現象成為常態。在這種各自為政的局面下，各國文字發展情況不同。只有秦國繼承西周文字傳統，穩步發展出自己新的規範文字，並通過統一天下，統一了漢字形體。

　　戰國時期，各國推行變法圖強，舊的政治制度徹底瓦解，史官和官書逐漸流向民間。史官作為舊有知識階層，在新的社會環境下為謀得生存，不得不尋找新的機會。而秦國大量任用文法吏作為國家行政人員的舉措，無疑為一些流落民間的史官和其後繼者提供了新的機遇。

2.1.2 文吏

　　文吏又稱文法吏，因其經常攜帶刀、筆、磨刀石等書寫用具，又稱「刀筆吏」。在秦漢時期，政府任用文吏作為國家行政事務的輔佐人員，因此又稱「書佐」。這些文吏與商周時期的史官有著直接的淵源。但由於西周衰落，禮崩樂壞，戰國時期出現的「法治」取代了原來的「禮治」，〔註16〕文吏被賦予了「法」的職能。《說文》曰：「史，記事者也。」「吏，治人者也」，可見漢人所理解的「史」與「吏」的職能已經有所不同。「秦人，將法與行政管理系統結合一起，創造了一個實施成文法的社會。而這些法律由中央集權體制下的官吏系統執行，其中站在社會基層第一線的文吏，則成為國家法令、法規的具體操作者。」〔註17〕漢承秦制，因此這一傳統也在漢代延續。

〔註16〕閻步克：《樂師與史官》，北京：三聯書店，2001年，第88頁。
〔註17〕呂靜：《秦漢官僚體制下的基層文吏研究》，載《北京行政學院學報》，2011年第6期。

文史的主要職責是起草公文和處理一些獄訟案件。這一職業要求他們具備一定的綜合素質。最起碼包括以下三點：一、較好的識字與書寫能力；二、起草擬定公文的能力；三、熟練使用各種律令處理行政事務的能力。秦漢時期，從中央到地方各級官府都有文史的編制。他們通過自己的「刀筆」記錄了秦漢帝國的歷史的同時也推動了漢字的演變與發展。我們可以毫不誇張地說：隸書乃至草書的形成，文史當居首功。

文史作爲社會管理階層，政府對其選拔有明確的規定。《漢書·藝文志》引蕭何律曰：「太史試學童，能諷書九千字以上，乃得爲史。又以六體試之，課最者以爲尚書、御史史書令史。吏民上書，字或不正，輒舉劾。」《漢官儀》說：「能誦《倉頡》、《史篇》，補蘭臺令史。滿歲，補尚書令史。滿歲，爲尚書郎。」看來識字是成爲文史的基本要求，並且還要考「六體」，「六體者，古文、奇字、篆書、隸書、繆篆、蟲書，皆所以通古今文字，摹印章，書幡信也。」文史對於各種古今多種字體都要通曉。如果吏民給上級的文書出現文字不正的情況，還會被彈劾。這裡所說的「不正」應該包括文字的正確性和形體的端正。這一明文規定對於文史的書寫提出了嚴格的要求。東漢時期舉孝廉對文史和儒生的要求也不一樣，《後漢書》云：「諸生試家法，文史課箋奏」儒生考其所學的儒家經典，文史則考文書寫作，這其中就包括文字的書寫。這種文史選拔科目，對於想進入仕途的人無疑具有很強的導向作用，同時也促進了文字的規範。

政府對文史的考績關係到他們的升遷和獎懲，考績的項目是多方面的，比如秦代的考核辦法是：「任文法而責吏，始有爲小吏而入仕，計功次而進官者矣。」〔註18〕「漢代延續了這種辦法。具體是根據『閥閱功勞』，閥閱，簡單地說就是功績和資歷。」〔註19〕此外，文史書寫能力的優劣也是考核項目之一。日本學者大庭脩在勞榦《居延漢簡考釋》一書當中發現了一些邊疆哨所基層官吏的考核文書，現抄錄如下：

（1）肩水候官執胡燧長公大夫累路人，中勞三歲一月，能書會計，治官民頗知律令文，年四七歲，長七尺五寸，氏池宜藥里，家去官六百五十里。 一七九·四

〔註18〕 《禮記集說》，第二十三冊，卷二十五，嘉業堂校刊本。
〔註19〕 王元軍：《漢代書刻文化研究》，上海書畫出版社，2007年，第88頁。

（2）肩水候官並山燧長公乘司馬成，中勞二歲八月十四日，能書會計，治官民頗知律令文，年卅二歲，長七尺五寸，觻得成漢里，去官六百里。　一三·七

（3）□和候長公乘蓬士長富，中勞三歲六月五日，能書會計，治官民頗知律令文，年四七，長七尺六寸。　五六二·二

（4）張掖居延甲塞有秩士吏公乘段尊，中勞一歲八月廿日，能書會計，治官民頗知律令文□　五七·六

（5）肩水候官始安燧長許宗，功一勞一，中除十五日，能書會計，治官民頗知律令文，年卅六，長七尺二寸，觻得千秋里，家去官六百里。　三七·五七

（6）候官罷虜燧長簪裊單玄，中功五勞三月，能書會計，治官民頗知律令文，年卅歲，長七尺五寸，應令居延中宮里，家去官七十五里，屬居延部。　八九·四二〔註20〕

上述文獻當中多次出現的「候長」「士吏」「燧長」都屬於邊疆基層哨所吏員。大庭脩認爲這些文書是獎狀或表揚書，這是一層意思。當然，這些文書更像是工作考核書，這些基層文吏的「功」「勞」積累到一定程度就可以升遷。在他們的考核評語當中都有一句：「能書會計，治官民頗知律令文」的統一說辭。其中的「能書會計」就是指這些文吏的書寫能力和基本算術能力都合格，可以看作是職業技能。「治官民頗知律令文」則是評價其行政能力。這屬於肯定的評價，在居延漢簡當中還有另一種考核評語：「止北燧長居延累山里公乘徐殷，年四二，不史，不上功。」〔註21〕這位叫徐殷的燧長，由於「不史」，因此不予記功。還有和「不史」相對的評價：「居延甲渠塞有秩候長，昭武長壽里公乘張忠，年卅三，河平三年十月庚戌除。史。」〔註22〕這一類評語散見於漢簡當中。王元軍對「不史」和「史」作了分析，他認爲：「作爲「除書」，只寫「史」與「不史」，其中除了隸書的因素，還應包括處理文書的基本能力。史的範圍應比書寫更大一些。「史」是說具有史的素質，「不史」是不具備史

〔註20〕　〔日〕大庭脩：《論漢代的論功陞進》，載於中國社會科學院歷史研究所戰國秦漢史研究室編的《簡牘研究譯叢》，中國社會科學出版社，第330～331頁。

〔註21〕　謝桂華等編著：《居延漢簡釋文合校》，北京：文物出版社，1987年，第56頁。

〔註22〕　《居延新簡》，收於《中國簡牘集成》第10冊，甘肅蘭州：敦煌文藝出版社，2001年，第64頁。

的素質，這當然是不應該只包括書寫隸書的能力。」〔註 23〕可見「史」所包含的內容應當和上文「能書會計，治官民頗知律令文」基本一樣，包括以：一、書寫和算術；二處理文書、通曉律令。將書寫作為文史工作考評的項目，對於促進書寫規範有極大幫助。

我們在第一章已經講到，「史書」就是隸書。這種由文史所創的新字體，在漢代很受歡迎，許多「史書」好手被冠以「善史書」「能史書」的評價。《漢書》載：「（嚴延年）尤巧為獄文，善史書。」又：「（王）尊竊學問，能史書。」就連皇帝和王族也有不少人擅長「史書」。《漢書》云：「元帝多才藝，善史書」孝成許皇后「聰慧，善史書」《後漢書》記載北海靖王劉興之子劉睦：「善史書，當世以為楷則。」所謂「上有好者，下必有甚焉者矣。」漢代自上而下對隸書的熱情，推進了隸書的成熟與規范進程。雖然隸書是漢代最常用的字體，但一些重要場合還會選擇使用篆書。比如皇帝策命諸侯王策書，蔡邕《獨斷》云：

> 策者，簡也。《禮》曰：「不滿百文（方）不書於策。」其制長二尺，短者半之。其次，一長一短，兩編，下附篆書。起年月日，稱「皇帝曰」，以命諸侯王、三公。其諸侯王、三公之薨於位者，亦以策書誄諡其行而賜之，如諸侯之策。三公以罪免，亦賜策，文體如上策而隸書，以尺一木兩行，唯此為異者也。〔註 24〕

看來在當時隸書還是沒有完全擺脫「出身低賤」的地位。武威磨嘴子漢墓出土的《王杖詔令冊》是一件隸書寫成的文書。（圖 2-1.1）較之其他漢代簡牘，該作品用筆沉著，但不乏漢簡文字的靈動自然。我們可以明顯感覺到作為策書嚴謹端莊的特點。可以看作是西漢時期隸書中比較有法度的作品。此外，居延漢簡的詔令冊中，有的寫上了書者的姓名和官職，應該是為了明確責任〔註 25〕。這樣一來，文史對書寫會更加負責，所書寫的文字要正確規範。

東漢時期的許多碑刻隸書也多是一些文吏的手筆，王元軍對此有深入的研究，他說：

> 在當時盛行樹碑頌德的風氣中，「書佐」往往是碑的書寫者。由於處理文書的需要，這些書吏大都是擅長「書計」之筆，從中央到

〔註 23〕　王元軍：《漢代書刻文化研究》，上海書畫出版社，2007 年，第 92 頁。
〔註 24〕　（漢）（漢）蔡邕：《獨斷》卷上，四部叢刊本。
〔註 25〕　王元軍：《漢代書刻文化研究》，上海書畫出版社，2007 年，第 76 頁。

地方都有他們的存在。尤其是漢代的文書，大量的是出自書佐之手，凡是有署名的文書，基本上都是相關書吏寫的。在政府官員中，有一些是地方的長官，都闢有書佐爲他們服務，往往結成一種私恩關係，因而他們的碑由書佐來書寫是合情合理的，稱他們是書手，應該是可以的。這樣的例子有很多，如，書佐新豐郭香察書《華山廟碑》、書佐黃羊字仲興書《孟孝琚碑》、書佐王戒書《石門頌》、書佐文翠書《嚴舉碑》、史道興書《南安長王君平鄉道碑》。漢代列有書寫者姓名的碑刻實在很少，而列有書寫者爲書佐的例子竟有數例，可見，書佐書碑之事在當時已有成例。〔註26〕

這些書碑的文吏多是死者的門生故吏。瞭解書碑人的身份對於我們研究東漢碑刻隸書規範的形成及影響有重要的意義。首先，可以明確地說，文吏階層對隸書的產生到發展形成起到了至關重要的作用。經過秦漢文吏兩百年左右的書寫實踐，創造出了新的審美範式。其次，文吏在制度的約束之下，不僅實現了文字在國家行政管理中的作用，而且保證了漢字傳統的延續。還有，文吏作爲國家行政人員，其規範的書寫方式也爲全社會樹立了標尺。

2.2 校書郎與正字

2.2.1 校書郎

校書郎一職，始設於漢代蘭臺、東觀，唐杜佑《通典》秘書校書郎條下對其始末做了詳盡的記錄：

> 漢之蘭臺及後漢東觀，皆藏書之室，亦著述之所。多當時文學之士，使讎校於其中，故有校書之職。初，漢成帝時已命光祿大夫劉向於天祿閣校經傳、諸子、詩賦，步兵校尉任宏校兵書，太史令尹咸校數術，太醫令李柱國校方伎。後以諸大夫揚雄等亦典校於其中。後於蘭臺置令史十八人，秩百石，屬御史中丞。又選他官入東觀，皆令典校秘書，或撰述傳記，後漢明帝以班固爲蘭臺令史，撰光武本紀及諸傳記。又以傅毅爲蘭臺令史，與班固、賈逵共典校書。蓋有校書之任，而未爲官也，故以郎居其任，則謂之校書郎。明帝

〔註26〕 王元軍：《漢代書刻文化研究》，上海書畫出版社，2007 年，第 148 頁。

召班固詣校書部，除蘭臺令史，後遷爲郎，典校秘書。又劉珍與校書郎劉騊駼、馬融校定東觀五經、傳記、百家、藝術，整齊脫誤，定正文字。又楊終字子山，微詣蘭臺，拜校書郎。又賈章爲東觀書郎。以郎中居其任，則謂之校書郎中。後漢蔡邕拜郎中，校書東觀。又馬融爲校書郎中，詣東觀典校秘書。當時重其職，故學者稱東觀爲老氏藏室，道家蓬萊山焉。〔註 27〕

從上述文獻可以得知，蘭臺、東觀是兩漢的藏書之所，也是「著述」之所。因此，我們將其理解爲漢代的國家圖書館亦無不可。蘭臺、東觀所校訂的圖書種類也很多，如漢成帝時劉向校經傳、諸子、詩賦，任宏校兵書，尹咸校數術，李柱國校方伎。明帝時劉珍與校書郎劉騊駼、馬融校定東觀五經、傳記、百家、藝術。漢代校書郎也多是當時的「文學」之士，其實就是當時的「經學」大家。如劉向、揚雄、傅毅、班固、賈逵、劉珍、馬融等人都是漢代的大學問家，被譽爲「通儒達學」。〔註 28〕漢代校書郎擔任校書的任務，但並無官職，多是其他學問好的官員兼任，他們的政治地位也很高，《論衡》云：「通人之官，蘭臺令史，職校書定字，比夫太史、太祝，職在文書，無典民之用，不可施設。是以蘭臺之史，班固、賈逵、楊終、傅毅之徒，名香文美，委積不繼，大用於世。」〔註 29〕可見他們在當時都是受到重用的知識分子。他們的職責是「校書定字」，即校勘文章，正定文字。這些學者不僅通經，而且多精於文字訓詁之學。如賈逵曾作《春秋左傳解詁》、《國語解詁》，劉珍曾作《釋名》，班固對「六書」也作出了自己的條例。如果沒有豐富的學養和文字學功底，這些工作無從談起，更遑論擔任「校書定字」的職責。

漢代以後，校書郎成爲一種正式的職官，《通典》云：

至魏，始置秘書校書郎。晉、宋以下無聞。至後魏，有秘書校書郎。北齊亦有校書郎。後周有校書郎下士十二人，屬春官之外史。隋校書郎十二人，煬帝初，減二人，尋更增爲四十人。大唐置八人，掌讎校典籍，爲文士起家之良選。其弘文、崇文館，著作、司經局，並有校書之官，皆爲美職，而秘書省爲最。〔註 30〕

〔註 27〕　（唐）杜佑：《通典》，北京：中華書局，1988 年，第 735 頁。
〔註 28〕　（唐）李林甫等：《唐六典》云：「東觀有校書部，置校書郎中典其事。時，通儒達學亦多以他官領之。」北京：中華書局，1992 年，第 298 頁。
〔註 29〕　鄭文：《論衡析詁》，四川成都：巴蜀書社，1999 年，第 604 頁。
〔註 30〕　（唐）杜佑：《通典》，北京：中華書局，1988 年，第 735 頁。

秘書校書郎和漢代蘭臺、東觀的校書郎職責一樣。東漢桓帝開始設置秘書監一人，其職責爲「掌典圖書古今文字，考合同異」，由於其掌管「圖書秘記」，因此稱「秘書監」，這一職能幾經演變，成爲後來的秘書省。後來就有了秘書校書郎。發展到唐代，校書郎已經在秘書省、弘文館、崇文館，集賢殿、著作局和司經局都有設置。

2.2.2 正字

還有，從北齊時開始置「正字」一職。這一職務可以說是從校書郎職能分離出來的。隋唐時期，校書郎和正字一般並舉：

> 後漢桓帝初置秘書監，掌圖書古今文字，考合同異。其後監令掌圖籍之紀，監述作之事，不復專文字之任矣。今之正字，蓋令、監之遺職，校書之通制。歷代無聞。齊集書省有正書。北齊秘書省有正字。隋置四人。大唐因之，掌刊正文字，其官資輕重與校書郎同。〔註31〕

從職能上看唐代的校書郎和正字相當於漢代的校書郎，但其身份不盡相同。漢代校書郎，多爲當世大儒，有些是其他有才學的官員兼任，如班固、楊終、傅毅、賈逵都擔任過蘭臺令史。唐代的校書郎和正字多是剛釋褐的青年學子。爲方便起見，我們合稱「校正」。「校正」一職成爲他們仕途上的第一個職位，而這一職位多被視爲「美職」，如杜佑所言「爲文士起家之良選」。唐代許多著名的詩人都是從「校正」起家。校書郎起家的有：楊炯、張說、張九齡、王昌齡、劉禹錫、白居易、元稹、李德裕、杜牧、李商隱和韋莊。正字起家的有：王績、陳子昂和柳宗元。張說、張九齡、元稹、李德裕起家校書郎，後來官至宰相。〔註32〕有學者統計「在兩《唐書》列傳、《新唐書・藝文志》和《新唐書・宰相世系表》、《全唐文》、《全唐詩》、《太平廣記》和近年出土墓誌中所能找到的校書郎，大約有四百人以上。相比之下，同一批史料中的正字，則只有大約一百人。」〔註33〕《通典》中指出，這些校書郎和正字的職責分別是「掌讎校典籍」和「掌刊正文字」。其官階分別是正九品上和正九品下，《通典》說：「其（正字）官資輕重與校書郎同。」可見「校正」就是

〔註31〕 （唐）杜佑：《通典》，北京：中華書局，1988年，第736頁。
〔註32〕 賴瑞和：《唐代基層文官》，北京：中華書局，2008年，第15頁。
〔註33〕 賴瑞和：《唐代基層文官》，北京：中華書局，2008年，第15頁。

專門安排青年士子在基層文化部門進行鍛鍊的一種職位。大體上看，其職能和漢代校書郎相似，但不完全相同。唐代「校正」職能更傾向於基礎校對，而不是比較有學術含量的校讎。〔註 34〕據記載，唐代著名書法家顏真卿就是以校書郎起家，《顏魯公行狀》云：「公姓顏，名真卿……開元二十二年進士及第，登甲科。二十四年，吏部擢判入高等，授朝散郎、秘書省著作局校書郎。」〔註 35〕

　　不論是漢代校書郎以其高深學養進行校勘，還是唐代青年士子的基礎性校對，這種活動本身對文化的傳承與健康發展都有著重要意義。在古代，書籍是文化與知識賴以傳播的主要載體。其思想內容可以傳承知識，啓迪智慧；其文字本身也具有示範意義。如果在書籍裏出現錯誤或不規範的文字，有可能會影響意義的表達，也可能把錯誤和不規範的文字擴大化，這對於文化傳承與國家統治都是不利因素。還有，從事典籍校勘的任務，有助於學者和士子們增強文化規範的自覺性。尤其是唐代數量較大的「校正」群體，他們都是當時的政治、文化精英，都將在國家政治、文化的舞臺上發揮自己的影響，而他們起家的「校正」工作，無疑對整個社會的文字使用與文化傳播有深遠的意義。

2.3　楷書手與翰林書待詔

2.3.1　楷書手

2.3.1.1　楷書手溯源

　　楷書手一職，隋代稱楷書郎，始置於隋煬帝，《隋書》卷二十八秘書省條下云：

> 煬帝即位，多所改革……增校書郎員四十人，加置楷書郎員二十人，（從九品）掌抄寫御書。〔註 36〕

唐代時又稱楷書手、楷書、楷書令史、御書手、寫御書、群書手、書手，在門下、中書和秘書省及東宮均有設置，職同流外，主要負責抄寫一些典籍、經文及重要文書，屬於政府雇傭的專業抄寫人員。

〔註 34〕　賴瑞和：《唐代基層文官》，北京：中華書局，2008 年，第 52～58 頁。
〔註 35〕　（唐）顏真卿：《顏魯公集》，上海古籍出版社，1992 年，第 123 頁。
〔註 36〕　（唐）魏徵等：《隋書》，北京：中華書局，1973 年，第 796 頁。

楷書手一職雖然出現在隋唐，但究其淵源，可以追溯到先秦史官。柳詒徵在《國史要義》中指出：

> 夫古之五史，職業孔多，蔽以一語，則曰：掌官書以贊治。由斯一義，而歷代內外官制，雖名實貿遷，沿革繁夥，其由史職演變者乃特多。〔註 37〕

商代的史官，實際上是集行政、文化（典籍整理）、宗教乃至軍事於一身的綜合型社會管理者。雖有分工，但比較粗略。隨著社會的變革與發展，政治、經濟、文化事務日漸繁雜，社會分工勢在必行，史官的職能隨之產生分化。《周禮》記載天官、地官、春官的屬官有：「……府六人，史十有二人，胥十有二人，徒百有二十人。」鄭玄說：府、史「皆其長官所自辟除」，胥、徒是「民給徭役者」。史爲「掌書者」。章學誠《文史通義》云：

> 《周官》府史之史，與內史、外史、太史、小史、御史之史，有異義乎？曰：無異義也。府史之史，庶人在官供書役者，今之所謂書吏是也。〔註 38〕

這種現象可以看做史官職能的分化。秦漢時期的令史、書佐一類的低級文吏應該就屬於這種史職的延續。隨著社會的進一步發展，秦漢文吏以書、計與律令行政的職能又產生分化，直到把其「善書」的職能分離出來，使「善書」一項技能就可以謀生或謀職。當然，這一過程背後還有較爲複雜的促成因素。比如社會文化的發展，使得平民識字率逐漸提高，知識階層隨之擴大，也帶動了書籍的需求。自商周起，政府就有保存典籍的行爲。秦代焚書銷毀了大量典籍。漢代起政府又開始重視藏書，設蘭臺、東觀作爲藏書機構。《漢書·藝文志》記載，西漢時期官府藏書有 13269 的卷，西晉時達 20935 卷，東晉有 36000 卷，梁武帝時有 80000 餘卷，而梁元帝竟達 140000 卷〔註 39〕。政府組織抄書、藏書的行爲，促進了楷書手職業的產生。此外，楷書經過魏晉南北朝時期的演變發展，在隋唐之際就已完全成熟，不僅出現了像歐陽詢、虞世南、褚遂良等楷書名家，而且整個社會的楷書書寫水平也達到了很高的成就，在隋唐碑誌與敦煌寫本中都可以看出這一點。

〔註 37〕 柳詒徵：《國史要義》，上海：華東師範大學出版社，2000 年，第 49 頁。
〔註 38〕 （清）章學誠著，嚴傑譯：《文史通義全譯》，貴州人民出版社，1997 年，第 269 頁。
〔註 39〕 周侃：《唐代書手研究》，首都師範大學博士學位論文，2007 年，第 13～14 頁。

2.3.1.2 唐代楷書手的設置與職能

上文我們已經指出，楷書手在唐代設置非常廣泛。門下省的弘文館，中書省的集賢殿、史館，秘書省的都省、著作局、司天臺，以及東宮崇文館、司經局都有這一職務，人數少則五人，多則上百。下文以《唐六典》所載楷書手人數及其情況爲例，簡要說明各部門楷書手設置及其執掌。

門下省·弘文館：門下省是皇帝最高政令的審議機構，唐太宗稱其爲「機要之司」。據《唐六典》記載，門下省最高長官侍中的職責是：「出納帝命，緝熙皇極，總典吏職，贊相禮儀，以和萬邦，以弼庶務，所謂佐天子而統大政者也。」〔註40〕其職官設置如下：

> 侍中二人　黃門侍郎二人　給事中四人　錄事主事各四人　令
> 史十一人　書令史二十二人　甲庫令史七人　傳制八人　亭長六人
> 掌固十人　修補制敕匠五人〔註41〕

門下省併無楷書手，書寫政令事宜由書令史擔任。弘文館隸屬於門下省，《唐六典》云：

> 弘文館學士，無常員
> 校書郎二人　學生三十人　令史二人　楷書手二十五人　典書
> 二人　拓書手三人　筆匠三人　熟紙裝潢匠九人　亭長二人　掌固
> 四人

弘文館其實就是隸屬於門下省的文化部門，還有學生三十人，都是一些皇親國戚及一些官員的子弟。虞世南、歐陽詢曾奉敕教授楷法。〔註42〕弘文館學士多爲其他官員兼任，其職責是「掌詳正圖籍，授教生徒。凡朝廷有制度沿革，禮儀輕重，得參議焉。」〔註43〕因此可知弘文館還有文化顧問的職能。弘文館所置的楷書手則是繕寫圖書的抄寫員。

〔註40〕　（唐）李林甫等：《唐六典》，北京：中華書局，1992 年，第 241 頁。

〔註41〕　（唐）李林甫等：《唐六典》，北京：中華書局，1992 年，第 239 頁。

〔註42〕　（唐）李林甫等：《唐六典》云：「補弘文，崇文學生例：皇宗緦麻已上親，皇太后、皇后大功已上親，散官一品、中書門下三品、同中書門下平章事、六尚書、功臣身食實封者，京官職事正三品、供奉官三品子·孫，京官職事從三品、中書·黃門侍郎子，並聽預簡，選性識聰敏者充。貞觀元年，敕見任京官文武職事五品已上子有性愛學書及有書性者，聽於館內學書，其法書內出。其年有二十四人入館，敕虞世南、歐陽詢教示楷法。」第 255頁。

〔註43〕　（唐）李林甫等：《唐六典》，北京：中華書局，1992 年，第 255 頁。

中書省・集賢院、史館：中書省也屬「機要之司」。專門負責起草詔令，經門下省審查後交付尚書省執行。這就是隋唐時期成熟的「三省」制度。集賢院學士「掌刊緝古今之經籍，以辯明邦國之大典，而備顧問應對。凡天下圖書之遺逸，賢才之隱滯，則承旨而徵求焉。其有籌策之可施於時，著述之可行於代者，較其才藝，考其學術，而申表之。凡承旨撰集文章，校理經籍，月終則進課於內，歲終則考最於外。」〔註44〕集賢院隸屬於中書省，始置於開元十三年（725），編制如下：

　　　　學士　直學士　侍講學士　修撰官　校理官　中使一人　孔目官一人　知書官八人　書直及寫御書一百人　拓書手六人　畫直八人　裝書直十四人二　造筆直四人　典四人〔註45〕

書直及寫御書就是楷書手，開元五年，玄宗敕令秘書省和昭文館（弘文館）廣招天下各種書法人才，充任寫御書和書直，玄宗並親自檢驗。後來，還選取前資、常選、三衛、散官五品以上官員的子孫充任這一職務，按照年限長短和資歷深淺來授予職務。到開元十九年，皇帝敕令這類書手均有官職並成立了直院。

漢代著史在蘭臺、東觀，班固、劉珍等人曾在東觀著《光武本紀》和《東觀漢記》。魏明帝置著作郎與佐郎，專掌國史，隸屬中書省。從晉惠帝時起到隋代，著國史一事都是秘書省掌管。貞觀初年，國置史館於禁中，隸中書省。《舊唐書》載，史館有楷書手二十五人。

秘書省・著作局、太史局：秘書省相當於國家圖書館。西周時期的史官兼任了秘藏圖書的職能。《周禮・春官》云：「太史掌建邦之六典。」「小史掌邦國之志，奠繫世。」「外史掌四方之志，三皇五帝之書。」太史、小史和外史都承擔著秘書的職責。秦代博士官執掌秘書一職，禁止人們私藏書籍，再者秦始皇焚書之舉對文化破壞極大，書籍數量驟減。自漢代起，廣開獻書之路，置蘭臺、東觀，藏書、寫書。桓帝延時，始置秘書監，掌禁中圖書秘記，故曰秘書。幾經遞變，隋代為秘書省。唐承隋制，在龍朔二年改為蘭臺，天授初改為麟臺監，神龍元年又改為秘書監，執掌者為秘書監（從三品）〔註46〕。其人員設置如下：

〔註44〕（唐）李林甫等：《唐六典》，北京：中華書局，1992年，第280～281頁。
〔註45〕（唐）李林甫等：《唐六典》，北京：中華書局，1992年，第280頁。
〔註46〕（唐）李林甫等：《唐六典》，北京：中華書局，1992年，第296頁。

　　　　監一人　少監二人　丞一人　秘書郎四人　校書郎八人　正字四

人　主事一人　令史四人　書令史九人　典書八人　楷書手八十人

亭長六人　掌固八人　熟紙匠十人　裝潢匠十人　筆匠六人〔註47〕

秘書省負責藏書、寫書，典藏有甲、乙、景、丁四部圖書。因此楷書手較多。

此外，著作局有楷書手五人，太史局有二人。

　　東宮‧崇文館、司經局：東宮爲儲君之所，所設崇文館、司經局與弘文

館、秘書省功能相同。「崇文館學士掌刊正經籍圖書，以教授諸生。其課試、

舉送如弘文館。校書掌校理四庫書籍，正其訛謬。」司經局下「洗馬掌經、

史、子、集四庫圖書刊緝之事，立正本、副本，貯本以備供進。凡天下之圖

書上於東宮者，皆受而藏之。文學掌分知經籍，侍奉文章，總緝經籍；繕寫

裝染之功，筆箚給用之數，皆料度之。校書、正字掌校理刊正經、史、子、

集四庫之書。」〔註48〕崇文館人員設置如下：

　　　　學士無員數　學生二十人　校書二人　令史二人　典書二人

　拓書手二人　書手十人　熟紙匠三人　裝潢匠五人　筆匠三人

司經局人員設置：

　　　　洗馬二人　文學三人　書令史二人　書吏四人　校書四人　正

　字二人　典書四人　楷書二十五人　掌固六人

　　在兩《唐書》和《唐六典》中，相關部門楷書手人數略有出入，周侃在

其博士論文《唐代書手研究》做了統計表〔註49〕，現轉引如下：

機構名稱		史料來源	楷　書	楷書手	寫御書
門下省	弘文館	《舊唐書》卷 43		30	
		《新唐書》卷 47		12	
		《唐六典》卷 9		25	
中書省	集賢殿書院	《舊唐書》卷 43			100
		《新唐書》卷 47			90
		《唐六典》卷 9			100
	史館	《舊唐書》卷 43		25	
		《新唐書》卷 47	30	25	

〔註47〕（唐）李林甫等：《唐六典》，北京：中華書局，1992 年，第 294 頁。
〔註48〕（唐）李林甫等：《唐六典》，北京：中華書局，1992 年，第 665～666 頁。
〔註49〕周侃：《唐代書手研究》，首都師範大學博士學位論文，2007 年，第 16～17 頁。

秘書省	都省	《舊唐書》卷 43		80
		《新唐書》卷 47	10	
		《唐六典》卷 10		80
	著作局	《舊唐書》卷 43	5	
		《新唐書》卷 47	5	
		《唐六典》卷 10		5
	司天臺	《舊唐書》卷 43		5
		《新唐書》卷 47		5
		《唐六典》卷 10		2
東宮	崇文館	《舊唐書》卷 44		
		《新唐書》卷 49		
		《唐六典》卷 26		25
	司經局	《舊唐書》卷 44		
		《新唐書》卷 49	25	
		《唐六典》卷 26	25	

　　從以上材料可以看出，唐代非常注重文化發展。由於政治穩定，國力強盛，君主大興文教，廣聚賢才。唐代楷書手主要設置於文化職能部門，屬於整個文化制度當中的一個小環節，雖然地位不高，爲流外官，但其執掌的是基礎性工作，不可或缺。唐代雖然已有雕版印刷，但並未大面積普及，圖書典籍主要依賴手抄流佈與保存。楷書手則擔當了這一文化傳播的重任。《唐會要》卷三十五記載：「武德五年（622），秘書監令狐德棻奏，今乘喪亂之餘，經籍亡逸，請購募遺書，重加錢帛，增置楷書吏，令繕寫，數年間，群書畢備。」〔註50〕貞觀二年（628），魏徵又奏請太宗，召集天下學者整理四部圖書。可見楷書手主要職責就是抄寫各種典籍，經、史、子、集無所不包。敦煌文書中還有一些官方楷書手所抄的佛經。如 S.1456《妙法蓮華經卷第五》爲秘書省楷書孫玄爽寫。

　　這些楷書手多是一些讀書人。有的是依靠自己的書寫技能被選入職，有的則靠門蔭入職。《唐六典》云：「開元五年（717）十二月，敕於秘書省、昭文館兼廣召諸色能書者充，皆親經御簡。後又取前資、常選、三衛、散官五品已上子、孫，各有年限，依資甄敍。至十九年，敕有官爲直院也。」

〔註50〕　（宋）王溥：《唐會要》，卷三十五，北京：中華書局，1955 年，第 643 頁。

〔註 51〕他們在其崗位上，服務一定年限，可銓選入流。具體詳情，我們將在「以書取士」一節來展開論述。

2.3.1.3 楷書手的作品

唐代儒、釋、道並行，因此三教圖書典籍的需求量都比較大。這些書籍抄寫工作就自然落在了各種楷書手的肩上。唐代楷書手留下的寫本主要是敦煌文書中的一些佛經，這是我們瞭解楷書手書寫狀況的最寶貴墨蹟資料。此外，楷書手還留有一些碑誌，也是研究楷書手書法的重要石刻文字資料。

敦煌寫經卷子當中，卷尾明確題記為官方楷書手所寫的佛經卷子大約有五十多件。這些經卷大多由英、法、日所藏，筆者根據《敦煌遺書總目索引新編》〔註 52〕一書，錄出所見的十幾件官方寫經題記，製成下表：

門下省 （弘文館）	寫　卷	楷書手題記	監製者
	S.4209 妙法蓮華經卷第三	咸亨三年（672）四月十五日門下省群書手趙文審寫	虞昶
	S.4551 妙法蓮華經卷第四	咸亨三年（672）八月廿九日門下省群書手劉大悲寫	虞昶
	S.2573 妙法蓮華經卷第二	咸亨四年（673）九月十七日門下省群書手封安昌寫	虞昶
	S.0312 妙法蓮華經卷第四	咸亨四年（673）九月廿一日門下省群書手封安昌寫	虞昶
	P.2195 妙法蓮華經卷第六	上元二年（675）十月十五日門下省書手袁元悊寫	閻玄道
	S.1048 妙法蓮華經卷第五	上元三年（676）十一月五日弘文館楷書成公道寫	閻玄道
秘書省	S.1456 妙法蓮華經卷第五	上元三年（676）五月十三日秘書省楷書孫玄爽寫	閻玄道
東宮 （左春坊）	S.0036 金剛波若波羅密經	咸亨三年（672）五月十九日左春坊楷書吳元禮寫	虞昶
	S.3348 妙法蓮華經卷第六	上元元年（674）九月廿五日左春坊楷書蕭敬寫	（缺損）
	S.0513 金剛波若波羅密經	上元三年（676）閏三月十一日左春坊楷書歐陽玄寫	閻玄道

〔註 51〕（唐）李林甫等：《唐六典》，北京：中華書局，第 280 頁。
〔註 52〕敦煌研究院編：《敦煌遺書總目索引新編》，北京：中華書局，2000 年。

未知機構	S.0084 妙法蓮華經卷第十五	咸亨二年（671）十月十日經生郭德寫	虞昶
	S.3079 妙法蓮華經卷第四	咸亨二年（671）十月十二日經生郭德寫	虞昶
	P.2644 妙法蓮華經卷第三	咸亨三年（672）三月七日經生王謙寫	虞昶
	S.3094 妙法蓮華經卷第二	儀鳳二年（677）五月廿一日書手劉意思寫	閻玄道

　　從上表可以看出，秘書省、門下省弘文館以及東宮左春坊的楷書手都參與了抄經活動，寫經的時間也主要集中在唐高宗咸亨（670～674）到儀鳳（676～679）年間。所寫佛經多是發放到各地，作為地方抄寫學習的範本，政府十分重視。不僅對於書手的書寫技能有較高的要求，而且抄完之後要經過校閱審查好幾道工序。檢驗合格後，方可發放到地方。如 S.0312《妙法蓮華經卷第四》卷尾的題記：

咸亨四年九月廿一日門下省群書手封安昌寫

用紙廿二張

裝潢手解集

初校大莊嚴寺僧懷福

再校西明寺僧玄真

三校西明寺僧玄真

詳閱太原寺大德神符

詳閱太原寺大德嘉尚

詳閱太原寺主慧立

詳閱太原寺上座道成

判官司農寺上林署令李德

使大中大夫守工部侍郎攝兵部侍郎永興縣開國公虞昶監〔註53〕

此題記內容包括抄寫時間、書手姓名、紙張數量、裝潢手、三次校對者、四次詳閱者、判官以及監製者。（圖 2-3.1）從這一系列的程序可以看出政府對官方寫經的重視。負責校對和詳閱的多是當時的高僧大德，他們熟悉佛教經典，因此由他們來承擔校閱工作。判官一職普遍置於唐代各個政府部門。S.0312

〔註53〕敦煌研究院編：《敦煌遺書總目索引新編》，北京：中華書局，2000 年，第 10 頁。

卷尾「判官李德」屬於負責協辦寫經任務的臨時職務，他原本身份是「司農寺上林署令」。司農寺相當於後勤機構，專門為宮廷供應糧食薪菜，百官廩祿。《唐六典》云：「凡別敕差使事務繁劇要重者，給判官二人，每判官並使及副使各給典二人；非繁劇者，判官一人、典二人，使及副使各給典一人。」〔註 54〕判官李德為寫經活動中提供後勤保障。寫在經卷最後的虞昶是寫經的總監製。虞昶是初唐書法大家虞世南之子，官至工部侍郎。《寶刻叢編》卷八引《京兆金石錄》：《唐贈秦州都督韋琨碑》，唐許敬宗撰，虞昶行書。由他來監管寫經一事，恐怕與其書法家學有直接關係。另外一位繼虞昶之後的寫經監製是閻玄道，史籍無載。

　　楷書手所寫的佛經寫卷書法端莊嚴謹，有「官楷」之稱。（圖 2-3.2）官方寫經之所以能達到如此規範的程度，最少有以下幾個方面值得關注。首先，唐代楷書形式已經非常完善，也就是說，唐人對楷書的形式美已經挖掘到了極致。其次，楷書手以書寫技能見長，不論是抄寫四部典籍還是佛教經典，都應當具有高效率、高質量的書寫能力。還有，人們對於佛經的抄寫要保持虔誠的心態去完成，因此必須一筆不苟，甚至在書寫之前要沐浴焚香，保證心態平和寧靜。這種近乎修行式的書寫活動，對人們的書寫的影響可想而知。《宣和書譜》對唐代僧人釋曇林的寫經作品評價道：「作小楷下筆有力，一點畫不妄作，然修整自持，正類經生之品格高者……累數千字，終始一律，不失行次，便於疾讀，但恨拘窘法度，無飄然自得之態，然其一波三折筆之勢亦自不苟，豈其意與筆正，特見嚴謹，亦可嘉矣。」〔註 55〕這樣的評語也適合楷書手所抄經卷。歐陽修在《集古錄》中對楷書手的翰墨讚賞有加，他說：「蓋有唐，武夫悍將暨楷書手輩，字皆可愛。」〔註 56〕對於這些評價，我們在楷書手的墨蹟當中都可以得到印證。

　　還有一些集賢院楷書手和書直，留下了一些碑誌作品，與楷書手所寫的佛經卷子相比，碑誌的字體種類更為豐富，有楷書、行書、隸書。楷書作品有尚書省楷書李九皋書《阿史那毗特勒墓誌》，文林郎前恒王府參軍直集賢院張文哲書《司馬齊卿墓誌》、《崔氏墓誌》，將仕郎前守縣尉直弘文館王俣書《王

〔註 54〕　（唐）李林甫等：《唐六典》卷二，北京：中華書局，1992 年，第 35 頁。

〔註 55〕　（宋）佚名著，顧逸點校：《宣和書譜》卷五，上海書畫出版社 1984 年，第41 頁。

〔註 56〕　（宋）歐陽修：《集古錄跋尾》卷六，北京，人民美術出版社，2010 年，第145 頁。

審知德政碑》等；行書墓誌有陳璟《西明寺智遠律師塔銘》，張文哲書《張価墓誌》、《路江墓誌》；隸書墓誌有宣德郎行許昌縣丞直集賢院張若芬書《張休光墓誌》〔註57〕。下面對三種字體的碑誌書法分別舉例說明。

楷書碑誌當中，王倜書《王審知德政碑》屬於比較工穩規範。（圖 2-3.3）此碑是朝廷爲表彰福州刺史王審知政績而立，刊於唐哀帝天祐三年，王倜奉敕所書。其碑文用筆健碩飽滿，頗有館閣體的特點。張文哲所書《司馬齊卿墓誌》（圖 2-3.3）以楷書爲主，偶而夾雜行書，時而出現連帶筆劃。

唐太宗推崇王羲之的書法，並開創了行書入碑的先例，後來從者如雲。張文哲所書《張価墓誌》爲行書所寫，豎有列，橫無行，明顯師法《集王羲之書聖教序》，但比較拘謹。這是唐人以行書入碑的常見作品。要想用活潑的行書來寫嚴肅的碑誌形式，只能採取折中的辦法，結果就是行書的楷書化。也可以說這種行書是以楷書爲結構的，已經和王羲之因勢造型的結字方式完全不同。

張若芬《張休光墓誌》書於開元二十二年（734），隸書。（圖 2-3.4）當時隸書較爲盛行，唐玄宗也擅長隸書，所書《石臺孝經》至今還立於西安碑林。另有蔡有鄰，史惟則、韓擇木、顧誠奢等隸書名家活躍於當時。張若芬以隸書寫墓誌應該與時風有關，其風格也與上述隸書名家相似，茂密精勁但缺少個性，這當然和他們的身份有關。

2.3.2 翰林書待詔

唐玄宗開元年間設置了翰林院，是一個彙集各類人才爲國家服務的機構。《舊唐書》記載：「天子在大明宮，其院在右銀臺門內。在興慶宮，院在金明門內。若在西內，院在顯福門。若在東都、華清宮，皆有待詔之所。」〔註58〕皇帝所到之處，都有翰林待詔活動的場所。《唐會要》翰林院條下云：「蓋天下以藝能技術見召者之所處也。」〔註59〕翰林待詔的種類龐雜，有詞學、經術、合練、僧道、卜祝、術藝和書弈，可謂之綜合型文化機構。翰林待詔則是利用自己的特長爲皇家服務的文人或儒臣。

〔註57〕 朱關田在《唐代楷書手、書直和經生》一文對楷書手、書直寫經以及碑誌作了統計，本文有所參考，見《初果集》，第 171～174 頁。
〔註58〕 （後晉）劉昫等：《舊唐書》卷四十三，北京：中華書局，1975 年，第 1853 頁。
〔註59〕 （宋）王溥：《唐會要》，北京：中華書局，1955 年，第 977 頁。

其實，早在武德、貞觀時期，就有魏徵、許敬宗、褚遂良等臣僚受詔入禁中草制的慣例，只是當時沒有名目，這可以看作翰林院的前身，《舊唐書》云：

> ……永徽後，有許敬宗、上官儀，皆召入禁中驅使，未有名目。乾封中，劉懿之、劉褘之兄弟、周思茂、元萬頃、范履冰，皆以文詞召入待詔，常於北門候進止，時號北門學士。天后時，蘇味道、韋承慶，皆待詔禁中。中宗時，上官昭容獨當書詔之任。睿宗時，薛稷、賈膺福、崔湜，又代其任。玄宗即位，張說、陸堅、張九齡、徐安貞、張洎等，召入禁中，謂之翰林待詔。〔註60〕

從上述文獻可以看出翰林院及翰林待詔形成的過程。當時上行的奏疏和下行的詔敕文誥都要經過中書、門下省之手，政務繁雜。爲了及時有效地處理這些政務，便在朝官中選有詞藝學識的人來直接負責與皇帝溝通，處理機要。玄宗時，張說、陸堅、張九齡、徐安貞等人都任過此職。翰林待詔主要承擔了詔令的擬定與書寫的工作，相當於皇帝的政治顧問。「王者尊極，一日萬機，四方進奏、中外表疏批答，或詔從中出。宸翰所揮，亦資其檢討，謂之視草，故嘗聞當代四人，以備顧問。」〔註61〕

開元二十六年，將翰林供奉改爲翰林學士，又置學士院。其形制類似唐太宗時弘文館的「十八學士」，即秘書監虞世南等官員組成的皇帝「智囊團」。他們與皇帝「會於禁中，內參謀猷，延引講習，出侍輿輦，入陪宴私。」弘文館「十八學士」相當於文化、政治內參。後來，這一形式成爲「麗正院」、「集仙院」，最後在玄宗時定名集賢院。唐玄宗時，集賢學士和翰林待詔（學士）共同執掌制詔書敕。《四庫提要》卷七九《翰林志》條下云：

> 至明皇置翰林待詔供奉，與集賢院學士，分掌制誥，其職始重。後又改爲學士，別置學士院，謂之東翰林院。於是舊翰林院雖尚有以伎能入直，如德宗時術士桑道茂之類，而翰林之名，實盡歸於學士院。歷代相沿，遂爲儒臣定職。〔註62〕

可知翰林院設學士院之後，舊翰林院主要是以「技能入直」的待詔，翰林學士則主要執掌政事。最初，「供奉敕旨」的儒臣就是翰林供奉，翰林院成立後稱爲翰林待詔，其實是一回事。後來翰林待詔人數逐漸增多，大概是爲了區

〔註60〕（後晉）劉昫等：《舊唐書》卷四十三，北京：中華書局，1975 年，第 1853～1854 頁。

〔註61〕（後晉）劉昫等：《舊唐書》卷四十三，北京：中華書局，1975 年，第 1854 頁。

〔註62〕《四庫提要》卷七十九，史部三十五，職官，唐李肇撰《翰林志一卷》。

別職能或身份，又置翰林學士。當然，翰林學士當中也有以書法見長的儒臣，如擅長隸書的翰林院學士韓擇木等。因此翰林學士的書法也在我們考察範圍之內。

唐代翰林院的人員編制和執掌情況與其他機構不同，並不是定員定編，具有靈活機動的特點。翰林書待詔以書法特長服務皇族及一些臣僚，主要負責書寫詔敕文誥以及碑誌等應用文章。他們還會從事一些書法的教育和研究活動。如呂向為翰林待詔時，曾兼任皇太子文章及書法教師。〔註63〕此外還有李思詮、王任等人兼任過侍書之職。唐代著名書法理論家張懷瓘與其弟張懷瓘都是翰林書待詔。張懷瓘擅長草書、隸書，張懷瓘則擅長理論研究，所著《書斷》、《書估》、《文字論》、《六體書論》等皆為書論名篇，代表了唐代書法理論的高峰。對於翰林書待詔的教育和書法理論研究，我們將分別在第三、四章具體討論，下面主要考察其書跡。

翰林書待詔直接為皇族及其臣僚服務，因此其書法難免受到皇帝等人審美趣味的影響。再者他們所書寫的多是應用文，規範典雅是其基本要求，個人情性雖有，但只能在細微處體現，其書法有「院體」的稱謂。書待詔所書碑誌，字體有楷書、行書、隸書以及篆書（碑額），這與集賢院書直所書碑誌情況相似，其實，這兩個群體都屬於皇帝身邊的儒臣，有些翰林待詔同時也在集賢院兼職，如呂向、張懷瓘、徐浩、史惟則、蔡有鄰都屬於這種情況。

翰林書待詔的楷書作品有呂向的《述聖頌碑》，史頎書《王公素墓誌》，徐浩的《不空和尚碑》《朱巨川告身》，柳公權《玄秘塔碑》、《神策軍碑》等。

呂向，字子回，世貫不詳。少孤，與外祖母隱居陸渾山中，賣藥為生，有志於學問，博古通今。擅長草、隸，能一筆環寫百字，人稱「連綿書」。開元十年入翰林院，兼任集賢院校理。呂向曾受命於玄宗為鐫勒使，負責鐫勒玄宗所寫的華嶽廟碑。〔註64〕其書跡僅存開元十三年（725）刻的正書《述聖頌碑》。《述書賦》評其書：「呂公，歐鍾相雜，自是一調。雖則筋骨乾枯，終是精神巉峭。其餘小楷，尤更巧妙。」〔註65〕是為的評。

〔註63〕（唐）竇蒙：《述書賦注》，見《歷代書法論文選》，上海書畫出版社，1979年，第258頁。

〔註64〕（宋）歐陽修，宋祁：《新唐書》卷二百二，北京：中華書局，1975年，第5758頁。

〔註65〕（唐）竇泉：《述書賦》，見《歷代書法論文選》，上海書畫出版社，1979年，第258頁。

　　《王公素墓誌》爲「登仕郎守歙州休寧縣主薄直翰林院史頎書（並篆）」，通篇行列分明有序，單字結構匀稱嚴整，字形挺拔，用筆清朗，一筆不苟。似有歐陽率更風範。（圖 2-3.5）

　　徐浩，字季海，官至工部、吏部侍郎，彭王傅。其父徐嶠之，岳父張庭珪皆以能書善鑒見稱於當時。《舊唐書》卷一三七徐浩傳云：「屬詞贍給，又工楷隸」「肅宗即位，召拜中書舍人，時天下事殷，詔令多出於浩。」徐浩書法出於家學，爲當時所重，與顏眞卿齊名，有「顏徐」之稱。「顏徐」書法實際上都屬於典型的唐代官楷，不過顏眞卿逐漸發展出了自己獨特的風貌，遠高於一般書家。徐浩現存書跡有《朱巨川告身》、《不空和尙碑》等作品傳世。（2-3.6）總體上看，徐浩楷書重規矩而少性情，這是其身份所限。《宣和書譜》評其書「窘於繩律」。《唐碑帖跋四卷》云：「季海謹守法度而神力足以運之盛唐」〔註 66〕這些評價都是比較準確的。此外，徐浩還擅長隸書，有《張庭珪墓誌》傳世，也屬於端莊穩健一類，較之韓擇木等人隸書，略顯質樸。

　　晚唐楷書大家柳公權（778～865）也曾爲翰林學士，其楷書更是將唐楷的法度推向了高峰。其代表作有《玄秘塔碑》《神策軍碑》《回元觀鐘樓塔銘》等傳世。（2-3.7）其兄柳公綽（763～830）也以善書充任翰林侍書學士。這些在當時就享有盛名的翰林書家，對唐代及後世影響都很大。後人對其研究也較多，此處不再詳論。

2.4 以書取士

2.4.1 以書取士溯源

　　由於文字與文字書寫技能對於國家行政與文化傳承具有重要作用，因此自商周、秦漢以來一直是選取官員（吏）的重要參考要素，只是到了隋唐以後，「以書取士」成爲完善的制度，並且增強了書寫審美因素的考核比重，這也可以說是士大夫政治發展完善之後的必然結果。這種以書寫技能選取人才的制度，對書寫本身的發展具有重要的意義。

　　我們在本章第一節已經講過，史官創造了文字，使用文字本身就是史官所擅長的技能。商周時期的史官就是以此技能生存。商代的各種尹、史以及

<hr>

〔註 66〕《唐碑帖跋四卷》見《四庫全書存目叢書》，史部第 278 冊，山東濟南：齊魯書社，1996 年，第 213 頁。

貞人，《周禮》當中記載的大史、小史、內史、外史、御史莫不是如此。史官「掌官書以贊治」的職能，與文字使用密不可分。商周時期的政治制度為世祿世卿制，史官等百官都屬于氏族家傳，基本屬於世代相傳。當然也不是絕對的。《周禮・大司徒》中又記載道：「（大司徒）以鄉三物教萬民而賓興之。」其中包括「六藝」中的「書教」，這是西周的鄉學教育，屬於地方官學。學生當中成績優秀的可以舉薦到中央官學繼續學習，以後也有參與政治的機會。這種從普通民眾當中選拔人才的機制，隨著春秋戰國以後政治局勢以及社會各階層文化水平的變化逐漸完善起來。秦漢時期國家大量任用刀筆吏為行政人員，書寫就是主要的考察因素。秦代時若有人想做文吏，則「以吏為師」，學習書寫，律令。漢代則有明確規定，《漢書・藝文志》載：「太史試學童，能諷書九千字以上，乃得為史。又以六體試之，課最者以為尚書、御史史書令史。」就連邊塞負責巡邏的燧長一類基層官吏，考核其業務時都要以「能書」為標準〔註67〕。可見書寫、識字能力依然是任用官吏的考察重點，此後都是如此。

隨著兩漢以及魏晉南北朝的發展，書法藝術已逐漸繁盛，到隋唐時已蔚然成為重要的文化活動。再加上國家穩定富足，文化繁榮，平民階層文化程度提高，普通士子參與政治的熱情高漲，「以書取士」也就隨之制度化、專門化了。

2.4.2 唐代以書取士的途徑

自從春秋戰國廢除世祿世卿制以後，選取人才的方式便逐步得到發展。漢代時除了以「能書會記」選拔文吏以外，逐漸產生了察舉制。《漢書》云：「（漢武帝）元光元年冬十一月，初令郡國舉孝廉各一人。」〔註68〕這可以看作察舉制度的初步建立。到東漢順帝時有規定曰：「辛卯，初令郡國舉孝廉，限年四十以上，諸生通章句，文吏課箋奏，乃得應選。其有茂才異行，若顏淵、子奇，不拘年齒。」〔註69〕這時舉孝廉已需要考核，儒生、文吏分科進行，各取其長處。有奇才的還可破格錄用。其後，各地方大族控制了政治，

〔註67〕居延漢簡當中有一些記載考核基層管理的文書，多以「能書會計，治官民頗知律令文」的固定形式作為評語。可知「能書」是一項基本技能。見本章第一節。

〔註68〕（漢）班固：《漢書》卷六，帝紀第六，北京：中華書局，1962年，第160頁。

〔註69〕（南朝宋）范曄：《後漢書》卷六，帝紀第六，北京：中華書局，第261頁。

舉孝廉控制在他們手裏，到魏晉時期發展成了九品中正制。舉薦人才要看出身門第，所謂「上品無寒門」。南北朝時期，社會動盪，政權更替頻繁，舊的高門大族逐漸衰落，原來的察舉制度又得以恢復。「經過幾百年的演變，開科考試在隋煬帝時就形成了一個層次不同，要求各異，由法令所規定的完整的體系，成爲國家純粹按才學標準選拔文士擔任官吏的考試制度。科舉制終於從察舉制的母體中脫胎而出，逐步成長爲中國封建社會後期考選官吏的一種主要制度。」〔註70〕唐承隋制，科舉制度在唐代進一步得到完善。

2.4.2.1　明書科

明書科是唐代科舉考試眾多科目之一，又稱明字科。《通典》卷第十五選舉條目下云：

> 大唐貢士之法，多循隋制。上郡歲三人，中郡二人，下郡一人，有才能者無常數。其常貢之科，有秀才，有明經，有進士，有明法，有書，有算。〔註71〕

《新唐書》卷四四選舉上云：

> ……然其大要有三。由學館者曰生徒，由州縣者曰鄉貢，皆隸於有司而進退之。其科之目，有秀才，有明經，有俊士，有進士，有明法，有明字，有明算，有一史，有三史，有開元禮，有道舉，有童子。而明經之別，有五經，有三經，有二經，有學究一經，有三禮，有三傳，有史科。此歲舉之常選也。其天子自詔者曰制舉，所以待非常之才焉。〔註72〕

由此可知，唐代參加科舉的考生大致有兩種，一種是學館的生徒，包括國子監、弘文館、崇文館以及地方學館；另一種是不在學館學習的讀書人，他們先要參加州、縣考試，合格後舉薦參加省試，稱作鄉貢。這兩類考生都要通過某一科考試，登科後再通過銓選，錄用後才能做官。明書科就屬於其中一科。但這一科的考生具有針對性，主要是針對國子監「書學」的生徒而設，其目的是選拔擅長書寫的人才。雖然門下省弘文館和東宮崇文館都有生徒，但估計以明書科參加科舉的生徒很少，甚至沒有。因爲這兩所學館只招收貴

〔註70〕 吳宗國：《唐代科舉制度研究》，瀋陽：遼寧大學出版社，1992 年，第 9～10 頁。
〔註71〕 （唐）杜佑：《通典》，卷十五。北京：中華書局，1988 年，第 353 頁。
〔註72〕 （宋）歐陽修，宋祁：《新唐書》卷四十四。北京：中華書局，1975 年，第 1159 頁。

族子弟學習，而明書科所針對的是一些品秩較低的令史、書令史。《新唐書》云：

> 門下省有弘文館，生三十人；東宮有崇文館，生二十人。以皇
> 緦麻以上親，皇太后、皇后大功以上親，宰相及散官一品、功臣身
> 食實封者、京官職事從三品、中書黃門侍郎之子爲之。

儘管在貞觀二年，弘文館選入了「見任京官文武職事五品已上子有性愛學書及有書性者」二十四人，歐陽詢、虞世南教授楷法，但這些學書主要還是學習儒家經典，書法只是兼修課程。〔註73〕因此說參加明書科的主要是書學的生徒。

《唐六典》記載，國子監祭酒、司業的職責是掌管國家儒學教育與政令，共有六科：國子學、太學、四門學、律學、書學與算學。書學置書學博士二人，學士三十人，典學二人。〔註74〕《新唐書》卷四十八云：

> 國子監：祭酒一人，從三品；司業二人，從四品下，掌儒學訓
> 導之政，總國子、太學、廣文、四門、律、書、算凡七學。

> 書學博士二人，從九品下；助教一人，掌教八品以下及庶人子
> 爲生者。石經、《說文》、《字林》爲顓業，兼習餘書。凡六學束脩之
> 禮、督課、試舉，皆如國子學，助教以下所掌亦如之。〔註75〕

書學生徒爲「八品以下及庶人子」，國子學的生徒是「三品以上及國公子孫、從二品以上曾孫」，可見生源不同，專業不同，學成後所從事的工作自然不同。但各科生徒都要行束脩之禮，督課、試舉與國子學相同，「求仕者，上於監，秀才、進士亦如之。〔註76〕」就是說，國子監的生徒完成學業之後，如想做官，上報國子監，考核合格後即可參加省試，登科之後還要經吏部銓選，錄用做官。書學的生徒則選報考明書科。書學生徒以石經、《說文》、《字林》爲顓業，兼習餘書。參加明書科考試還是考這些內容。《唐六典·卷四》尚書禮部條下云：「凡明書，試《說文》、《字林》，取通訓詁兼會雜體者爲通。」〔註77〕

〔註73〕 （唐）李林甫等：《唐六典》卷八，北京：中華書局，1992 年，第 255 頁。

〔註74〕 （唐）李林甫等：《唐六典》，卷二一，北京：中華書局，1992 年，第 557～559 頁。

〔註75〕 （宋）歐陽修，宋祁：《新唐書》卷四十八，北京：中華書局，1975 年，第 1265～1266 頁。

〔註76〕 （宋）歐陽修，宋祁：《新唐書》卷四十八，北京：中華書局，1975 年，第 1266 頁。

〔註77〕 （唐）李林甫等：《唐六典》，北京：中華書局，1992 年，第 109 頁。

從所學課程與考試科目可以看出，書學培養的是專門的書法人才，即從事與文字書寫密切相關的工作。朱關田指出：「鑒於這些學習內容和書學曾隸屬於蘭臺的史實，當時培養書法專門人材或許即是爲了秘籍繕寫的需要。」這一推論合乎事實。

其實，唐代書學所培養的生徒就是針對各部門需要的書令史、令史乃至楷書手，這是培養史官的傳統延續。《新唐書》云：「武德初，廢書學，貞觀二年復置。顯慶三年又廢，以博士以下錄秘書省……」書學隸屬於秘書省併不是偶然，而是傳統的延續。先秦「六藝」教育中的「書、數」都是由史官來承擔。周宣王太史籀作《史籀篇》以教學童，秦代時刀筆吏負責培養接班人，漢代時「太史試學童，能諷書九千字以上，乃得爲史。」秘書省是漢代蘭臺、東觀演變而來，爲著史、典藏圖籍之所。儘管唐代時著史的任務由中書省下屬的史館來承擔，但秘書省的性質並未變化太多。《新唐書》又云：「唐廢算學，顯慶元年復置，三年又廢，以博士以下隸太史局。」算學屬太史局來管，說明其與史官職能也有淵源，此不贅言。國子監各種專業的生徒參加科舉登科之後，參加吏部銓選，鄉貢學生也一樣。銓選時對書寫能力也有要求。

2.4.2.2 銓選對書寫的要求

銓即衡量的意思，銓選就是經過衡量才能授予官職。這是唐代選官制度的稱謂，唐以後，銓政代有更易，大抵不外集吏考試量人授官之義。唐代學館的生徒或各州縣的鄉貢參加科舉登科之後，方可獲得貢舉資格，通過吏部銓選方可授官。但五品以上官員的任命，先經宰相向上奏議，頒佈制書予以授官。吏部只負責六品以下官員的銓選。考察的項目有身、言、書、判以及德行、才用、勞效等，分優劣，量才授職，稱爲旨授或奏授〔註78〕。《通典》卷十五云：

> 其擇人有四事：一曰身，取其體貌豐偉。二曰言，取其詞論辯正。三曰書，取其楷法遒美。四曰判，取其文理優長。四事可取，則先乎德行；德均以才，才均以勞。其六品以降，計資量勞而擬其官；五品以上，不試，列名上中書、門下，聽制敕處分。凡選，始集而試，觀其書判；已試而銓，察其身、言；已銓而注，詢其便利，而擬其官。〔註79〕

〔註78〕　《中國歷史大辭典》，上海辭書出版社，2000 年，第 2715 頁。
〔註79〕　（唐）杜佑：《通典》，卷十五。北京：中華書局，1988 年，第 360 頁。

「楷法遒美」是銓選時對書法的要求。所謂「楷法」本身就有典範、法則的意思，當然這裡指的是楷書的法式，或者就是指楷書。歐陽詢、虞世南曾在弘文館教示楷法。「遒美」就是勁健美觀。總之，就是要求楷書有法度，有力量感和美感。由於唐代國富民強，考生數量往往很多，吏部沒有能力一一對考生進行「身、言」的考核面試，就出現了只憑「書、判」選官的情況。此外，如果銓選時名額未滿，則「試文三篇，謂之「宏辭」；試判三條，謂之「拔萃」。中者即授官。」〔註80〕這裡的「拔萃」就是指以書判拔萃。唐代以書判拔萃的情況比較常見，這種狀況引起了一些官員的擔憂，《舊唐書·魏玄同傳》云：「用刀筆以量才，案簿書而察行，法令之弊，其來自久……又勳官三衛流外之徒，不待州縣之舉，直取之於書判，恐非先德而後言才之義也。」〔註81〕這也從一個側面反映出了書判拔萃的普遍性。無疑，書寫水平在選官時佔有較大比重，會引導士子們對於書寫技能的提高，以及書寫規範化程度的增強。

除了上述在選官制度上實行「以書取士」以外，有時皇帝還會臨時下詔令選取書學人才，即制舉。《唐大詔令集·博採通經史書學兵法詔》條下記載了景雲元年十二月云：「才生於代，必以經邦。官得其人，故能理物……今四方選集，群才輻湊，藻斧伐柯，求之不遠。其有能明三經通大義者……善六書文字辨聲象者……咸令所司博採明試，朕親擇焉。」〔註82〕這雖是臨時舉措，但無疑對文字書寫及其規範具有促進意義。

此外，唐代楷書名家輩出，如初唐的歐、虞、褚、薛，中晚唐的顏真卿、柳公權等，都是士子學習楷法的對象。顏真卿所書《顏元孫干祿字書》既是學習書法的精良範本，也為干祿仕進的學子提供了明確的用字規範。唐代也出現了不少關於楷書書寫技法的理論，比如歐陽詢《三十六法》等，對人們的書寫實踐予以理論指導。這些問題我們將在第 4 章進行論述。

〔註80〕 （宋）歐陽修，宋祁：《新唐書》卷四五，北京：中華書局，1975 年，第 1172 頁。

〔註81〕 （後晉）劉昫等：《舊唐書·魏玄同傳》卷八七，北京：中華書局，1975 年，第 2849、2852 頁。

〔註82〕 （宋）宋敏求編：《唐大詔令集》卷一百二，商務印書館，1959 年，第 520〜521 頁。

第 3 章　文化教育與書寫規範化

3.1 書寫教育

　　教育是人類特有的知識與技能傳播方式，其起源最早大致可以追溯到原始社會。教育以傳授社會生活知識技能為主要目的，因此，不同時期的教育內容就能反映當時社會生活的基本構成。比如，先秦時期教育的主要內容以「六藝」「為主，即「禮、樂、射、御、書、數」，其中「禮、樂」是學習祭祀的儀式與流程，「射、御」則是學習打仗或狩獵的本領。「書、數」則是為滿足基本的日常書寫與算術所定的科目。所謂「國之大事，在祀與戎」，都囊括在先秦的教育範圍之內。

　　教育作為一種社會文化現象，在階級社會當中自然也體現出其階級性。一類是商周時期的「六藝」教育，其性質基本是貴族教育，培養的對象也是將來奴隸主貴族的接班人。還有一類教育是職業教育，即百官職業教育。其目的是為培養各類管理、服務人才，在先秦時期屬於職業家傳，秦漢以後這種情況逐漸發生轉變。其中史官、文吏這一脈與文字書寫關係比較緊密，其教育也具有職業教育的特點，因此作為一類單獨探討。此外，隨著社會文化發展，東漢以後出現了專門培養書法人才的「書學」，隋唐代時已經成為國子監的一科。下面我們將分別論述。

3.1.1 「六藝」之書教

　　據文獻記載，中國古代最早的學校是五帝時期的「成均」之學。《周禮‧

大司樂》云：「大司樂掌成均之法，以治建國之學政，而合國之子弟焉。」。
鄭玄注引董仲舒說：「成均，五帝之學。」鄭玄注曰：「均，調也。樂師主調
其音。」可見成均之學由「大司樂」主持教學，其主要教學內容應該是樂教。
成均之學的樂教可以看作是六藝教育的早期形態，但不一定很完善。〔註1〕由
於無從獲知當時的文獻情況，所以不知道是否存在書寫教育。

　　從夏代開始，中國進入了奴隸制社會時期。奴隸主貴族爲了培養自己的
子弟，開創了官學。《孟子・滕文公上》說：「（夏、商、周）設爲庠、序、學、
校以教之，庠者養也，校者教也，序者射也。夏曰校，殷曰序，周曰庠，學
則三代共之，皆所以明人倫也。」《禮記・王制》中記載道：「夏后氏養國老
於東序，養庶老於西序。」「國老」即年邁的士卿，「庶老」是德高望重的庶
民。將這些老人養在「序」，一則宣揚孝道人倫，再則教育國子、庶子學習知
識技能。由於年代久遠，文獻記載比較籠統，但總歸是屬於形態初具的學校
教育模式，可以視作中國學校教育的開端。從商代甲骨文成熟的體系來看，
夏代極有可能已經有了比較發達的文字。因此可以推斷，夏代的學校教育很
可能已經存在書寫教育。

　　毋庸置疑，殷商時期肯定已經有了書寫教育。首先，殷商的甲骨文已經
相當發達，文字作爲人類發明的符號系統，和語言一樣需要傳播與傳承；其
次，關於殷商學校教育的文獻更爲詳細，甲骨文當中就有貴族子弟上學的相
關記載。還有，現今發現的甲骨文刻辭當中，有一些可以看作是當時學習書
寫（刻）的證據。

　　《禮記・王制》記載：「天子命之教，然後爲學，小學在公宮南之左，大
學在郊。」鄭玄注曰：「此小學、大學，殷之制。」孔穎達疏云：「此小學大
學殷之制者，以下文云殷人養國老於右學，養庶老於左學，則左學小，右學
大。」〔註2〕可見，殷商時期已有「大學」「小學」之分。甲骨文中已有「大
學」〔註3〕「庠」等與教育相關的文字，都可以證明傳世文獻所記載殷商學校

〔註1〕 「由禮、樂、射、御、書、數構成的六藝教育，中心是禮、樂，它形成於奴隸
　　　　社會時期，其發生則可以上溯到原始社會。」陳學恂主編：《中國教育史研究・
　　　　先秦分卷》，上海：華東師範大學出版社，2009年，第4頁。
〔註2〕 （漢）鄭玄注，（唐）孔穎達疏：《禮記正義》卷十二，見《十三經注疏》，北
　　　　京：中華書局，1980年，第1332頁。
〔註3〕 宋鎮豪：《商代史・卷七・商代社會生活與禮俗》，北京：中國社會科學出版社，
　　　　2010年，第458頁。

的眞實性。有學者根據對傳世文獻與甲骨卜辭的綜合研究，對殷商學校的學習內容總結爲「習文習武，學舞學樂，學行儀，知禮容，敬耆老，習馭競射，閱武操練」〔註4〕，目的在於培養貴族子弟的「德、行、藝」等綜合能力。

　　我們在甲骨卜辭當中，還能見到關於學生上學的內容：

　　丙子卜，貞，多子其征（往）學，版不冓（遘）大雨？〔註5〕

「征」即「往」，「版」即「返」。這段卜辭的大概意思是：學子們放學返回時會不會遇見大雨？奴隸主貴族對子弟上學的事情比較重視，因此需要占卜得知天氣情況。還有一條卜辭記載：

　　乎（呼）多🔲尹🔲於教王族！〔註6〕

　　「多尹」是職官名，屬於史官〔註7〕。🔲的楷書寫作「𠂤」，《說文》：「𠂤」，小𨸏也。象形。陳邦懷引段玉裁語云：「𠂤語之轉爲敦……」「乃呼多🔲尹敦於教王族之事。」〔註8〕因此，這條卜辭可理解爲商王命令史官🔲負責教育王族子弟。儘管這些材料是零散不成系統的，但至少說明殷商時期學校教育已經在開展進行。

　　西周取代殷商，繼承了商代的文化教育，所謂「學則三代共之」。周王室勵精圖治，國力逐漸強盛，國家的文教與經濟也迅猛發展，教育制度進一步得到完善。西周時期的學校分爲「國學」與「鄉學」。天子居住的城邑及周圍的四郊六鄉稱之爲「國」，國外畿內的範圍稱爲「野」，因此有「國人」與「野人」之分。「國人」享有參與政治、學習知識技能的機會，「野人」則沒有。「國學」是貴族子弟學習的地方，有「小學」「大學」之分。《禮記・王制》載：「天子命之教，然後爲學，小學在公宮南之左，大學在郊，天子曰辟雍，諸侯曰泮宮。」天子諸侯級別不同，所設學校形制亦不同。「六鄉」之內設有「鄉學」，鄉人子弟就讀於此，但只有小學。鄉學學子中的優秀者經選拔可進入「國學」學習。《春秋公羊傳注疏》卷十六云：

　　　十月事訖，父老教於校室，八歲者學小學，十五者學大學，其有秀者移於鄉學，鄉學之秀者移於庠，庠之秀者移於國學。學於小

〔註4〕宋鎭豪：《商代史・卷七・商代社會生活與禮俗》，北京：中國社會科學出版社，2010年，第467頁。

〔註5〕陳邦懷：《殷代社會史料徵存》卷下「多子徵學」條，天津人民出版社，1959年。

〔註6〕陳邦懷：《殷代社會史料徵存》卷下「教王族」條，天津人民出版社，1959年。

〔註7〕陳夢家：《殷虛卜辭綜述》，北京：中華書局，1988年，第517頁。

〔註8〕陳邦懷：《殷代社會史料徵存》卷下「教王族」條，天津人民出版社，1959年。

學，諸侯歲貢小學之秀者於天子，學於大學。其有秀者，命曰造士。

行同而能耦，別之以射，然後爵之士。〔註9〕

據文獻記載，西周時期的學校主要教「六藝」，《周禮・地官・保氏》載：「保氏掌諫王惡，而養國子以道，乃教之六藝：一曰五禮，二曰六樂，三曰五射，四曰五馭，五曰六書，六曰九數。」鄭注曰：「諫者以禮義正之，文王世子曰：『保也者慎其身以輔翼之，而歸諸道者也』」由此可見，保氏的責任重大，既要以禮義匡正天子，還以「師氏之德行」教導國子，教其知識技能。《周禮・大司徒》中又記載道：「（大司徒）以鄉三物教萬民而賓興之。一曰六德：知、仁、聖、義、忠、和；二曰六行：孝、友、睦、婣、任、恤；三曰六藝：禮、樂、射、御、書、數。」〔註10〕大司徒管轄六鄉，主管教化鄉人，他以鄉三物（六德、六行、六藝）教化萬民，並舉薦賢能之士。由此可見，西周時期的「國學」與「鄉學」的主要教學內容都是「六藝」，其中「六書」為識字與書寫教育。《周禮》所記載的「六書」與漢字書寫的關係比較密切，但存在諸多爭議，本文第一章第一節已經作過論述，不再討論。由於缺少資料，西周時期到底如何用「六書」教育學童識字、寫字，我們不得而知。

3.1.2 史官、文吏之職業教育

我們在上一章已經講到，史官、文吏的職業與文字有密切關係，他們是先秦兩漢時期文字的主要使用者。因此有必要單獨來討論這一時期的職業書寫教育。

傳世文獻當中沒有關於殷商時期書寫教育的記錄，但自上世紀甲骨文出土後，唐蘭、郭沫若等學者就發現有一些卜骨是學童習字刻辭，其內容主要是干支表，又稱六甲。有學者認為：「殷墟出土商代甲骨上的六甲或有商代卜史習刻之作，可證自古以來，六甲為學僮學寫認字的第一課。」〔註11〕唐蘭《天壤閣甲骨文存考釋》云：

卜用甲骨所刻文字，多與兆璺有關，帷六旬之名，多擇隙地為之，不涉卜事為獨異。或謂卜人藉以記誦稽考，然此實屬屈指可數，今世星者推人命選，年月日時之干支，頃刻可得，寧有專心家世業，

〔註9〕 《十三經注疏・春秋公羊傳注疏》卷十六，北京大學出版社，1999 年，第 361 頁。
〔註10〕 《十三經注疏・周禮注疏》，北京大學出版社，1999 年，第 266 頁。
〔註11〕 陳夢家：《中國文字學》，北京：中華書局，2006 年，第 211 頁。

> 而不能舉此六十日名者乎？余謂此者皆習書者所爲。稱干支表者
> 誤，卜骨中恒見習書者字。卜骨刻干支，其例至不一，有全刻六旬
> 者，亦有反覆刻三旬者，足證其但爲習書也。卜辭書法，在當時自
> 成風氣。如羌作屮，鼎作貝（即貞字），均與施之方策彝器者不同。
> 此六旬之名，書法之精美者，殆是前輩之範本，而粗劣苟率，如右
> 列三片之類，則新進後學之所爲，於此可見其授受之跡。〔註12〕

在唐蘭看來，甲骨文書法在當時自成風氣，有些字的寫法和金文也不一樣。從
這些習字卜骨可以看出師徒相授的狀況，而這些學童應當不是貴族子弟，而是
「史學童」，他們所學習的刻字技能，是其將要從事的職業技能，而非普通的識
字、習字。職業技能的特點就是通過反覆訓練以至精熟，而這些習字甲骨正好
能說明這一問題。郭沫若《殷契粹編》對 1465 號（圖 3-1.1）習字甲骨評價道：

> 此干支之殘，字甚惡劣，如初學塗鴉者然。〔註13〕

他對 1468 號（3-1.2）又云：

> 此由二片復合，與前片當同是一骨。内容乃將甲子至癸酉之十
> 日，刻而又刻者。中第四行，字細而精美整齊，蓋先生刻之以爲坾
> 本。其餘歪料刺劣者，蓋學刻者所爲。此與今世兒童習字之法無殊。
> 足徵三千年前之教育狀況，甚有意味。又學刻者諸行中，亦間有精
> 美之字，與坾本無殊者，蓋亦先由先生從旁執刀爲之。如次行之辰、
> 午、申，三行之卯、巳、辛諸字，是也。〔註14〕

「刻而又刻」，先生執刀示範，相當於口傳手授。我們可以由此看出殷商時期
史官職業教育的概況。

　　周曾爲商王朝的屬國，在文化上具有很深淵源。周人所刻甲骨未見有類
似殷人的習字内容，但其甲骨文字形非常小，類似於非常精熟的微雕技術，
要想掌握這樣精微的技藝，沒有多年專業訓練是無法達到的〔註15〕。我們可
以推測，周人在史官職業教育方面大致相同。

〔註12〕唐蘭：《天壤閣甲骨文存並考釋》，見載於《甲骨文研究資料彙編》第十四冊，
　　　　北京圖書館出版社，2000 年，第 513 頁。

〔註13〕郭沫若：《殷墟萃編・考釋》，見載於《甲骨文研究資料彙編》第七冊，北京
　　　　圖書館出版社，2000 年，第 715 頁。

〔註14〕郭沫若：《殷墟萃編・考釋》，見載於《甲骨文研究資料彙編》第七冊，北京
　　　　圖書館出版社，2000 年，第 716 頁。

〔註15〕叢文俊：《中國書法史・先秦、秦代卷》，南京：江蘇教育出版社，2009 年，
　　　　210 頁。

　　西周晚期周宣王太史籀曾作《史籀篇》以教學童，對後世影響極大，但西周時太史到底如何用《史籀篇》教學童，我們並不清楚。不過我們可以從秦漢時期的文獻推測其狀況。

　　需要指出的是，《史籀篇》是教「史學童」的教材，而非普通意義的教材。趙平安認爲：「《史籀篇》是當時國家考課史學童、選拔史的專用書，基本內容爲史職所必須瞭解的一些專業知識。」〔註16〕這一結論是把漢簡《史律》與傳世文獻相結合而得出的，《史律》四七五、四七六條云：

> 試史學童以十五篇，能風（諷）書五千字以上，乃得爲史。有（又）以八體試之，郡移其八體課大（太）史，大史誦課，取取（最）一人以爲其縣令（四七五）史，殿者勿以爲史。三歲壹並課，取取（最）一人以爲尚書卒史。（四七六）〔註17〕

《漢書‧藝文志》與《說文‧敘》中也有相似記載：

> 漢興，蕭何草律，亦著其法，曰：太史試學童，能諷書九千以上，乃得爲史。又以六體試之，課最者以爲尚書御史史書令史。吏民上書，書或不正，輒舉劾。〔註18〕

> 《尉律》：「學僮十七已上始試。諷籀書九千字，乃得爲史。又以八體試之，郡移大（太）史並課，最者以爲尚書史。書或不正，輒舉劾之。」〔註19〕

從上述文獻可以看出，漢代時對史的培養與選拔都有明確的法律規定。「十五篇」即《史籀篇》，《漢書‧藝文志》稱其爲「《史籀》十五篇」，省稱「十五篇」。以「十五篇」試史學童，「十五篇」自然也是史學童學習的內容。此外，還可知漢初與東漢時試學童時要求諷書的字數也不一樣〔註20〕。《史律》四七四條云：

〔註16〕　趙平安：《新出〈史律〉與〈史籀篇〉的性質》，見《隸變研究》，保定：河北大學出版社，2008 年，第 161～162 頁。

〔註17〕　張家山二四七號漢墓竹簡整理小組：《張家山漢墓竹簡‧二四七號墓》，釋文修訂版，北京：文物出版社，2001 年，第 80～81 頁。

〔註18〕　（漢）班固：（漢）班固：《漢書‧藝文志》，北京：中華書局，第 1720～1721 頁。

〔註19〕　（漢）許慎：《說文解字‧敘》，北京：中華書局，第 315 頁。

〔註20〕　張家山漢簡《史律》是漢初成書，班固、許慎皆爲後漢人，可知漢初試學童要求諷書五千以上，後來變成九千以上。

　　　　史、卜子年十七歲學。史、卜、祝學童學三歲，學佴將詣大史、
　　大卜、大祝，郡史學童詣其守，皆會八月朔日試之。（四七四）〔註21〕

可知史、卜、祝學童均是職業家傳，子承父業，這也是先秦百官傳統的延續。
「十五篇」從史學童十七歲開始學起，三年後「壹並課」。而卜、祝學童的考
課內容與史學童並不一樣，《史律》云：

　　　　卜學童能風（諷）書史書三千字，誦卜書三千字，卜六發中一
　　以上，乃得爲卜，以爲官□。其能誦三萬以上者，以爲（四七七）
　　卜，上計六更。缺，試修法，以六發中三以上者補之。（四七八）

　　　　以祝十四章試祝學童，能誦七千言以上者，乃得爲祝，五更。
　　大祝試祝，善祝、明祠事者，以爲冗祝，冗之。（四七九）不入史、
　　卜、祝者，罰金四兩，學佴二兩。（四八〇）〔註22〕

　　卜學童要求諷史書（隸書）三千，還要誦「卜書」三千，考核占卜技能。
祝學童考核「祝十四章」，應該是專業課程學習內容。史、卜、祝所接收的都
屬於職業教育，如果學成後不從事其專職工作，還要受到處罰，其輔導者（學
佴）也要受罰。這一點與秦代的學室教育有相似之處。

　　秦代實行「以吏爲師」的政策。政府設「學室」，由下層文吏教育其子嗣
學習文書。這些「刀筆吏」基本也都是世代爲業，不能擅自更換職業。而對
於學習者的身份，也有嚴格規定。睡虎地秦簡中的律令明文規定：「非史子也，
毋敢學學室。犯令者有罪。」〔註23〕只有「史子」才能進入「學室」學習，
否則要論罪。顯然，這種「學室」教育完全是一種職業教育。

　　秦漢時期的文吏、史、卜等職業教育都包含識字、書寫內容，這是其職
業基本要求。我們由此也可以推想西周時的史、卜職業教育：以《史籀篇》
等爲職業教材，有固定的學制，有考核機制，合格者即可從事史職工作。

3.1.3　「書學」教育

　　「書學」一詞在古代文獻中出現頻率較高，其含義也有多重，歸納起來

〔註21〕　張家山二四七號漢墓竹簡整理小組：《張家山漢墓竹簡・二四七號墓》，釋文
　　　　　修訂版，北京：文物出版社，2001 年，第 80 頁。
〔註22〕　張家山二四七號漢墓竹簡整理小組：《張家山漢墓竹簡・二四七號墓》，釋文
　　　　　修訂版，北京：文物出版社，2001 年，第 81 頁。
〔註23〕　《睡虎地秦墓竹簡・編年紀釋文注釋》，北京：文物出版社，1990 年，第 9～
　　　　　10 頁。

有以下幾層意思：一是指讀書學文，包括書寫；二是指《尚書》之學；三是指官方設置的書法教學機構，如隋唐時的書學；四是指學書有成，精通八法，略同於書法；五指「六書」之學，即字學；六指對書法家及其作品的理論研究之學；七是指對書寫實踐及相關理論研究的總括〔註24〕。我們這裡所說的書學教育指的是上述第三種，即官方設置的書法教學機構。

3.1.3.1 「書學」的萌芽與確立

從文獻上看，最早的書學機構是漢靈帝光和元年（178）時開設的鴻都門學。《後漢書‧靈帝紀》云：「己未，地震。始置鴻都門學生。」注云：「鴻都，門名也，於內置學。時其中諸生，皆敕州、郡三公舉召能爲尺牘辭賦及工書鳥篆者相課試，至千人焉。」〔註25〕可知鴻都門學生爲各州郡舉薦，人數較多，機構龐大。「從鴻都門學建立的經過看，這是一所專門從事辭賦、尺牘、書法、繪畫創作及教學的專門機構。」〔註26〕由於漢靈帝給鴻都門學生以很高的待遇，有的甚至封侯賜爵，這使得太學生與許多官員極爲不滿。《後漢書‧蔡邕傳》云：

> 初，帝好學，自造《皇義篇》五十章，因引諸生能爲文賦者。
> 本頗以經學相招，後諸爲尺牘及工書鳥篆者，皆加引召，遂至數十
> 人。侍中祭酒樂松、賈護，多引無行趣勢之徒，並待制鴻都門下。
> 〔註27〕

蔡邕指出，鴻都門學生多是「無行趣勢之徒」，一方面可以看出有些鴻都門學生的德行的確較差，另一方面也折射出當時儒家思想對文藝的排斥與否定。《後漢書‧蔡邕傳》云：「夫書畫辭賦，才之小者，匡國理政，未有其能。」〔註28〕《後漢書‧楊賜傳》云：「……招會群小，造作賦說，以蟲篆小技，見寵於時……」〔註29〕趙壹的《非草書》也產生於這一背景。

儘管在當時鴻都門學備受爭議，但其歷史意義無法抹殺。作爲一所專門的藝術學校，爲後來的各種專門學校的設立奠定了基礎。華人德認爲：「鴻都

〔註24〕 陳志平：《中國古代書學一詞的七種含義》，見《高等書法教育學科建設與發展國際研討會論文集》，北京：文物出版社，2005 年，第 303～309 頁。

〔註25〕 （南朝宋）范曄：《後漢書》卷八，北京：中華書局，第 340 頁。

〔註26〕 李國鈞、王炳照總主編：《中國教育制度通史》第一卷，濟南：山東教育出版社，2000 年，第 367 頁。

〔註27〕 （南朝宋）范曄：《後漢書‧蔡邕傳》，卷六〇，北京：中華書局，第 1991～1992 頁。

〔註28〕 （南朝宋）范曄：《後漢書‧蔡邕傳》，卷六〇，北京：中華書局，第 1996 頁。

〔註29〕 （南朝宋）范曄：《後漢書‧楊賜傳》卷五十四，北京：中華書局，第 1780 頁。

門學的置立，使書法教育從與識字教育緊密結合在一起的書寫教育，上升爲獨立的藝術教育；從作爲學習律令或《論語》、《孝經》和經學初階的小學教程，上升到與太學抗衡的專業藝術大學的教程。這與同時期產生的非實用而更能充分表現線條美的今草書，都標誌著書法已從『經藝之本，王政之始』的文字觀念約束中完全解放了出來。」〔註 30〕也就是說，鴻都門學的設立標誌著翰墨之道的逐漸興盛。

魏晉時期，始設「書博士」一職。《晉書·荀勖傳》云：

（荀勖）俄領秘書監，與中書令張華依劉向《別錄》，整理記籍。

又立書博士，置弟子教習，以鍾、胡爲法。〔註 31〕

以鍾繇、胡昭法帖爲學習範本，可見主要學習書法。羊欣《採古來能書人名》云：「潁川鍾繇，魏太尉；同郡胡昭，公車徵。二子俱學於德升，而胡書肥，鍾書瘦。鍾有三體：一曰銘石之書，最妙者也；二曰章程書，傳秘書、教小學者也；三曰行狎書，相聞者也。三法皆世人所善。」〔註 32〕羊欣指出，鍾、胡二人都隨劉德升學習行書。鍾繇的「章程書」主要用於「傳秘書、教小學」。章程書就是正書（楷書），是魏晉時期的新字體，書寫比隸書要方便快捷。因此用章程書「傳秘書、教小學」。而「銘石書」還帶有濃重的隸書形態，我們在魏晉石刻文字可以得知。唐長孺認爲，秘書監所授必備四體，即八分書、銘石書、章程書和行狎書。荀勖是鍾繇的外甥，因此倡導鍾繇所擅長的新字體，並且事實上新書體也比較進步而合用。〔註 33〕此外，「書博士」一職與隋唐時的「書學博士」有直接淵源，就是專職的書法教師。書學設於秘書監，主要是培養各種書寫人才，比如典籍繕寫、各種文書的抄寫等等。還有，秘書監的令史也負責教弟子書畫等技能，《南齊書》云：「晉秘書閣有令史，掌眾書，見《晉令》，令亦置令史、正書及弟子，皆典教書畫。」〔註 34〕可見當時培養書法人才的方式不拘於書學。

〔註 30〕　華人德：《中國書法史·兩漢卷》，南京：江蘇教育出版社，2002 年，第 28 頁。

〔註 31〕　（唐）房玄齡等：《晉書·荀勖傳》卷三十九，北京：中華書局，1974 年，第 1153～1154 頁。

〔註 32〕　（南朝宋）羊欣：《採古來能書人名》，見《歷代書法論文選》，上海書畫出版社，1979 年，第 46 頁。

〔註 33〕　唐長孺：《讀〈抱朴子〉推論南北學風的異同》，見劉德增編：《儒學傳播研究》，北京：中華書局，2003 年，第 193～194 頁。

〔註 34〕　（梁）蕭子顯：《南齊書》卷十六，北京：中華書局，1972 年版，第 324 頁。

　　兩晉時期可以看作書學的奠基時期，但這時的書學還附屬於祕書監，還不具備獨立性，書學到南北朝時期則有可能具備獨立學校的性質。〔註35〕《周書‧冀儁傳》云：

> 冀儁字僧儁，太原陽邑人也。性沉謹，善隸書，特工模寫。……尋徵教世宗及宋獻公等隸書。時俗入書學者，亦行束脩之禮，謂之謝章。儁以書字所興，起自倉頡，若同常俗，未爲合禮。遂啓太祖，釋奠倉頡及先聖、先師。〔註36〕

可知當時一般人進入書學學習都要行束脩之禮。冀儁認爲書法文字興於先聖倉頡，不應當像一般常俗一樣對待，這樣不合儀禮。於是啓奏皇帝，設酒食祭奠倉頡以及先聖、先師。這樣一來，書學的地位就得以鞏固。儒學先聖爲孔子，書學先聖爲倉頡，都是古時聖賢，這極大程度上提升了書學的地位。

　　隋代時，書學已經完全確立，隸屬於國子寺，與國子學、太學、四門、算學並列。《隋書》卷二十八記載：

> 國子寺（元隸太常）。祭酒，（一人）。屬官有主簿、錄事。（各一人）。統國子，太學、四門、書算學，各置博士、（國子、太學、四門各五人，書、算各二人）。助教、（國子、太學、四門各五人，書、算各二人）。學生（國子一百四十人，太學、四門各三百六十人，書四十人，算八十人。）等員。〔註37〕

關於隋代書學的文獻較少，《隋書‧蘇威傳》記載道：「又國子學請蕩陰人王孝逸爲書學博士。」又《寶刻叢編》卷十「隋揚雄碑」條下引《集古錄》云：「不著撰人名氏，書博士（姓名缺）書……碑以大業九年立。」從以上文獻可以看出隋代的書學作爲專門的教育機構已經完全成型。

　　隋文帝曾在晚年時大規模廢除學校教育，只留下國子學，到隋煬帝時各科又得以恢復，《隋書》卷七十五云：「暨仁壽間，遂廢天下之學，唯存國子一所，弟子七十二人。煬帝即位，復開庠序，國子郡縣之學，盛於開皇之初。」隋煬帝恢復學校教育，爲唐代各學科的發展奠定了良好的基礎。

〔註35〕　宋大川、王建軍：《中國教育制度通史》〈第二卷〉，濟南：山東教育出版社，2000年，第79頁。

〔註36〕　（唐）令狐德棻等：《周書》卷四七，北京：中華書局，1971年，第837～838頁。

〔註37〕　（唐）魏徵等：《隋書》卷二八，北京：中華書局，1973年，第777頁。

3.1.3.2 「書學」的興盛

唐承隋制，書學在前代基礎上進一步得到發展。《新唐書》卷四十四記載：
「凡學六，皆隸於國子監」其中包括：國子學、太學、四門學、律學、書學、
算學六科。但書學在唐代也幾經興廢，《新唐書》卷四十八記載：

> 武德初，廢書學，貞觀二年復置。顯慶三年又廢，以博士以下
> 隸秘書省，龍朔二年復。有學生十人，典學二人，東都學生三人。
> 〔註 38〕

唐高祖李淵在武德初年廢除書學也是根據當時需要而做出的舉措。有學者指
出：「唐朝建國初期，主要注意力集中在爭奪統治權的戰爭，唐高祖李淵要依
靠軍事武力去掃平群雄，軍事緊急，文教暫緩，所以武德初年，只恢復國子
學、太學、四門學，而書學、算學均未恢復。」〔註 39〕政治穩定之後，唐太
宗李世民偃武修文，建立獨立的教育行政機構，興辦學校，最高中央學府國
子監的各門學科都得到恢復與發展，為國家培養了各類人才，書學也隨之發
達起來。唐高宗時期書學設置又有變動。顯慶三年（658 年），國子監停辦書
學，龍朔（662 年）再次開設。以後書學的設置就基本穩定下來。《舊唐書》
卷四記載龍朔三年二月：「（高宗）詔以書學隸蘭臺，算學隸秘閣，律學隸詳
刑寺。」〔註 40〕《新唐書》卷四十四也有同樣的記載。

唐代書學制度完善，作為官辦學校，有固定編制的書學博士、典學以及
學生，對學生的課程以及學習年限都有明確規定，《新唐書》卷四十八云：

> 書學博士二人，從九品下；助教一人，掌教八品以下及庶人子
> 為生者。〔註 41〕

《新唐書》卷四十四云：

> 律學生五十人，書學生三十人，算學生三十人，以八品以下子
> 及庶人之通其學者為之。〔註 42〕

〔註 38〕（宋）歐陽修，宋祁：《新唐書》卷四十八，北京：中華書局，1975 年，第
　　　　1268 頁。

〔註 39〕陳學恂主編：《中國教育史研究・隋唐分卷》，上海：華東師範大學出版社，
　　　　2009 年，第 103〜104 頁。

〔註 40〕（後晉）劉昫等：《舊唐書》卷四，北京：中華書局，1975 年，第 84 頁。

〔註 41〕（宋）歐陽修，宋祁：《新唐書》卷四十八，北京：中華書局，1975 年，第
　　　　1267 頁。

〔註 42〕（宋）歐陽修，宋祁：《新唐書》卷四十四，北京：中華書局，1975 年，第
　　　　1268 頁。

與其他科目相比，書、算學博士品秩最低，都是從九品下，配助教一人（無品秩），所教學生都是「八品以下及庶人子」。下表是《新唐書》中所記載的國子監教學人員編制情況：

教師情況	學生人數	學生來源
國子學 博士五人（正五品上）	三百人	以文武三品以上子孫，若從二品以上曾孫，及勳官二品、縣公、京官四品帶三品勳封之子爲之。
太學 博士六人（正六品上） 助教六人（從七品上）	五百人	以五品以上子孫，職事官五品期親，若三品曾孫，及勳官三品以上有封之子爲之。
四門學 博士六人（正七品上） 助教六人（從八品上）	千三百人	其五百人以勳官三品以上無封、四品有封及文武七品以上子爲之，八百人以庶人之俊異者爲之。
律學 博士三人（從八品下） 助教一人（從九品下）	五十人	掌教八品以下及庶人子爲生者。
書學 博士二人（從九品下） 助教一人	三十人	
算學 博士二人（從九品下） 助教一人		

律學、書學和算學在國子監整體教育構架當中屬於專業性學校，所培養的人才也具有針對性的專業人才，這從其學習的內容即可看出：

（律學）律令爲顓業，兼習格式法例。

（書學）《石經》、《說文》、《字林》爲顓業，兼習餘書。

（算學）二分其經以爲業：《九章》、《海島》、《孫子》、《五曹》、《張丘建》、《夏侯陽》、《周髀》、《五經算》、《綴術》、《緝古》爲顓業，兼習《記遺》、《三等數》。〔註43〕

歷史地看，這些學科的形成應當歸因於政府行政人員的職能分化。職能分化又導致教育分科，這是社會發展的必然趨勢。漢代時對基層文吏的基本要求

〔註43〕（宋）歐陽修，宋祁：《新唐書》卷四十八，北京：中華書局，1975 年，第1267～1268 頁。

是「能書會計，治官民頗知律令文」〔註 44〕，這一要求當中包含了律、書、算三種職業能力，而唐代律、書、算學的學生經過專業學習後，分別通過科考科目當中的明法、明書（字）與明算，獲得做官資格，再經吏部銓選從事行政工作。

　　我們再來討論書學學生所學科目與學習年限。《唐六典·國子監》，書學博士條下云：

　　　　書學博士二人，從九品下。（《代本》：「蒼頡作書。」《周禮》：「保氏教以六藝，其五曰『六書』。」鄭司農云：「象形、會意、轉注、處事、假借、諧聲也。」古謂之小學。《漢書食貨志》曰：「八歲入小學，學六甲、五方、書計之事。」晉衛恒《字勢》曰：「昔黃帝有沮誦、蒼頡，始作書契，蓋睹鳥跡以興思也。秦壞古文。有八體：一曰大篆，二曰小篆，三曰刻符，四曰蟲書，五曰摹印，六曰署書，七曰殳書，八曰隸書。王莽時，甄豐校文字，復有六書：一曰古文，二曰奇字，三曰篆書，四曰佐書，五曰繆篆，六曰鳥書。」自漢已來，不見其職。隋置書學博士一人，從九品下。皇朝加置二人。）書學博士掌教文武官八品已下及庶人子之爲生者，以《石經》、《說文》、《字林》爲專業，餘字書亦兼習之。《石經三體書》限三年業成，《說文》二年，《字林》一年。其束脩之禮，督課、試舉，如三館博士之法。〔註 45〕

《唐六典》將書學的淵源追溯到保氏教國子以「六藝」，的確可謂追溯到了源頭。「六書」爲漢字構形理論，「八體」是字體淵藪。這些都是唐代書學所要涵蓋的範圍。因此以《三體石經》、《說文》與《字林》爲專業課。《三體石經》相傳爲曹魏時期書家邯鄲淳所書，用古文、小篆和隸書三種字體寫成。這一科難度較大，內容較多，因此需三年完成。許慎《說文》自問世後影響極大，以小篆爲字頭，分析字形，說解字義，全書以「六書」爲綱領，爲小學必讀之書。《字林》一書上承《說文》，下啓《玉篇》，全書用隸書寫成。《晉書·江式傳》云：「晉世義陽王典祠令任城呂忱表上《字林》六卷」江式稱其：「文得正隸，不差篆意」。〔註 46〕唐代時《字林》與《說文》並重。由上述三門課

〔註 44〕　見本文第二章第一節的相關論述。
〔註 45〕　（唐）李林甫等：《唐六典》卷二十一，北京：中華書局，1992 年，第 562 頁。
〔註 46〕　（北齊）魏收：《魏書·江式傳》卷九十一，北京：中華書局，1974 年，第 1963 頁。

程可以看出，唐代書學以字學爲基礎，不僅僅要求筆跡遒美，還要通曉字體源流，明瞭字學，深究字義。除此之外，還要兼修其他字書以及儒家經典，《新唐書》卷四十四記載：

> 凡《禮記》、《春秋左氏傳》爲大經，《詩》、《周禮》、《儀禮》爲中經，《易》、《尚書》、《春秋公羊傳》、《穀梁傳》爲小經。通二經者，大經、小經各一，若中經二。通三經者，大經、中經、小經各一。通五經者，大經皆通，餘經各一，《孝經》、《論語》皆兼通之。凡治《孝經》、《論語》共限一歲，《尚書》、《公羊傳》、《穀梁傳》各一歲半，《易》、《詩》、《周禮》、《儀禮》各二歲，《禮記》、《左氏傳》各三歲。學書，日紙一幅，間習時務策，讀《國語》、《説文》、《字林》、《三蒼》〔註47〕、《爾雅》。凡書學，石經三體限三歲，《説文》二歲，《字林》一歲。〔註48〕

對於上述文獻，頗多誤解。有學者認爲「《孝經》、《論語》皆兼通之」是指國子監的學生都要修習這兩科，其實不然，這只是針對國子學學生而言。「學書，日紙一幅，間習時務策，讀《國語》、《説文》、《字林》、《三蒼》、《爾雅》。」也是針對國子學而非書學。〔註49〕《唐六典·國子監》國子博士條下云：

> 國子博士掌教……其習經有暇者，命習隸書並《國語》、《説文》、《字林》、《三蒼》、《爾雅》。

《新唐書》卷四十八云：

> 國子學博士……五分其經以爲業：《周禮》、《儀禮》、《禮記》、《毛詩》、《春秋左氏傳》各六十人，暇則習隸書、《國語》、《説文》、《字林》、《三倉》、《爾雅》。〔註50〕

〔註47〕 晉人以五十五章《倉頡篇》爲上卷，《訓纂》爲中卷，《滂喜》爲下卷，合稱《三蒼》，又稱《三倉》。

〔註48〕 （宋）歐陽修，宋祁：《新唐書》卷四十四，北京：中華書局，1975 年，第1260 頁。

〔註49〕 向彬博士專著《中國古代書法教育研究》當中將「《孝經》、《論語》皆兼通之」理解爲國子監所有學校都要修習《孝經》與《論語》。「學書，日紙一幅，間習時務策，讀《國語》、《説文》……」理解爲針對書學而言。這顯然是對文獻理解出現偏差。見《中國古代書法教育研究》第50 頁。李正庚博士在其博士論文中已指出其他一些論著當中存在同樣誤解。見李正庚博士論文《先秦至唐書法教育制度研究》第 61 頁，首都師範大學博士論文，2009 年。

〔註50〕 （宋）歐陽修，宋祁：《新唐書》卷四十八，北京：中華書局，1975 年，第1266～1268 頁。

所謂「隸書」就是唐代楷書，唐人一般把我們今天所說的隸書稱八分。從上述文獻可見國子學的學生以《國語》、《說文》、《字林》、《三倉》、《爾雅》以及書法（楷書）為兼修課。《唐六典》所說書學學生「餘字書亦兼習之」，應當就指《三蒼》與《爾雅》。我們將國子學、律學、書學與算學所開設課程列表進行比較，看起來會更加明瞭：

	專業課	兼修課	公共必修課
國子學	儒家經典（自選）	《國語》、《說文》、《字林》、《三蒼》、《爾雅》，時務策，每日書一幅或閑暇時學隸書（楷書）	《論語》《孝經》
律學	律令	格式法例	
算學	《九章》、《海島》……	《記遺》、《三等數》	
書學	《三體石經》、《說文》、《字林》	《三蒼》、《爾雅》	

很明顯，國子學的學生在學業上要受到更多的關注，這從其開設的兼修課程可以看出。律、書、算學則明顯是專業教育。其實書學學生開設的《三體石經》本身就是儒家經典，包括《尚書》、《春秋》以及《春秋左氏傳》。書學學生在學習《三體石經》文字的同時，也學習了這些經典，這在一定程度上對其知識結構也會產生影響。

3.2　字書教育

字書作為特殊的一類工具書，在古代文化教育當中起到了十分重要的作用。《辭海》對其解釋道：「據六書，以解釋文字，及以字為單位，解說文字形、音、義的書，統稱字書。……《四庫書目》於小學中分訓詁、字書、韻書三類，自《急就篇》、《說文解字》至《康熙字典》都列為字書類，性質近於現代的字典、詞典。」〔註51〕當然，並不是所有的字書都以「六書」解釋文字，以「六書」解釋文字是許慎《說文》出現以後的事情。在此之前，字書多是以韻文的形式編纂，便於學習記誦，其中還包含著一歷史人文些常識，因此具有啟蒙的性質，比如《急就篇》就屬於這一類。有些字書還具有職業教育教材的性質，比如《史籀篇》就是西周至兩漢時期「史學童」的學習教

〔註51〕　《辭源》，（建國六十週年紀念版），商務印書館，2009 年，第 855 頁。

材，也用於考核選拔史職〔註 52〕。兩漢時，伴隨著經學的發展，文字訓詁之學逐漸興盛，出現了許愼《說文解字》這樣的字學經典之作。《說文》以「六書」理論統攝全篇，又以五百四十部首對漢字進行歸類，爲中國古代字典的編纂樹立了典範，也爲人們學習研究提供了標準，對後世影響極大。其後，有隸書寫成的《字林》，在南北朝、隋唐時期頗有影響，可惜已經亡佚。南朝梁、陳之間的顧野王編有《玉篇》三十卷，是中國古代第一部楷書字典。唐代時正字學發達，字書較多，如顏元孫《干祿字書》，張參《五經文字》，唐玄度《新加九經字樣》等，對唐代的文字規範起到重要作用。

3.2.1 《史籀篇》等

周宣王太史籀所作的《史籀篇》是文獻記載最早的字書，爲大篆寫成，在春秋戰國至秦漢時期主要用於教授「史學童」，影響較大。《漢書·藝文志》著錄：「《史籀》十五篇。」顏師古注云：「周宣王太史作大篆十五篇，建武時亡六篇矣。」又云：「《史籀篇》者，周時史官教學童書也，與孔氏壁中古文異體。」王國維認爲《史籀篇》是「春秋戰國之間秦人所作之以教學童之書。」〔註 53〕《史籀篇》爲秦人所作的說法恐怕難以令人信服。啓功在《古代字體論稿》中指出：「在古代把文字整理編訂成爲一部教科書，是一件大事，這常在政治文化比較強盛或有所改革的時代，那麼縱非出自宣王時，也絕不會出自衰季之世。」〔註 54〕現代學者將《說文》所收籀文與西周金文進行全面比較，發現籀文確屬西周文字〔註 55〕。

秦國統一天下之後，在《史籀篇》的基礎上，編纂了新的字書。《說文·敘》云：「秦始皇帝初兼天下，丞相李斯乃奏同之，罷其不與秦文合者。斯作《倉頡篇》。中車府令趙高作《爰歷篇》。大史令胡毋敬作《博學篇》。皆取《史籀》大篆，或頗省改，所謂小篆也。」秦代的三部字書用小篆編成。據《漢志》記載，漢代「閭里書師」又將秦代的三篇字書合而爲一，總稱《倉頡篇》，以六十字爲一章，共分五十五章，三千三百字。估計已經包括了當時的常用漢字。漢平帝元始年間，揚雄續接《倉頡篇》編撰了《訓纂篇》，漢和帝永元

〔註 52〕 參見本章第一節第二部分。
〔註 53〕 王國維《觀堂集林·史籀篇疏證序》，北京：中華書局，2004 年，第 255 頁。
〔註 54〕 啓功《古代字體論稿》，文物出版社，1964 年，第 14~15 頁。
〔註 55〕 參見第一章第二節（大篆與小篆）。

年間賈魴續《訓纂篇》編成《滂喜篇》。晉人將漢代的《倉頡》、《訓纂》、《滂喜》三部字書合編爲上、中、下三卷，爲《三蒼》，亦稱《三倉》〔註56〕。《三蒼》直到唐代時還作爲書學的學習科目，宋代失傳。

漢代的字書還有武帝時司馬相如所作《凡將篇》，元帝時黃門令史游作的《急就篇》以及成帝時將作大匠李長作的《元尙篇》。《漢志》云：

> 《急就篇》與《元尙篇》，皆《蒼頡》中正字也。《凡將》則頗有出矣。至元始中，徵天下通小學者以百數，各令記字於庭中。揚雄取其有用者以作《訓纂篇》，順續《蒼頡》，又易《蒼頡》中重複之字，凡八十九章。臣復續揚雄作十三章，（韋昭曰：「臣，班固自謂也。作十三章，後人不別，疑在《蒼頡》下章三十四章中。」）凡一百二章，無復字，六藝群書所載略備矣。〔註57〕

我們從上述文獻可知，《急就篇》與《元尙篇》所選的字都是《倉頡》中的「正字」。《中國語言文字學大辭典》「正字」條下云：「正字指結構和筆劃正確、符合規範、被字典字書認可的正體字。區別於『俗字』、『異體』、『錯字』、『別字』。」〔註58〕《漢語大字典》引用上述《漢志》文獻說：「（正字）猶言本字。別於假借字、別字和俗字而言。」可見《急就篇》、《元尙篇》等字書在編纂選字時已經有自己的正字標準。上述幾種字書只有《急就篇》流傳至今，出土漢簡中發現一些《蒼頡》殘篇，其餘都已失傳。

大體看來，《蒼頡篇》最初以小篆和古隸寫成，而《急就篇》最初以隸書寫成。《蒼頡篇》成書於漢初，爲閭里書師合秦代李斯《蒼頡篇》等三部字書而成。當時隸書還沒有發展爲成熟的八分，小篆依然是正體。1977 年出土的阜陽漢簡大致也是漢初的抄本，其中的《蒼頡篇》殘簡還屬於古隸，儘管已經出現了初具形態的波形筆劃，總體上看有比較明顯的篆書意味。〔註59〕（圖

〔註56〕　（北齊）魏收：《魏書·江式傳》有「三蒼」之稱謂。《隋書·經籍志》載：「《三蒼》三卷」，注曰：「郭璞注。秦相李斯作《蒼頡篇》，漢揚雄作《訓纂篇》，後漢郎中賈魴作《滂喜篇》，故曰《三蒼》。梁有《蒼頡》二卷，後漢司空杜林注，梁有《蒼頡》二卷，後漢司空杜林注，亡。」

〔註57〕　（漢）班固：《漢書》卷三〇，北京：中華書局，1962 年，第 1721 頁。

〔註58〕　唐作藩：《中國語言文字學大辭典》，中國大百科全書出版社，2007 年，第 803 頁。

〔註59〕　「《蒼頡篇》係竹簡，係以三道編繩，兩道編繩之間距離爲 11.3 釐米左右，現存最長的一條簡尚有 18.6 釐米，估計原簡當在 25 釐米左右。阜陽漢簡《蒼頡篇》包括《蒼頡》、《爰歷》、《博學》三篇，四字爲句，有韻可尋，今依周秦

3-2.1）敦煌漢簡中所見《蒼頡篇》簡牘字體篆隸雜糅，但其字形已經沒有了篆書的端莊勻稱，用筆也是隸書筆法，與其他簡牘相比十分奇特。（圖 3-2.2）現將其與小篆字形相互對照，製成下表（爲了便於製表，敦煌簡《蒼頡篇》用：DC 表示）：

字頭	蒼	頡	作	書	以	教	後	嗣	幼	子	承
小篆											
DC											

字頭	諷	謹	慎	敬	戒	勉	力	誦	晝	夜	勿
小篆											
DC											

字頭	置	苟	成	史	計	會	辨	治	超	等
小篆										
DC										

上表《蒼頡》字形取自敦煌簡 1459～1461 的摹本。大致內容是：「蒼頡作書，以教後嗣，幼子承諷，謹愼敬戒。勉力諷誦，晝夜勿置，苟務成史，計會辨治，超等。」〔註60〕從文字上看，敦煌簡《蒼頡》寫本明顯晚於阜陽漢簡《蒼頡篇》。首先，敦煌簡《蒼頡》字形更像是隸書，書寫者明顯對隸書的寫法較熟練，而阜陽漢簡《蒼頡》則有更多篆書特徵，結構空間勻稱自然。其次，敦煌簡《蒼頡》中的一些文字可以看作是錯字，可見書寫者對篆書比較生疏。比如書（書）謹（謹）、史（史）敬（敬）等字，有明顯的錯誤。造

古韻，分句排列。」阜陽漢簡《蒼頡篇》共有 125 片，541 字。文物局古文獻研究室、安徽省阜陽地區博物館阜陽漢簡整理組：《阜陽漢簡〈蒼頡篇〉》，刊於《文物》1983 年 02 期。

〔註60〕甘肅省文物考古研究所《敦煌漢簡》下，北京：中華書局，1991 年，第 274 頁。

成這種狀況的原因應該是篆書已經離人們的實際生活越來越遠。《漢志》記載：「《蒼頡》多古字，俗師失其讀，宣帝時徵齊人能正讀者，張敞從受之，傳至外孫之子杜林，爲作訓故，並列焉。」〔註61〕這段文獻可以與敦煌簡《蒼頡篇》文字相互印證。

我們從阜陽漢簡與敦煌漢簡中的《蒼頡篇》可以看出，在隸書通行的時代，篆書《蒼頡篇》依然是人們學書的範本之一，人們看重的究竟是《蒼頡篇》的什麼價值呢？儘管在漢代之初隸書就是通行字體，但並不是唯一字體。《漢志》引蕭何律曰：「太史試學童，能諷書九千字以上，乃得爲史。又以六體試之。」「六體」包括：古文、奇字、篆書、隸書、繆篆、蟲書。對於史的文字應用能力要求是：「通知古今文字，摹印章，書幡信也。」〔註62〕其實「六體」當中除隸書外其餘五體都是篆書。當時一些重要的場合依然使用篆書，因此要求普通文史也能識讀並掌握一定數量的篆書，這也是篆體字書《蒼頡篇》廣泛流傳的主要原因。但是，隨著篆書的使用場合越來越少，《蒼頡篇》也難逃散逸的命運。

此外，《蒼頡篇》對後世的字書編纂影響較大，尤其是《急就篇》與《說文解字》。《漢志》載《急就篇》與《元尚篇》都是取《蒼頡篇》中的正字而成。有學者通過研究發現也基本證實了這一點。《說文》也將《蒼頡篇》中的絕大多數字列爲字頭〔註63〕。

《急就篇》成書於漢元帝（前 48～前 33））時期，與漢初成書的《蒼頡篇》相差大約 150 年，這時隸書與草書都已基本成型。《急就篇》用隸書寫成也是順理成章的事情。再者，作《急就篇》的本意就有速成、普及的教材。其開頭寫道：「急就奇觚與眾異，羅列諸物名姓字。分別部居不雜廁，用日約少誠快意。勉力務之必有喜……」從「急就」「用日約少」可知其具有應急、速成的性質。以這樣的初衷所作的字書以隸書，甚至草書編成也在情理之中。正是基於這種認識，後人甚至將章草的創立歸於史游《急就篇》，張懷瓘《書斷》云：

〔註61〕 （漢）班固：《漢書》卷三〇，北京：中華書局，1962 年，第 1721 頁。
〔註62〕 （漢）班固：《漢書》卷三〇，北京，中華書局，1962 年，第 1721 頁。
〔註63〕 張標：《阜陽出土《倉頡篇》的若干問題》，見《河北師範大學學報》（社會科學版）1990 年 04 期。作者將阜陽漢簡《蒼頡篇》中確認無異議的 319 字與說文進行對比，發現其中有 297 個被《說文》列爲字頭，占考察總字數的 93％。

　　　　章草：案章草者，漢黃門令史游所作也。衛恒、李誕並云：『漢
　　　初而有草法，不知其誰。』蕭子良云：『章草者，漢齊相杜操始變藁
　　　法，非也。』王愔云：漢元帝時史游作《急就章》，解散隸體，兼書
　　　之，漢俗簡惰，漸以行之是也。此乃存字之梗概，損隸之規矩，縱
　　　任奔逸，赴速急就，因草創之意，謂之草書。惟君長告令臣下則可。
　〔註64〕

《急就章》是《急就篇》的俗稱。裘錫圭指出：這個（《急就章》）的名稱在
漢代似乎還沒有出現。魏晉時代的書法家喜歡用章草寫《急就篇》，但是已發
現的敦煌簡和居延簡中的《急就篇》漢代抄本，卻都是用隸書寫的。所以章
草決不會是史游作《急就篇》時所創造的字體。為編一種書而創造一種字體，
實際上也是不可能有的事（唐蘭《中國文字學》172頁。）〔註65〕王愔、張
懷瓘只見到用章草寫成的《急就章》，因此有上述判斷，這也是時代所限，無
可厚非。但其論斷也存在合理成分。如（史游《急就章》）「解散隸體」、「損
隸之規矩」、「赴速急就」都是符合事實的。

　　《急就篇》問世以後，以其簡易、通俗、實用而受到人們的歡迎，迅速
流傳開來，廣泛用於童蒙識字教學。對漢魏以後也有很多影響，顧炎武《日
知錄》卷二十一記載道：

　　　　漢魏以後，童子皆讀史游《急就篇》。晉夏侯湛抵疑鄉曲之徒，
　　　一介之士，曾諷《急就》習甲子。《魏書》崔浩表言：「太宗即位，
　　　元年，敕臣解《急就章》，劉芳撰《急就篇續注音義證》三卷，陸暐
　　　擬《急就篇》為《悟蒙章》，又書家亦多寫《急就篇》。《魏書·崔浩
　　　傳》：「浩既工書，人多託寫《急就章》。從少至老，初不憚勞，所書
　　　蓋以百數。」（北史）《儒林傳》：「劉蘭始入小學，書《急就篇》，家
　　　人覺其聰敏。」《北齊書》：李繪六歲未入學，伺伯姊筆牘之間，輒
　　　竊用，未幾，遂通《急就章》；李鉉九歲入學，書《急就篇》月餘，
　　　便通。自唐以下，其學漸微。〔註66〕

〔註64〕　（唐）張懷瓘：《書斷》，見《歷代書法論文選》，上海書畫出版社，1979年，
　　　　　第162頁。
〔註65〕　裘錫圭：《文字學概要》，商務印書館，1988年，第86頁。
〔註66〕　（清）顧炎武著，周蘇平、陳國慶點注：《日知錄》卷二十一，蘭州：甘肅民
　　　　　族出版社，1997年，943～944頁。

從以上文獻可知，魏晉以後《急就篇》的影響極為廣泛，成為童蒙學習的最主要課本。文人學者也對其進行研究、書寫。崔浩是北魏著名書家，其家族清河崔氏也是書法世家。《魏書‧崔浩傳》「浩書體勢及其先人，而妙巧不如也。世寶其跡，多裁割綴連以為模楷。」〔註67〕其所書《急就篇》數以百計。可以想見，崔浩只是眾多傳抄《急就篇》者其中之一，這些範本無疑對當時文字規範與啓蒙教育起到重要的作用。

3.2.2　《說文解字》

《說文解字》為漢代經學家許慎所作，代表了漢代小學研究的最高學術水平。許慎，字叔重，東漢汝南召陵人。《後漢書‧許慎傳》載：「性淳篤，少博學經籍，馬融常推敬之，時人為之語曰：『《五經》無雙許叔重。』為郡功曹，舉孝廉，再遷除洨長。卒於家。」他還曾作過一部《五經異義》，可惜已經失傳。許慎之子許沖在上《說文》表中還提到許慎曾作過太尉南閣祭酒。

《說文》成書於永元十二年（100 年），漢安帝建光元年（121 年）許慎才命其子許沖獻給皇帝，此時他已在病中。許慎作為古文經學者，作《說文》本來是打算用於駁斥今文經學隨意穿鑿解經的，但由於其在文字學的突出成就，一直被奉為字學經典。當然，字學作為解經的工具，《說文》對經學研究依然重要。

許慎在《說文‧敘》當中指出了當時人們隨意說解文字以及對古文字的一些錯誤認識：

> 而世人大共非訾，以為好奇者也，故詭更正文，向壁虛造不可知之書，變亂常行，以耀於世。諸生競逐說字，解經誼，稱秦之隸書為倉頡時書，云：「父子相傳，何得改易！」乃猥曰：「馬頭人為長，人持十為斗，蟲者，屈中也。」廷尉說律，至以字斷法：「苛人受錢，苛之字止句也。」若此者甚眾，皆不合孔氏古文，謬於《史籀》。俗儒鄙夫，玩其所習，蔽所希聞。不見通學，未嘗睹字例之條。怪舊執而善野言，以其所知為秘妙，究洞聖人之微旨。又見《倉頡篇》中「幼子承詔」，因曰：「古帝之所作也，其辭有神仙之術焉。」其迷誤不諭，豈不悖哉！〔註68〕

〔註67〕　（北齊）魏收：《魏書‧崔浩傳》卷三五，北京：中華書局，1974 年，第 827 頁。
〔註68〕　（漢）許慎：《說文解字‧敘》，北京：中華書局，1963 年，第 315～316 頁。

可知當時人們隨意更改文字，就連太學儒生都認爲隸書是倉頡時所造，隨意穿鑿附會解說文字。許慎批評這些人是「俗儒鄙夫」，不通文字條例，自以爲是。編纂《說文》自然是爲糾正這種學風，是正文字。許慎還指出：

> 書曰：「予欲觀古人之象。」言必遵修舊文而不穿鑿。孔子曰：
> 「吾猶及史之闕文，今亡矣夫。」蓋非其不知而不問。人用己私，
> 是非無正，巧說邪辭，使天下學者疑。

「人用其私」只能造成混亂，讓天下學者疑惑。文字作爲「經藝之本，王政之始。」其重要性顯而易見，因此必須循其根本，所謂「本立而道生。」這樣才能使人們「知天下之至賾而不可亂也。」這是許慎編纂《說文》一書的背景與目的。

　　許慎在編纂《說文》時借鑒參考了當時流傳的一些字書，如《史籀篇》和《蒼頡篇》等。《說文·敘》云：「今敘篆文，合以古籀；博採通人，至於小大；信而有證，稽撰其說。將以理群類，解謬誤，曉學者，達神恉。分別部居，不相雜廁也。萬物咸睹，靡不兼載。厥誼不昭，爰明以喻。」可見許慎在著《說文》時兼收並蓄，博採眾長。這一思想與白虎觀會議「學宗古文，兼存異說」的主張相一致。許慎治經，各有宗主，《易》宗孟氏、《書》宗孔氏、《詩》宗毛氏、《禮》宗周官、《春秋》宗左氏、《論語》、《孝經》都是孔壁古文。〔註69〕

　　《說文》以「六書」理論貫通全篇，建立了漢字形義學的基本框架。許慎之前劉歆、班固等人也有「六書」之說，直到許氏才將其貫徹於漢字分析，爲後世爲漢字研究制定了方法論。其影響極爲深遠，本文第一章曾做過詳細論研究，此不贅言。

　　「由於許慎在《說文》中既規定了人們學習的正體字，又遵從了從俗從變的原則，收列重文異常豐富，使其涵蓋極廣，信息量極大；又因爲它是在六書理論的指導下，從字源學角度出發，對漢字進行系統地、歷史地和比較地研究的基礎上規範文字，其爲書『隱括有條例，剖析窮根源，……若不信其說，則冥冥不知一點一畫有何意焉』（《顏氏家訓·書證》），所以它對文字規範具有權威性和經久不衰的魅力。」〔註70〕顧炎武《日知錄》在肯定《說文》的同時，也指出了一些不足之初：

〔註69〕李建國：《漢語規範史略》，北京：語文出版社，2000年，第68頁。
〔註70〕李建國：《漢語規範史略》，北京：語文出版社，2000年，第70頁。

自隸書以來，其能發明六書之指，使三代之文尚存於今日，而得以識古人制作之本者，許叔重《說文》之功爲大，後之學者一點一畫莫不奉之爲規矩。而愚以爲亦有不盡然者。且以《六經》之文，左氏、公羊、穀梁之傳，毛萇、孔安國、鄭眾、馬融諸儒之訓，而未必盡合；況叔重生於東京之中世，所本者不過劉歆、賈逵，杜林，徐巡等十驚人之說，而以爲盡得古人之意，然與否與？一也，《五經》未遇蔡邕等正定之先，傳寫人人各異，今其書所收率多異字，而以今經校之，則《說文》爲短，又一書之中有兩引而其文各異者，後之讀者將何所從？二也。流傳既久。豈無脫漏？即徐鉉亦謂篆書湮替日久，錯亂遺脫，不可悉究。今謂此書所關者必古人所無，別指一字以當之，改經典而就《說文》，支離回互，三也。〔註71〕

每個時代的學者都有其局限性，後人之所以見得多、看得清，是因爲站在之前學術巨人肩膀之上。許愼《說文》固然有許多的不足之處，但其價值依然不能否定。時至今天，依然是文字學經典。其對漢代以後的漢字規範起到了極爲重要的作用。宋元明清時期，研究《說文》者不勝枚舉，形成了《說文》之學。但必須指出的是，宋元以後的《說文》研究有趨於僵化的特點。現在研究《說文》必須靈活地運用「六書」規律，利用出土文字，糾正《說文》當中不合理的地方，否則《說文》之學也會成爲無源之水。

《說文》以後，晉人呂忱作《字林》一書，全書以隸書寫成，在兩晉南北朝很有影響，在唐代與《說文》具有同等重要地位，被用作書學教材。其書在南宋時還有傳本，明初已經亡佚，因此其影響與價值有限。

3.2.3　《玉篇》

《玉篇》是現存第一部楷書字典。其作者顧野王（519～581）字希馮，吳郡吳縣人。《陳書·顧野王傳》說他幼即好學，七歲讀《五經》，略知大旨。九歲能作文，長而遍觀經史，天文地理、蟲篆奇字，無所不通。大同四年，梁武帝拜爲太學博士，擅長繪畫。宣城王爲揚州刺史時，命野王畫古賢像，命王褒書贊，時人稱爲「二絕」。梁亡之後入陳爲官，曾爲撰史學士、國子博士，後拜爲太子率更令，尋領大著作，掌國史，知梁史事，兼東宮通事舍人

〔註71〕（清）顧炎武著，周蘇平、陳國慶點注：《日知錄》卷二十一，蘭州：甘肅民族出版社，1997年，第934～935頁。

等。著有《玉篇》、《輿地志》、《符瑞圖》、《顧氏譜傳》、《分野樞要》、《續洞冥紀》、《玄象表》等。還撰有《通史要略》一百卷,《國史紀傳》二百卷,未就而卒。另有文集二十卷。〔註72〕由此可知顧野王博學多才,著述極為豐富。

《梁書·蕭子顯傳》後附《蕭愷傳》云:「先是時,太學博士顧野王奉令撰《玉篇》,太宗嫌其書詳略未當,以愷博學,於文字尤善,使更與學士刪改。」〔註73〕可見在《玉篇》在當時就經蕭愷刪改。《玉篇·敘》又記載:「梁大同九年(543)三月二十八日,黃門侍郎兼太學博士顧野王撰。本唐上元元年(674)甲戌歲四月十三日,南國處士富春孫強增加字三十卷。」可知唐代時又有增加。宋眞宗大中祥符六年(1013),又由陳彭年等重修。我們現在見到的就是宋代重修的本子,即《大廣益會玉篇》。清末黎庶昌出使日本時發現了《玉篇零卷》,楊守敬等學者認為這是顧野王《玉篇》原本。《玉篇零卷》注文很詳細,引證也很多,可惜存量很少。

從上文可知顧野王曾在梁、陳時期擔任太學博士、尋領大著作、掌國史等職,相當於學官、史官的身份。這些工作讓他對文字規範問題比較敏感,他在《玉篇·敘》中首先指出文字的功能與重要性:

> 文遺百代則禮樂可知;驛宣萬里則心言可述。授民軌物則懸方象魏;興功命眾則誓威師旅。律存三尺,政仰八成。聽稱責於附別,執士師於兩造。勒功名於鍾鼎,頌美德於神祇。故百官以治,萬民以察,雕金鏤玉,升崧岱而告平;汗竹裁縑,寫憲章而授政。莫不以版牘施於經緯,文字表於無窮者矣。所以垂帷閉戶而覘遐年之世;藏形晦跡而識遠方之風。遵覽篆素以測九垓;則靡差膚寸,詳觀記錄以遊八裔,則不謬毫釐。鑒水鏡於往謨,遺元龜於今體。仰瞻景行,式備昔文;戒愼荒邪,用存古典。故設教施法,無以尚茲;經世治俗,豈先乎此。〔註74〕

文字可以傳禮樂,寄心言,超越時空進行溝通交流。如頒佈政令、制定法律、誓威師旅、歌功頌德皆有賴於文字。但隨著時間的推移,文字出現了錯訛現象:

〔註72〕 (唐)姚思廉:《陳書·顧野王傳》卷三〇,北京:中華書局,1972 年,第 399 ～400 頁。

〔註73〕 (唐)姚思廉:《梁書·蕭子顯傳》卷三五,北京:中華書局,1973 年,第 513 頁。

〔註74〕 (南朝)顧野王:《宋本玉篇》,北京:中國書店,1983 年,第 2～3 頁。

但微言既絕，大旨亦乖。故五典三墳，競開異義；六書八體，今古殊形。或字各而訓同，或文均而釋異。百家所談，差互不少；字書卷軸，舛錯尤多。難用尋求，易生疑惑。猥承明命，預纘過庭。總會眾篇，校讎群籍。以成一家之制，文字之訓備矣。〔註75〕

古今文字異形，傳抄出現種種錯誤，眾說紛紜，就連字書也有很多舛錯之處。可見編纂《玉篇》的目的還是爲了規範文字。

《玉篇》作爲一部楷書字典，所收字數比《說文》增加了一倍多，收字達 22000 多。全書三十卷，分爲 542 部。《玉篇》繼承了《說文》以部首排列字頭的方式，開啓了楷書部首字典的先河〔註76〕。《玉篇》對於文字是否規範作了辨析，大致有三條：一、區分古、今文字；二、區分正字與非正字；三、對形似字進行辨析。魏晉時期，正是古、今文字交替之時，明確古今文字界限對於社會用字規範非常有必要。當然，古人劃分規範字與非規範字的標準與現在不同。現代漢字的規範字具有唯一性，古人則將具有一定淵源的字都認定爲正字。《玉篇》等字書又把字分爲「正」、「同」、「俗」、「亦作」等多類，以表示規範化程度的不同。此外，《玉篇》在卷末辨析形似字的做法對後來《干祿字書》等字學著作都有啓發意義。

3.2.4 《干祿字書》

魏晉以降，俗字異體特多。這主要由兩方面因素造成。一是漢字隸變，產生了許多異體字。二是政權更替，社會動亂，文字使用缺少規範。隋唐統一之後，正定文字成爲當務之急。唐代的字書有顏師古的《字樣》，杜延業的《群書新定字樣》，顏元孫的《干祿字書》，張參的《五經文字》與唐玄度的《新加九經字樣》等。我們主要探討《干祿字書》相關問題。

顏元孫，字聿修，生卒年不詳，垂拱初年（685）登進士第。《舊唐書·顏杲卿傳》稱其「文瑰俊拔」，官至太子舍人、亳州刺史。明拓本《干祿字書》稱其爲「朝議大夫滁、沂、豪三州刺史上柱國贈祕書監」。顏元孫四世祖顏之推爲北齊黃門侍郎，曾使掌文林館，學識淵博，著有《顏氏家訓》等。其父顏師古，《舊唐書·顏師古傳》稱其「少傳家業，博覽群書，尤精詁訓，善屬

〔註75〕 （南朝）顧野王：《宋本玉篇》，北京：中國書店，1983 年，第 2～3 頁。
〔註76〕 范可育等著：《楷字規範史略》，上海：華東師範大學出版社，2000 年，第 2 頁。

文。」貞觀中爲秘書監，奉太宗之命考訂五經文字，撰《五經定本》爲經學標準文本。可見顏元孫撰《干祿字書》也是傳承家學。

《干祿字書》於大曆九年（774）經顏元孫第十三侄顏眞卿手書刻石，當時的顏眞卿任湖州刺史。刻石完成後，傳拓者極多，從而致使碑石殘損嚴重。開成四年（839），楊漢公資助顏眞卿之侄顏頵依早年拓本重刻。南宋紹興十二年（1142），再次重刻《干祿字書》，此本稱「蜀石本」，現在見到的均爲此本〔註77〕。（3-2.3）歐陽修《集古錄跋尾》唐干祿字樣模本條下記載：

> 右《干祿字樣》模本，顏眞卿書，楊漢公模。眞卿所書乃大曆九年刻石。至開成中，遽已訛缺。漢公以謂一二工人用爲衣食之業，故摹多而速損者，非也。蓋公筆法爲世楷模，而字書辨正訛繆尤爲學者所資，故當時盛傳於世，所以模多爾。豈止工人爲衣食業邪？今世人所傳乃漢公模本，而大曆眞本以不完，遂不復傳。若顏公眞跡今世在者，得其零落之餘藏之足以爲寶，豈問其完不完也。故余並錄二本並藏之，亦欲俾覽者知模本之多失眞也。（《集古錄》卷七）

顏元孫編纂《干祿字書》時借鑒了其父顏師古的《顏氏字樣》以及杜延業的《群書新定字樣》，這在《干祿字書・敘》中已經明確指出：

> 眞卿伯祖故秘書監，貞觀中刊正經籍。因錄字體數紙以示讎校楷書，當代共傳，號爲《顏氏字樣》。懷沿是賴，汗簡攸資，時訛頓遷，歲久還變，後有《群書新定字樣》，是學士杜延業續修。雖稍增加，然無條貫，或應出而靡載，或詭眾而難依。〔註78〕

在顏元孫看來，《群書新定字樣》有條例不清、收字不全等缺陷。可見他是批判地繼承前人的學術成果。顏元孫對於文字使用也有自己獨特的見解：

> 若總據説文，便下筆多礙，當去泰去甚，使輕重合宜，不揆庸虛。〔註79〕

顏之推《顏氏家訓》云：

> 世間小學者，不通古今，必依小篆，是正書記。凡《爾雅》、《三

〔註77〕 施安昌：《唐人〈干祿字書〉研究》，見《顏眞卿書干祿字書》，北京：紫禁城出版社，1990 年，第 96～97 頁。

〔註78〕 （唐）顏元孫：《干祿字書・序》見《中華漢語工具書書庫》，合肥：安徽教育出版社，2002 年，第 11 冊，第 587 頁。

〔註79〕 （唐）顏元孫：《干祿字書・序》見《中華漢語工具書書庫》，合肥：安徽教育出版社，2002 年，第 11 冊，第 587 頁。

蒼》、《説文》豈能悉得《蒼頡》本指哉？亦是隨代損益，各有同異。
〔註80〕

總以《説文》爲依據，就會受到很多束縛，因爲文字是不斷變化的。「去泰去甚」、「輕重合宜」就是在肯定文字傳統的同時，顧及其變易性。這與顏之推「隨代損益，各有同異」的主張一脈相傳。這種字學主張具體體現在顏元孫創造性地將文字分爲俗、通、正三類，並對各類字都作出了比較明確的界定：

> 所謂俗者，例皆淺近。唯籍帳、文案、券契、藥方，非涉雅言，用亦無爽。倘能改革，善不可加。所謂通者，相承久遠，可以施表奏箋啓，尺牘判狀，固免詆訶。（若須作文言及選曹銓試，兼擇正體，用之尤佳）所謂正者，並有憑據。可以施著述文章，對策碑碣，將爲允當。（進士考試，理宜必遵正體。明經對策，貴合經注本文。碑書多作八分，任別詢舊則。） 〔註81〕

顏元孫爲什麼要明確劃分俗、通、正三類字的界限呢？他在《干祿字書·敘》中作了解釋：「夫筮仕觀光，惟人所急；循名責實，有國恒規。既考文辭，兼詳翰墨，升沉是繫，安可忽諸；用捨之間，尤須折衷。目以干祿，義在茲乎。」〔註82〕文字正俗，翰墨優劣關乎干祿仕進，職位升沉，因此不可忽視。這樣的字書可謂之應需而作，一經問世，大受歡迎。儘管出於功利目的，但的確對社會書寫規範起到較大的作用。

3.3 石經與字樣學

石經的「經」一般指儒家經典，當然，也有將佛教經典刊刻上石的例子，比如房山雲居寺石經。本文討論的是石刻儒家經典。

在印刷術尚未普及的時代，石經具有官定教科書的性質。其優點是保存時間比較長久，可以反覆摹拓複製，可供天下人作爲學習範本。典籍在傳抄過程當中會出現訛誤，文字異形現象也很嚴重，《日知錄》卷四「文字不同」條下云：

〔註80〕 （北齊）顏之推：《顏氏家訓·書證篇》，北京：中華書局，1993年，第515頁。
〔註81〕 （唐）顏元孫：《干祿字書·敘》見《中華漢語工具書書庫》，合肥：安徽教育出版社，2002年，第11冊，第587～588頁。
〔註82〕 （唐）顏元孫：《干祿字書·敘》見《中華漢語工具書書庫》，合肥：安徽教育出版社，2002年，第11冊，第588頁。

> 五經中文字不同多矣。有一經之中而自不同者，如「桑葚」見
> 於《衛詩》，而魯則爲「黮」；「弢弓」著於鄭風而秦則爲「韔」；《左
> 氏》一書其錄楚也，「蓬氏」或爲「蔿氏」，「箴尹」或爲「針尹」，
> 況於鍾鼎之文乎？記曰：書同文，亦言其大略耳。

由於年代久遠，文字也存在古今差異，，五經當中文字異形狀況很普遍。因此，勘定經典，使天下書同文字是保證經典學術思想得以發揚光大的必要舉措。在中國古代，刊刻石經是最主要的辦法之一。

中國古代刊刻的大規模石經共有七部。分別是東漢靈帝時的《熹平石經》（又稱《漢石經》）、曹魏齊王芳時的《正始石經》（又稱《三體石經》、《魏石經》）、唐文宗時的《開成石經》（又稱《唐石經》）、五代後蜀孟昶時的《廣政石經》（又稱《蜀石經》）、北宋仁宗時的《嘉祐石經》、南宋高宗時的《御書石經》和清代乾隆時的《清石經》。本部分我們主要探討《熹平石經》（圖3-3.1）、《正始石經》（圖3-3.2）與《開成石經》（圖3-3.3）。

3.3.1 熹平石經

漢代經學有古、今文之分。由於經學派別不同，經籍版本眾多，經文歧異現象嚴重。西漢時期，以隸書寫成的今文經盛行於世。漢代今文經，《詩》有魯、齊、韓三家，《書》有歐陽氏、大夏侯（勝）、小夏侯（建）三家，《禮》有大戴（德）小戴（聖）、慶普三家，《易》有施氏（讎）、孟氏（喜）、梁丘氏（賀）、京氏（房）四家，《春秋》有《公羊傳》和《穀梁傳》，《公羊》有嚴氏（彭祖）、顏氏（安樂）二家。今文經學主張闡發經典「大義」，提倡「通經致用」。比如董仲舒習《公羊春秋》，強調大一統，提倡正名分，尊君抑臣等思想，因而特別受到漢武帝的重視。西漢末年古文經學興起，相傳魯恭王壞孔子宅，在壁中發現古文經，皆用先秦古文書寫，故稱古文經。當時民間也有古文《易》、《詩》等經流傳。漢平帝時，王莽執政，將古文經立於學官，從此古文經學逐漸興盛。古文經學，《詩》用《毛詩》，《春秋》用《左傳》，特別重視《周官》，注重文字訓詁，探求經文本義。《爾雅》、《說文解字》就是古文經學研究文字訓詁的成果。東漢許慎、賈逵、服虔、馬融、鄭玄都是古文經學代表人物。鄭玄注釋諸經，兼採今古文之長，以古文爲主。自東漢末至隋唐時期，成爲經學正統。今古文經學並存，對於學術而言有其積極意

義。然而，對於王權統治，卻有不利之處。正是在這樣的學術文化背景之下，由蔡邕等學者上奏朝廷，刊刻石經。《後漢書・蔡邕傳》記載：

> 建寧三年，……（邕）校書東觀。遷議郎。邕以經籍去聖久遠，文字多謬，俗儒穿鑿，疑誤後學，熹平四年，乃與五官中郎將堂溪典、光祿大夫楊賜、諫議大夫馬日磾、議郎張馴、韓說，太史令單颺等，奏求正定「六經」文字。靈帝許之。邕乃自書冊於碑，使工鐫刻，立於太學門外。於是後儒晚學，咸取正焉。及碑始立，其觀禮及摹寫者，車乘日千餘兩，填塞街陌。〔註83〕

可見《熹平石經》刻成之後，參觀學習及摹寫者極多，影響自然很廣。蔡邕上奏正定「六經」文字的理由是去古時間久遠，文字錯謬很多，俗儒穿鑿附會，恐怕會貽誤後學等等。其實，刊刻石經，還與當時今文經學已經產生的諸多弊端密切相關。今文經學在兩漢一直是顯學，佔有統治地位。然而權利與學術過於緊密會導致學術的畸形發展。許多太學生為了爭權奪利不擇手段，甚至篡改經典文本。《後漢書》卷一百九，《儒林傳》云：

> 順帝感翟酺之言，乃更修黌宇，凡所造構二百四十房，千八百五十室。試明經下第補弟子，增甲乙之科員各十人，除郡國耆儒皆補郎、舍人。本初元年，梁太后詔曰：「大將軍下至六百石，悉遣子就學，每歲輒於鄉射月一饗會之，以此為常。」自是遊學增盛，至三萬餘生。然章句漸疏，而多以浮華相尚，儒者之風蓋衰矣。黨人既誅，其高名善士多坐流廢，後遂至忿爭，更相言告，亦有私行金貨，定蘭臺泰書經字，以合其私文。〔註84〕

由上述文獻可知，順帝時開始擴建太學校舍，擴招生員，人數最多時達三萬餘人。然而多是不學無術之徒，學風浮華。

那麼《熹平石經》的文本依照的是今文經還是古文經呢？有學者認為：「漢熹平石經，隸書一字，是乃今文。」〔註85〕這種說法沒錯，但並不十分準確。白虎觀會議之後，學術上採取了博採眾家之長的方針。古文經雖沒有立學官，

〔註83〕　（南朝宋）范曄：《後漢書・蔡邕傳》卷六○，北京：中華書局，1965 年，第1990 頁。

〔註84〕　（南朝宋）范曄：《後漢書》卷七九，列傳第六九，北京：中華書局，1965年，第 2547 頁。

〔註85〕　章太炎：《國學講演錄・經學略說》，上海：華東師範大學出版社，1995 年，第 50 頁。

但也具有較大影響。《後漢書・儒林傳》明確指出：「熹平四年，靈帝乃詔諸
儒正定《五經》，刊於石碑，爲古文、篆、隸三體書法以相參檢，樹之學門，
使天下咸取則焉。」〔註86〕可見《熹平石經》是以古文、篆書以及隸書三種
版本相互參校而成。雖用今文隸書刻成，但已經摻有古文經學的成分。

　　據李賢注《後漢書》引《洛陽記》云：

　　　　太學在洛城南開陽門外，講堂長十丈，廣二丈。堂前《石經》
　　　　四部。本碑凡四十六枚：西行，《尚書》、《周易》、《公羊傳》十六碑
　　　　存，十二碑毀；南行，《禮記》十五碑悉崩壞；東行，《論語》三碑，
　　　　二碑毀。《禮記》碑上有諫議大夫馬日磾、議郎蔡邕名。〔註87〕

又云：

　　　　石經文都似碑，高一丈許，廣四尺，駢羅相接。〔註88〕

又引《謝承書》曰：

　　　　碑立太學門外，瓦屋覆之，四面欄障，開門於南，河南郡設吏
　　　　卒視之。〔註89〕

我們從上述文獻可知，《熹平石經》起初建有瓦屋覆蓋，四周有護欄，並有專
人看護。石經形似碑，高約一丈（約 2．4 米），寬四尺（約 1 米）。在魏晉時
期已有損毀〔註90〕。必須指出的是，漢石經與後來的魏石經都立於洛陽太學
門前，後人的記載也多有失誤。據王國維考證，漢石經包括：《易》、《書》、《詩》、
《禮》（《儀禮》）與《春秋》五經，並《公羊》、《論語》二傳，其石數爲四十
六碑〔註91〕。與《隋書・經籍志》記載相符〔註92〕。

〔註86〕　（南朝宋）范曄：《後漢書》卷七九，列傳第六九，北京：中華書局，1965
　　　　　年，第 2547 頁。
〔註87〕　（南朝宋）范曄：《後漢書》卷六〇，北京：中華書局，1965 年，第 1990 頁。
〔註88〕　（南朝宋）范曄：《後漢書》卷七九，北京：中華書局，1965 年，第 2548 頁。
〔註89〕　（南朝宋）范曄：《後漢書》卷七九，北京：中華書局，1965 年，第 2547～
　　　　　2548 頁。
〔註90〕　《洛陽記》大概是魏晉時期所作，見《漢唐方志輯佚》，劉緯毅，北京圖書館
　　　　　出版社，1997 著第 34 頁。三國、西晉時一尺等於 24.2 釐米，東晉時一尺等
　　　　　於 24.5 釐米，文中數據以此爲推算依據。
〔註91〕　王國維：《魏石經考一》，見《觀堂集林》（外二種），石家莊：河北教育出版
　　　　　社，2003 年，第 475 頁。
〔註92〕　（唐）魏徵等：《隋書・經籍志》載，「一字石經」包括：《周易》一卷、《尚
　　　　　書》六卷、《魯詩》六卷、《儀禮》九卷、《春秋》一卷、《公羊傳》九卷、《論
　　　　　語》一卷。

　　《後漢書·蔡邕傳》記載，「邕乃自書冊於碑」，文淵閣四庫本《後漢書》卷九十下考證云：「『冊』字何焯校本改『丹』」。也就是說，《熹平石經》為蔡邕親自書丹上石。這麼多的內容都由蔡邕一個人書丹上石也不太切合實際。估計蔡邕主要起到示範、監督的作用。從書法上來看，《熹平石經》屬於典型的八分書體，也就是帶有典型波磔的成熟隸書。漢石經的完成也標誌著隸書正體地位的進一步鞏固。「從此，五經有了官方石刻定本，後儒晚學，以石經文字為準的，在統一書面語言文字的同時，也提高了全社會語言文字的規範意識。儘管此時也有金文、磚文、印章文字等，但最具代表性的占正體地位的無疑是這些碑刻文字。因為它代表了成熟的漢隸，不但在當時被廣泛使用，而且成為流芳百世的漢代標準字體，被歷代書法家們奉為隸書的典範。」〔註93〕鄭杓《衍極》云：「蔡邕鴻都《石經》，為古今不刊之典，張芝、鍾繇，咸得其道。」漢石經也為後世的石經刊刻奠定了基礎。

3.3.2　正始石經

　　漢魏之際，古文經學逐漸盛行。章太炎《國學講演錄》云：「漢末，馬、鄭之書，不立學官。《毛詩》亦未立學官。至三國時，古文《尚書》、《毛詩》、《左氏春秋》，皆立學官，此魏文帝之卓見也。……魏正始時立三體石經，則用古文。當時古文《禮》不傳，《尚書》、《春秋》皆用古文。《易》用費氏，以費《易》為古文也。《周禮》則本為古文。三國之學官，與漢末不同如此。故曰魏文廓清之功不可少也。」〔註94〕古文經在曹魏時期都已立學官，已經扭轉了漢代今文經的統治地位。然而太學所立的石經還是今文寫成，於是在正始年間又刻三種古文經。每字有三體，按照古文、篆書、隸書的順序排列。因此稱「三體石經」或「三字石經」。魏石經刻成後與漢石經同列於洛陽太學前，可惜早在晉代已經崩壞，埋沒於土中。清光緒年間，洛陽先後有《尚書·君奭》、《尚書·無逸》及《尚書·多士》幾種殘石出土。西安曾出土兩次「三體石經」殘石：一次是 1945 年許士廟街出土；另一次是 1957 年青年路出土。第二次發現的殘石上刻有「始二年□三」字樣，（圖 3-3.2）故以此推斷「三體石經」為魏正始二年（241）三月刻成。在此之前，未見有紀年

〔註93〕李建國：《漢語規範史略》，北京：語文出版社，2000 年，第 77 頁。
〔註94〕章太炎：《國學講演錄·經學略說》，上海：華東師範大學出版社，1995 年，第 50 頁。

的刻石，前人著錄均無具體年月。此刻石的發現，解決了《三體石經》鐫刻年代的懸案。〔註95〕

古代文獻當中關於《正始石經》的記載比較粗疏。《魏書‧江式傳》引《論書表》云：

> 陳留邯鄲淳亦與揖同時，博古開藝，特善《倉》、《雅》，許氏字指，八體六書精究閒理，有名於揖，以書教諸皇子。又建《三字石經》於漢碑之西，其文蔚炳，三體復宣。校之《說文》，篆隸大同，而古字少異。又有京兆韋誕、河東衛覬二家，並號能篆。當時臺觀榜題、寶器之銘，悉是誕書，咸傳之子孫，世稱其妙。〔註96〕

按照江式的記載，邯鄲淳、韋誕與衛覬都是當時的善書之人，尤以篆書見長。衛恒《四體書勢》云：

> 魏初傳古文者，出於邯鄲淳。恒祖敬侯（衛覬）寫淳《尚書》，後以示淳，而淳不別。至正始中，立《三字石經》，轉失淳法，因科斗之名，遂效其形。〔註97〕

可知衛覬起初師法邯鄲淳，並且學得惟妙惟肖，後來在書寫《三字石經》時又改變了風格，模仿蝌蚪文的樣子。《晉書‧趙至傳》云：

> （趙至）年十四，詣洛陽，遊太學，遇嵇康於學寫石經，徘徊視之不能去。〔註98〕

趙至在十四歲時到洛陽遊學，曾見到嵇康正在寫石經，看了之後久久不忍離去。至於當時嵇康是在抄寫已經刻成的石經，還是正在爲《三體石經》書丹就不太清楚了。後人根據上述文獻認爲《三體石經》是邯鄲淳、衛覬與嵇康三人所書，實在是難以令人信服。

《三體石經》完成後，古今文經都列於太學前，抄寫、摹拓的人定不在少數，對於後世影響較大。《魏書‧劉芳傳》記載：

〔註95〕 李炳武主編：《中華國寶：陝西珍貴文物集成‧碑刻書法卷》，西安：陝西人民教育出版社，1999 年，第 32、33 頁。

〔註96〕 （北齊）魏收：《魏書‧江式傳》卷九一，北京：中華書局，1974 年，第 1963 頁。

〔註97〕 （唐）房玄齡等：《晉書‧衛恒傳》卷三六，北京：中華書局，1974 年，第 1061 頁。

〔註98〕 （唐）房玄齡等：《晉書‧趙至傳》卷九二，北京：中華書局，1974 年，第 2377 頁。

> 劉芳，字伯文，彭城人也，……芳才思深敏，特精經義，博聞
> 強記，兼覽《蒼》、《雅》。尤長音訓，辨析無疑。……昔漢世造三字
> 石經於太學，學者文字不正，多往質焉。芳音義明辨，疑者皆往詢
> 訪，故時人號爲劉石經。〔註99〕

當然，劉芳擅長古文訓詁，這是古文經學的傳統。魏晉南北朝文字復古之風，
與三體石經的刊刻及古文經學的發達有直接的關係。（圖 3-3.4）此外，在文字
不正，俗體繁多的南北朝時期，《三體石經》與其他字書共同發揮正定文字的
作用。江式《論書表》：

> 皇魏承百王之季，紹五運之緒，世易風移，文字改變，篆形謬
> 錯，隸體失眞。俗學鄙習，復加虛造，巧談辯士，以意爲疑，炫惑
> 於時，難以釐改。傳曰：以眾非，非行正，信哉得之於斯情矣。乃
> 曰追來爲鯠，巧言爲誓，小兔爲𪔀，神蟲爲蠱，如斯甚眾，皆不合孔
> 氏古書、史籀《大篆》、許氏《說文》、《石經三字》也。凡所開卷，
> 莫不惆悵，爲之諮嗟。夫文字者，六藝之宗，王教之始，前人所以
> 垂後，今人所以識古。故曰：『本立而道生。』孔子曰：『必也正名。』
> 又曰：『述而不作。』書曰：『予欲觀古人之象。』皆言遵循舊文，
> 而不敢穿鑿也。〔註100〕

《隋書·經籍志》記載「三字石經」包括：《尚書》九卷（梁有十三卷）、
《尚書》五卷、《春秋》三卷（梁有十二卷）。唐代時，《三體石經》與《說文》、
《字林》同爲書學的專業課程，「《石經三體書》限三年業成」。可見唐代還有
許多《三體石經》拓本流傳。

《三體石經》爲後世古文樹立了典範樣式。王國維指出：「魏石經殘字之
豐中銳末或豐上銳下者，乃依傍科斗之名而爲之，前無此也。自此以後，所
謂『古文』者，殆專用此體。郭忠恕輩之所集，絕非其所自創，而當爲六朝
以來相傳之舊體也。自宋以後，句中正輩用以書《說文》古文，呂大臨輩用
以摹古彝器。至國朝，《西清古鑒》等書所摹古款識，尤用是體。蓋行於世者
幾二千年，源其體勢，不得不以魏石經爲濫觴矣。」〔註101〕（圖 3-3.5）

〔註99〕　（北齊）魏收：《魏書·劉芳傳》卷五五，北京：中華書局，1974 年，第 1219
　　　　　～1220 頁。
〔註100〕　（北齊）魏收：《魏書·江式傳》卷九一，北京：中華書局，1974 年，第 1963
　　　　　～1964 頁。
〔註101〕　王國維：《魏石經考五》，見《觀堂集林》（外二種），石家莊：河北教育出版
　　　　　社，2003 年，第 483 頁。

3.3.3 開成石經與唐代字樣學

有唐一代，在治國理政上以經學爲重，但隨著佛、道的發展，逐漸向儒學滲透，出現了三教合流的歷史趨勢，也導致了儒學衰微的趨勢。唐文宗即位之後，力圖復興儒學，恢復經學的舊有地位。《舊唐書·鄭覃傳》云：

> 文宗即位，改左散騎常侍。三年，以本官充翰林侍講學士。四年四月，拜工部侍郎。覃長於經學，稽古守正，帝尤重之。覃從容奏曰：「經籍訛謬，博士相沿，難爲改正。請召宿儒奧學，校定六籍，準後漢故事，勒石於太學，永代作則，以正其闕。」從之。

《文忠集》卷九十二《唐石經贊》云：

> 杏壇榛蕪而六經之道或息，竹簡煨燼而六經之文浸訛。有唐文宗皇帝之在御也，儲精經籍，有意復古，而緗素繆亂（戾），三篋幾亡，博士陋淺，五車莫富。時惟鄭覃體上之意而憫道之衰也。

文宗重文教，鄭覃以博士淺陋，經籍錯誤百出爲由奏請刊刻石經，這也是當時形勢所需。如果從太和四年（830）鄭覃奏上算起，到開成二年（837）十月鄭覃進《石壁九經》，大約用了七年時間完成這一項規模盛大的文化工程。《舊唐書》云：

> （開成二年冬十月）癸卯，宰臣判國子祭酒鄭覃進《石壁九經》一百六十卷。時上好文，鄭覃以經義啓導，稍折文章之士，遂奏置五經博士，依後漢蔡伯喈刊碑列於太學，創立《石壁九經》，諸儒校正訛謬。上又令翰林勒字官唐玄度復校字體……〔註102〕

據《舊唐書·鄭覃傳》記載，校正校定《九經》文字訛謬的儒者有：起居郎周墀、水部員外郎崔球、監察御史張次宗、禮部員外郎溫業等，還有當時的門下侍郎、弘文館大學士、監修國史等都參與了這項工作。唐玄度負責審定石經字體。

唐代字樣學尤爲發達，唐初顏師古就著有《顏氏字樣》，杜延業著有《群書新定字樣》。其後顏元孫在其基礎上著成《干祿字書》一書，爲干祿仕進的學子樹立書寫規範。民間也流傳有《字寶》、《正名要錄》等字書，〔註103〕（圖3-3.6、圖 3-3.7）都屬於唐代字樣學的成果。這些字書對當時的書寫規範起到

〔註102〕（後晉）劉昫等：《舊唐書·文宗下》，卷一七下，北京：中華書局，1975 年，第 571 頁。

〔註103〕比如敦煌寫本中發現《字寶》五種：S.619、S.6024、P.2058、P.2717、P.3906。《正名要錄》：S.388。

重要的作用。在《開成石經》當中，除了刊刻十二部經典〔註104〕以外，還將張參的《五經文字》與唐玄度的《新加九經字樣》收錄其中。（圖 3-3.8）這一舉措無疑促進了字樣學更進一步的發展。《唐會要》記載：

> 開成二年八月敕。新加九經字樣一卷。國子監奏定。得覆定石經字體翰林待詔唐元度狀。伏準太和七年二月敕。覆定九經字體者。令所詳覆。多依司業張參《五經字》爲準。其舊字樣。歲月將久。畫點參差。傳寫相承。漸致乖誤。今並依字樣書參詳。改邪就正訖。諸經之中。分別疑闕。舊字樣未載者。古今體異。隸篆不同。如總據《說文》。即古體驚俗。若近代之文字。或傳寫乖訛。今與校勘官同商較是非。取其適中。纂錄爲《新加九經字樣》一卷。或經典相承。與字義不同者。引文以注解。今刊削成。請附於九經字樣之末。敕旨。宜依。〔註105〕

唐玄度審定石經字體，以大曆年間國子司業張參所著的《五經文字》爲依據。但時隔已久，版本殘損，傳寫又至出現錯誤。於是對其進行校訂、增補，與校勘官商議討論，定奪是非，編纂成《新加九經字樣》一卷，其序云：「凡七十六部，四百廿一文」。《五經文字·敘例》云：「凡一百六十部，三千二百三十五字」。合計 3656 字。再加上《干祿字書》所收的 1599 字，大體包含了當時的常用字。據施安昌統計：「初唐的碑誌中，通體、俗體字使用很多。在千字以上的碑文中，通、俗體字的比例往往達到 10% 左右。……晚唐碑誌中，通、俗體字的使用明顯減少，其比例降爲 3% 左右。《干祿字書》所列出的通、俗體字以外的其他異體字極少出現。」〔註106〕這種現象和刊刻《開成石經》以及唐代的字樣學有密切的關係。

　　開成石經既是官定教科書，又是很好的學書範本。對於打算考取功名的學子更是良師益友。直到清代還備受推崇。康有爲《廣藝舟雙楫》云：「唐 開元（成）《石經》，皆清勁遒媚，《九經字樣》、《五經文字》，筆法皆同。學者但購一本，讀而學之，大字幾及寸，小注數分，經文可以備誦讀，字書可以正訛謬，師其字學，清整可以入策摺，一舉而三美備。窮鄉學僮，無師無碑，

〔註104〕　《開成石經》包括：《周易》、《尚書》、《詩經》、《儀禮》、《周禮》、《禮記》、《春秋左傳》、《春秋公羊傳》、《春秋穀梁傳》、《孝經》、《論語》、《爾雅》十二部經典。

〔註105〕　（宋）王溥：《唐會要》卷七十七，北京：中華書局，1955 年，第 1411 頁。

〔註106〕　施安昌：《唐代正字學考》，故宮博物院院刊，1982 年，第 3 期。

莫善於是矣。」〔註107〕眞可謂一舉三得，善莫大焉。後世館閣體的興起，不能不說與《開成石經》無關。

　　《開成石經》的完成，標誌著楷書規範化到達了極致。其字體端正典雅，極少性情流露與風格特色。唐代傳拓技術已經成熟，石經拓本的傳播也促進了雕版印刷的廣泛使用。

〔註107〕　（清）康有爲：《廣藝舟雙楫》，見《歷代書法論文選》，上海書畫出版社，1979
　　　　　　年，第 866 頁。

第 4 章　書法與書寫規範化

　　書法作爲漢字書寫的藝術，本身具有其規定性，「書法」一詞當中的「法」就具有法度、規則、規範、範式的意義。用筆有筆法，結構有字法，整篇有章法，具備「法」的意義，才有典範價值。不具備法度的書作，則一般不被認爲是書法作品。

　　自漢末、魏晉以後，書法的審美價值得到不斷的挖掘。與此同時，書法理論也隨之產生。這其中就有不少是關於書寫技法的理論。這是人們在實踐當中所獲得的書寫經驗總結。技法理論的出現標誌著人們對書寫形式的研究進入了自覺地階段。這些理論又對人們的書寫實踐起到指導作用，從而規範人們的書寫。

　　隨著書法審美觀念的轉變，書法的規範性成爲阻礙其藝術性發展的因素。實用的書法和藝術的書法漸漸的分道揚鑣，當然也不是徹底分開。

4.1 書寫技法理論

　　書寫技法理論主要包括執筆和用筆、點畫和結構（章法）以及墨法與工具等方面，其中點畫和結構與書寫規範的關係更爲直接，因此本節主要以書寫技法理論當中涉及點畫、結構的部分爲討論對象。

4.1.1 唐代以前的書寫技法理論 [註1]

東漢蔡邕的《九勢》屬於早期的技法理論，帶有很強的時代特色。《九勢》云：「夫書肇於自然，自然既立，陰陽生焉；陰陽既生，形勢出矣。」他首先提出「書肇自然」觀點，實際上就是指漢字是記錄自然萬物的符號。而漢字符號和自然一樣具有「陰陽」對立統一的特性，所謂「一陰一陽之謂道」，王羲之《書論》云：「（用筆）有偃有仰，有攲有側有斜，或小或大，或長或短。」〔註2〕只有體現出大小、長短、攲正、燥潤、濃淡等豐富的對立要素，書方能有「形勢」，這是書法造型的邏輯起點，也是漢字書法的生存依據。「爲書之體，須入其形」〔註3〕也是「書肇自然」觀點的延伸。這些都是從大的層面來理解書法所應遵循的「法則」。如果具體實踐，也有細則。比如「藏頭護尾，力在字中，下筆用力，肌膚之麗。」「藏頭護尾」已經明確提出藏鋒用筆的觀念，這也與當時使用的篆書、隸書的特點相吻合。而對於書寫「力」的概念的提出，則具有重要意義。唐代以「四才」銓選官員，其中對書寫的要求就是「楷法遒美」爲標準，書法要遒勁有力。可知明確提出對書寫力感的要求始自蔡邕。其實，力感所體現的就是一種鮮活的生命感，即「肌膚之麗」。蘇軾論書云：「書必有神、氣、骨、肉、血，五者闕一，不爲成書也。」〔註4〕這種以生命之美論書的方式也源於蔡邕。《九勢》又云：

> 凡落筆結字，上皆覆下，下以承上，使其形勢遞相映帶，無使勢背。
>
> 轉筆，宜左右回顧，無使節目孤露。
>
> 藏鋒，點畫出入之跡，欲左先右，至回左亦爾。
>
> 藏頭，圓筆屬紙，令筆心常在點畫中行。

〔註1〕 學界對唐代以前的許多書論文獻的眞偽問題多有論述，如余紹宋、張天弓等學者對蔡邕、王羲之書論多持懷疑觀點。儘管如此，但這些理論依然具有其價值。本文對所涉及的技法理論不再做眞偽辨析，而是直接分析其對書寫規範的影響。

〔註2〕 （東晉）王羲之：《論書》，見《歷代書法論文選》，上海書畫出版社，1979 年，第 28 頁。

〔註3〕 （漢）蔡邕：《筆論》，「爲書之體，須入其形」與「書肇自然」觀點都是就漢字「觀物取象」的特點而言。這是漢字書寫的內在規範依據，本文第一章第一節論述「六書」與書寫規範化時已有論述。

〔註4〕 （宋）蘇軾：《論書》，見《歷代書法論文選》，上海書畫出版社，1979 年，第 313 頁。

　　護尾，畫點勢盡，力收之。

　　疾勢，出於啄磔之中，又在豎筆緊趯之內。

　　掠筆，在於趯鋒峻趯用之。

　　澀筆，在於緊駃戰行之法。

　　橫鱗，豎勒之規。〔註5〕

以上九條是蔡邕總結的書寫法則，即「九勢」，他認為掌握這九條之後，「雖無師授，亦能妙合古人。」他還強調「須翰墨功多，即造妙境耳。」即得到方法還需用功，就能創造妙境。下面我們對這九條法則進行分析。

　　第一條為結字方式。「上皆覆下，下以承上」即「天覆」、「地載」一類結構方式，如 京（京）、蓋（蓋）一類的字。總體上說，結字的原則是「使其形勢遞相映帶，無使勢背。」「勢」要合乎自然之道，「勢來不可止，勢去不可遏」因此要順勢而為。其實，這一條對章法的處理也同樣有借鑒意義。

　　其餘八條都是用筆之法。「轉筆」要求行筆時「左右回顧」，有轉動的感覺，這樣寫出的點畫才能有「肌膚之麗」，避免拋筋露骨。「藏鋒」與「藏頭」、「護尾」在篆、隸、楷三體的書寫當中是基本筆法，也稱「迴護律」。王羲之《書論》云「存筋藏鋒，滅跡隱端。」都是一個意思。

　　「疾勢」、「掠筆」都指快速用筆，主要用來處理「啄、磔、趯」〔註6〕一類筆劃，即這一類筆劃書寫時要果斷，用力也要把握好分寸。「澀筆」即用筆時的遲澀之感，克服紙與筆的摩擦力的用筆之法。「橫鱗」、「豎勒」是橫與豎的寫法，橫畫書寫要像魚鱗一樣鱗次櫛比的感覺，其實就是積點成線，而非一筆劃過，追求的也是「澀筆」的效果。「豎勒」指寫豎畫時要像勒馬韁繩一般用力，要掌握好力道。

　　蔡邕之後，衛夫人《筆陣圖》對七種筆劃形態作出了描述：

　　一　如千里陣雲，隱隱然其實有形。

　　丶　如高峰墜石，磕磕然實如崩也。

　　丿　陸斷犀象。

　　乁　百鈞弩發。

　　丨　萬歲枯藤。

〔註5〕（漢）蔡邕：《九勢》，見《歷代書法論文選》，上海書畫出版社，1979 年，第6 頁。

〔註6〕「啄、磔、趯」即用字八法當中的右部短撇、捺筆和豎鈎的稱謂，似乎都是行書、楷書的書寫節奏，和蔡邕所處的時代不太相稱。

ㄟ 崩浪雷奔。

ㄋ 勁弩筋節。〔註7〕

與蔡邕《九勢》相比，《筆陣圖》所列舉的筆劃更為具體，都給出了筆劃樣例，但對筆劃形態特徵的描述方式則比較抽象，這種比擬式論書方式在魏晉六朝時期非常流行。「這些對書法藝術造型基礎 『元素』具體形態所作的引導性規範，對於當時新興書體的筆法形制的確立，我想一定都起到了相當的作用。」〔註8〕

衛夫人的學生王羲之傳世的幾篇書論當中，也涉及不少技法問題，他在《題衛夫人〈筆陣圖〉後》說：

> 每作一波，常三過折筆；每作一□，常隱鋒而為之；每作一橫畫，如列陣之排雲；每作一戈，如百鈞之弩發；每作一點，如高峰墜石；□□□□，如屈折鋼鈎；每作一牽，如萬歲枯藤；每作一放縱，如足行之趣驟。〔註9〕

儘管我們無法確定這一類的文字是否真的是王羲之所說，但這種對漢字筆劃構件意象式的比擬方式的確具有其時代特點。最起碼這些文字出現的時間與王羲之非常接近。這也代表了那個時代人們對於書寫技法的一種理論認識，既是實踐的經驗總結，又反過來對實踐產生影響。

王羲之其他書論文獻當中也有不少地方論及技法問題，比如他在《書論》一文中說：「夫書字貴平正安穩。若作一紙之書，須字字意別，勿使相同。……每書欲十遲五急，十曲五直，十藏五出，十起五伏，方可謂書。……〔註10〕《筆勢論十二章並序》中又分別以視形、說點、處戈等為標題，涵蓋點畫形態，篇章謀劃等方面，也具有一定的價值。

梁武帝蕭衍著有《觀鍾繇書法十二意》一篇，其文云：

> 平，謂橫也。直，謂縱也。均，謂間也。密，謂際也。鋒，謂端也。力，謂體也。輕，謂屈也。決，謂牽掣也。補，謂不足也。

〔註7〕（東晉）衛鑠：《筆陣圖》，見《歷代書法論文選》，上海書畫出版社，1979年，第22頁。

〔註8〕鄭曉華：《古典書學淺探》，北京：社會科學文獻出版社，1999年，，第77頁。

〔註9〕（東晉）王羲之：《題衛夫人〈筆陣圖〉後》，見《歷代書法論文選》，上海書畫出版社，1979年，第27頁。

〔註10〕（東晉）王羲之：《書論》，見《歷代書法論文選》，上海書畫出版社，1979年，第28～29頁。

損，謂有餘也。巧，謂布置也。稱，謂大小也。〔註11〕

「平、直」是筆劃形態，要求橫平豎直。「鋒、力、輕、決」都是用筆技巧。「均、密、補、損、巧、稱」是結字、章法的安排技巧。我們可以看出，蕭衍的書寫技法理論比王羲之的語言更為平實，這是文風的轉變，也是人們對技法問題觀察研究的進一步深入具體的體現。

發展到隋代時，出現了智果的《心成頌》這樣的理論，不僅條例更為詳細，還列舉了一些例字，對書寫實踐的指導更加明確，現將其引錄如下：

回展右肩：頭項長者向右展，『寧』、『宣』、『臺』、『尚』字是。非為頭項長。

長舒左足：有腳者向左舒，『寶』、『典』、『其』、『類』字是。謂『亻』、『彳』、『木』、『扌』之類，非『其』、『典』之類。

峻拔一角：字方者抬右角，『國』、『用』、『周』字是。

潛虛半腹：畫稍粗於左，右亦須著，遠近均勻，遞相覆蓋，放令右虛。『用』、『見』、『岡』、『月』字是。

間合間開：『無』字等四點四畫為縱，上心開則下合也。

隔仰隔覆：『並』字隔『二』，『量』字隔『三』，皆斟酌二三字，仰覆用之。

回互留放：謂字有磔掠重者，若『爻』字上住下放，『茶』字上放下住是也，不可並放。

變換垂縮：謂兩豎畫一垂一縮，『並』字右縮左垂，『斤』字右垂左縮，上下亦然。

繁則減除：王書『懸』字、虞書『麤』字，皆去下一點；張書『盛』字，改『血』從『皿』也。『盛』本從『皿』。

疏當補續：王書『神』字、『處』字皆加一點，『卻』字『卩』從『卩』是也。

分若抵背：謂縱也，『卅』，『冊』之類，皆須自立其抵背，鍾、王、歐、虞皆守之。

合如對目：謂逢也，『八』字、『州』字，皆須潛相矚視。

孤單必大：一點一畫成其獨立者是也。

〔註11〕（梁）蕭衍：《觀鍾繇書法十二意》，見《歷代書法論文選》，上海書畫出版社，1979 年，第 78 頁。

重並仍促：謂『昌』、『呂』、『爻』、『棗』等字上小，『林』、『棘』、『絲』、『羽』等字左促，『森』、『淼』字兼用之。

以側映斜：丿爲斜，乀爲側，『交』、『欠』、『以』、『入』之類是也。

以斜附曲：謂〈爲曲，『女』、『安』、『必』、『互』之類是也。

覃精一字：功歸自得盈虛。向背、仰覆、垂縮、回互不失也。

統視連行：妙在相承起復。行行皆相映帶，聯屬而不背違也。

〔註12〕

《心成頌》論述的主要是結字與章法的具體處理方式。楷書經過魏晉南北朝三百多年的發展，其筆劃部件形態已經基本定型，於是人們加強了結構與章法的關注。這些具有經驗性的條例，是書寫實踐的理論結晶，也爲唐代楷書的繁榮奠定了基礎。

4.1.2 唐代的書寫技法理論

梁巘《評書帖》云「晉書神韻瀟灑，而流弊則輕散。唐賢矯之以法，整齊嚴謹，而流弊則拘苦……」這種言論也代表了多數人對唐代楷法的印象。唐代楷書嚴謹規範的局面形成有多方面的原因，其中之一就是重視楷書技法的研究。初唐楷書大家歐陽詢、虞世南等人，不僅是楷法的實踐者，也是理論的總結者。

歐陽詢傳有《八訣》、《傳授訣》、《三十六法》等，幾乎都是技法理論，對後世影響較大。其中《八訣》一篇所列舉的筆劃形態描述與衛夫人《筆陣圖》內容基本一樣，因此不再多說。《三十六法》一文與智果《心成頌》相類，不過對楷書形式美的規律總結更爲詳盡，名目也更爲精練，並列舉了許多字例來說明其楷書結構原理。爲了能直觀地說明《三十六法》原理與楷書形體的關係，特製成下表：

三十六法及其條例

排迭	字欲其排迭疏密停勻，不可或闊或狹，如『壽』、『槁』、『畫』、『竇』、『筆』、『麗』、『贏』、『爨』之字，『糸』旁、『言』旁之類，八訣所謂『分間布白』，又曰『調勻點畫』是也。高宗書法所謂『堆垛』亦是也。
	壽畫筆麗

〔註12〕 （隋）智果：《心成頌》，見《歷代書法論文選》，上海書畫出版社，1979年，第93～94頁。

避就	避密就疏，避險就易，避遠就近，欲其彼此映帶得宜。又如「盧」字，上一撇既尖，下一撇不當相同；『府』字一筆向下，一筆向左；『逢』字下『辵』拔出，則上必作點，亦避重迭而就簡徑也。 盧府逢
頂戴	字之承上者多，惟上重下輕者，頂戴，欲其得勢，如『疊』、『壘』、『藥』、『鷥』、『驚』、『鸞』、『馨』、『聲』、『醫』之類，八訣所謂斜正如人上稱下載，又謂不可頭輕尾重是也。 疊藥鷥驚馨
穿插	字畫交錯者，欲其疏密、長短、大小勻停，如『中』、『弗』、『井』、『曲』、『冊』、『兼』、『禹』、『禺』、『爽』、『爾』、『襄』、『甫』、『耳』、『婁』、『由』、『垂』、『車』、『無』、『密』之類，八訣所謂四面停勻，八邊具備是也。 曲兼禹爽乖無
向背	字有相向者，有相背者，各有體勢，不可差錯。相向如『非』、『卯』、『好』、『知』、『和』之類是也；相背如『北』、『兆』、『肥』、『根』之類是也。 非好北兆根
偏側	字之正者固多，若有偏側、攲斜，亦當隨其字勢結體。偏向右者，如『心』、『戈』、『衣』、『幾』之類；向左者，如『夕』、『朋』、『乃』、『勿』、『少』、『厷』之類；正如偏者，如『亥』、『女』、『丈』、『乂』、『互』、『不』之類。字法所謂偏者正之、正者偏之，又其妙也。八訣又謂勿令偏側，亦是也。 戈幾勿乃女不
挑撜	字之形勢，有須挑撜者，如『戈』、『弋』、『武』、『九』、『氣』之類；又如『獻』、『勵』、『散』、『斷』之字，左邊既多，須得右邊撜之，如『省』、『炙』之類，上偏者須得下撜之，使相稱爲善。 武九氣散斷省
相讓	字之左右，或多或少，須彼此相讓，方爲盡善。如『馬』旁、『系』旁、『鳥』旁諸字，須左邊平直，然後右邊可作字，否則妨礙不便。如「繼」字，以中央「言」字上畫短，讓兩「系」出；如「辦」，其中近下，讓兩「辛」出；如『鷗』、『鷗』、『馳』字，兩旁俱上狹下闊，亦當相讓；如『嗚』、『呼』字，『口』在左者，宜近上，『和』、『扣』字，『口』在右者宜近下，使不妨礙，然後爲佳，此類是也。

	辦馳鳴呼和
補空	如『我』、『哉』字，作點須對左邊實處，不可與『成』、『戟』、諸『戈』字同。如『襲』、『闢』、『餐』、『贛』之類，欲其四滿方正也，如醴泉銘『建』字是也。
	我哉成諸嚴建
覆蓋	如『寶』、『容』之類，點須正，畫須圓明，不宜相著，上長下短。
	寶容
貼零	如『令』、『今』、『冬』、『寒』之類是也。
	令冬寒
黏合	字之本相離開者，即欲黏合，使相著顧揖乃佳，如諸偏旁字『臥』、『鑒』、『非』、『門』之類是也。
	臥鑒門
捷速	如『風』、『鳳』之類，兩邊速宜圓擎，用筆時左邊勢宜疾，背筆時意中如電是也。
	風鳳
滿不要虛	如『園』、『圍』、『圖』、『國』、『回』、『包』、『南』、『隔』、『目』、『四』、『勾』之類是也。
	園圖國包南
意連	字有形斷而意連者，如『之』、『以』、『心』、『必』、『小』、『川』、『州』、『水』、『求』之類是也。
	之以く必州水求
覆冒	字之上大者，必覆冒其下，如『雲』頭、『穴』、『宀』、『鷂』頭，『奢』、『金』、『食』、『夆』、『巷』、『泰』之類是也。
	雲窮榮金食泰
垂曳	垂如『都』、『鄉』、『卿』、『卯』、『夆』之類，曳如『水』、『支』、『欠』、『皮』、『更』、『辶』、『走』、『民』、『也』之類是也。
	都鄉欠更民也

借換	如醴泉銘『秘』字就『示』字右點，作『必』字左點，此借換也。黃庭經『迳』字『䜌』字，亦借換也。又如「靈」字，法帖中或作『罣』，或作『小』，亦借換也。又如『蘇』之爲『蕪』，『秋』之爲『烌』，『鵝』之爲『鵞』、爲『䳘』之類，爲其字難結體，故互換如此，亦借換也，所謂東映西帶是也。
	秘庭靈蕪
增減	字有難結體者，或因筆劃少而增添，如『新』之爲『新』，『建』之爲『建』是也。或因筆劃多而減省，如『曹』之爲『曺』，「美」之爲「羙」。但欲體勢茂美，不論古字當如何書也。
	新建曺羙
應副	字之點畫稀少者，欲其彼此相映帶，故必得應副相稱而後可。又如『龍』、『詩』、『讎』、『轉』之類，必一畫對一畫，相應亦相副也。
	龍詩轉
撐拄	字之獨立者，必得撐拄，然後勁健可觀。如『可』、『下』、『永』、『亨』、『亭』、『寧』、『丁』、『手』、『司』、『卉』、『草』、『矛』、『巾』、『千』、『子』、『於』、『弓』之類是也。
	可永寧手司
朝揖	凡字之有偏旁者，皆欲相顧，兩文成字者爲多，如『郭』、『謝』、『鋤』、『儲』之類，與三體成字者，若『讎』、『斑』之類，尤欲相朝揖，八訣所謂迎相顧揖是也。
	郭謝儲班
救應	凡作字，一筆才落，便當思第二三筆如何救應，如何結裏，書法所謂意在筆先，文向思後是也。
附麗	字之形體，有宜相附近者，不可相離，如『形』、『影』、『飛』、『起』、『超』、『飲』、『勉』，凡有『文』『欠』『支』旁者之類，以小附大，以少附多是也。
	形飛超鼓
回抱	回抱向左者如『曷』、『丐』、『易』、『匊』之類，向右者如『艮』、『鬼』、『包』、『旭』、『它』之類是也。
	丐易鬼旭

包裹	謂如『園』、『圃』打圍之類四圍包裹也;『尚』、『向』,上包下;『幽』、『凶』,下包上;『匱』、『匡』,左包右;『旬』、『匈』,右包左之類是也。
	尚向幽匡旬
卻好	謂其包裹鬥湊不致失勢,結束停當,皆得其宜也。
小成大	字以大成小者,如『门』『辶』下大者是也。以小成大,則字之成形及其小字,故謂之小成大,如『孤』字只在末後一乀,『寧』字只在末後一亅,『欠』字一拔,『戈』字一點之類是也。
	孤逸
小大成形	謂小字大字各字有形勢也。東坡先生曰:大字難於結密而無間,小字難於寬綽而有餘,若能大字結密,小字寬綽,則盡善盡美矣。
	月藏
小大,大小	書法曰,大字促令小,小字放令大,自然寬猛得宜。譬如『日』字之小,難與『國』字同大,如『一』字『二』字之疏,亦欲字畫與密者相間,必當思所以位置排布,令相映帶得宜,然後爲上。或曰:『謂上小下大,上大下小,欲其相稱。』亦一說也。
	日山國
左小,右大	此一節乃字之病,左右大小,欲其相停,人之結字,易於左小而右大,故此與下二節,著其病也。
左高右底,左短右長	此二節皆字之病。不可左高右低,是謂單肩。左短右長,八訣所謂勿令左短右長是也。
褊	學歐書者易於作字狹長,故此法欲其結束整齊,收斂緊密,排迭次第,則有老氣,書譜所謂密爲老氣,此所以貴爲褊也。
各自成形	凡寫字欲其合而爲一亦好,分而異體亦好,由其能各自成形故也。至於疏密大小,長短闊狹亦然,要當消詳也。
相管領	欲其彼此顧盼,不失位置,上欲覆下,下欲承上,左右亦然。
應接	字之點畫,欲其互相應接。兩點者如『小』、『八』、『忄』自相應接;三點者如『糸』則左朝右,中朝上,右朝左;四點如『然』、『無』二字,則兩旁二點相應,中間接又作 灬,亦相應接;至於丿、乀、『水』、『木』、『州』、『無』之類亦然。

　　歐陽詢《三十六法》對楷書字體結構進行了深入的理性分析,我們從中可以看出唐人對楷書形式美的理解與追求。儘管學界對《三十六法》是否屬

於歐陽詢所作持懷疑態度〔註 13〕，但從歐陽詢曾擔任弘文館書法教師的經歷來看，將其歸於歐氏名下也比較合理。

　　如果說歐陽詢是初唐技法理論的代表人物，那麼張懷瓘則是中唐時期的代表。當然，張氏的書論體大思精，成就是多方面的。張懷瓘的技法理論主要是《論用筆十法》與《玉堂禁經》。《論用筆十法》一文列舉了偃仰向背、陰陽相應、鱗羽參差、峰巒起伏、眞草偏枯、邪眞失則、遲澀飛動、射空玲瓏、尺寸規度、隨字變轉十條。名爲「用筆十法」，其實也有結字之法。比如「尺寸規度」一條云：「謂不可長有餘而短不足。」「射空玲瓏」則屬於行草書結字之法。《玉堂禁經》一文序言稱「論點畫偏旁，用筆向背，皆宗元常、逸少，兼遞代傳變，各有所由，備其軌範，並列條貫。」可知其文是張氏總結繼承了前人的造型結字法則。他在該文末尾說：「夫書第一用筆，第二識勢，第三裹束。三者兼備，然後爲書，苟守一途，即爲末得。」〔註 14〕其行文也按照這三個步驟展開：用筆（永字八法）、識勢（偏旁舉例）與裹束（結裹法），體現了他的學書思想。

　　《玉堂禁經》是最早著錄「永」字八法的文獻〔註 15〕，張懷瓘認爲：

　　　　八法起於隸字之始，後漢崔子玉歷鍾、王已下，傳授所用八體

　　該於萬字。墨道最不可遽明，又先達八法之外，更相五勢以備制度。

〔註 16〕

「永」字八法的一些筆劃名稱早在蔡邕的《九勢》當中就已經出現，這可能是後人加入。不過在張懷瓘看來，自有隸書起就有「八法」（不過早期的「八法」還沒有用「永」字來闡釋）。歷經崔子玉、鍾、王得以流傳。因此可以說「八法」是漢字隸變以後產生的，隸變過程當中，產生了筆劃的形態，而「八法」就是對各種筆劃形態的描述與標準的確立。但從現今流傳的「永」字八法來看，屬於楷書或行書的法則。《玉堂禁經》「用筆法」條下云：

〔註 13〕　陳滯冬：《中國書學論著提要》，成都：成都出版社，1990 年，第 33 頁。

〔註 14〕　（唐）張懷瓘：《玉堂禁經》，見《歷代書法論文選》，上海書畫出版社，1979年，第 227～228 頁。

〔註 15〕　（唐）韓方明：《授筆要說》云：「方明傳之於清河公，問八法起於隸字之始，後漢崔子玉歷鍾、王以下，傳授至於永禪師，而至張旭始弘八法……」沈尹默指出，張旭之後，顏眞卿、柳宗元的《八法頌》中的點畫是完全依照「永」字所寫，「永字八法」當始於張旭，此聊備一說。見馬國權編《沈尹默論書從稿》，三聯書店香港分店，1982 年，第 27～28 頁。

〔註 16〕　（唐）張懷瓘：《玉堂禁經》，見《歷代書法論文選》，上海書畫出版社，1979年，第 219 頁。

夫書之爲體，不可專執；用筆之勢，不可一概。雖心法古，而制在當時，遲速之態，資於合宜。大凡筆法，點畫八體，備於「永」字。

側不得平其筆，勒不得臥其筆，努不得直，直則無力。趯須跱其鋒，得勢而出。策須背筆，仰而策之。掠須筆鋒，左出而利。啄須臥筆疾罨。磔須趯筆，戰行右出。〔註 17〕

《大明集禮》卷四十七收錄了顏眞卿和柳宗元作的《八法頌》各一篇，現錄如下：

顏眞卿《八法頌》曰：「側，蹲鴟而墜石；勒，緩縱以藏機；努，彎環而勢曲；趯，峻快以如錐；，策依稀而似勒；掠，彷彿以宜肥；啄，騰凌而速進；磔，抑昔以遲移。」

柳宗元《八法頌》曰：「側不愧臥；勒嘗患平；努過直而力敗；趯宜蹲而勢生；策仰收而暗揭；掠左出而鋒輕；啄倉皇而疾掩；磔趯趞以開撐。」〔註 18〕

我們從這些文獻不難看出唐人對書寫技法的精研與追求。這背後既有科舉仕進的推動作用，也是楷書發展到成熟期的必然結果。

張懷瓘與其弟張懷瓌都是唐玄宗時期的翰林書待詔。他們所處的翰林院書法人才濟濟。其《論用筆十法》、《玉堂禁經》等著作既是張氏個人的理論成果，也是他所處的院體書法環境的產物。張氏技法理論當中對於行書技法的研究，可以反映出當時對行書規範的追求。《玉堂禁經》「烈火異勢」與「散水異法」條下云：

此名聯飛勢，似連綿相顧不絕。法以暗衄而微著，勢以輕揭而潛趯，乃右軍變於鍾法而參諸行法；則《樂毅論》『燕』字、『無』字，時或用之，爲後遵用，守而不替，至於今矣。

此行書。法以微按而鉤揭，意以輕利爲美。鍾張二王行書，並用此法。〔註 19〕

〔註 17〕（唐）張懷瓘：《玉堂禁經》，見《歷代書法論文選》，上海書畫出版社，1979 年，第 218～219 頁。

〔註 18〕（明）徐一夔等：《大明集禮》卷四十七，日本早稻田大學藏本。

〔註 19〕（唐）張懷瓘：《玉堂禁經》，見《歷代書法論文選》，上海書畫出版社，1979 年，第 221 頁。

這些理論與當時書法書法實踐是同步的，體現出了對法度的高度重視。即便是作爲「輔體」的行書，都要賦予其法度，這就形成了面貌相似，整齊劃一的院體風格，也爲後人所詬病。

　　大致與張懷瓘同一時期的徐浩也是翰林書手，在唐代書名很大。他也留下了一篇書論，當時奉爲圭臬。〔註20〕徐浩《論書》云：

> 初學之際，宜先筋骨，筋骨不立，肉何所附？用筆之勢，特須藏鋒，鋒若不藏，字則有病，病且未去，能何有焉？字不欲疏，亦不欲密，亦不欲大，亦不欲小。小促令大，大蹙令小，疏肥令密，密瘦令疏，斯其大經矣。筆不欲捷，亦不欲徐，亦不欲平，亦不欲側。側豎令平，平峻使側，捷則須安，徐則須利，如此則其大較矣。

〔註21〕

雖無具體條例與字例，但其言論之中對於法度的謹守已經到了無以復加的程度。朱關田云：「縱觀徐浩之書，參其議論，所謂疏密大小之經，疾徐平側之較，乃積學所致，盡是書判寫牘工夫，而且久處中書藝府，制誥書冊，唯楷正是敬，直不容略差情性，有所加減。」〔註22〕這也基本反映了唐代翰林書手風格的主要成因。

　　從以上論述中我們可以看出，唐人「尙法」是理論與實踐同步進行的。許多理論家既是楷法的總結者，也是踐行者，許多無名的普通士子，也是楷法的追隨者。從筆劃、結字，到章法、墨法，無不體現他們對楷書造型規律的熱情。這種背景造就了唐代楷書的輝煌，並爲後世所楷模。

　　然而，一味追求法度也會帶來一些問題。比如像歐陽詢《三十六法》一類的技法理論，爲了追求形式美感，不惜增減文字點畫或改變文字結構，這勢必會形成一些異體字，從實用層面來講，會造成一定的混亂。因此說文字結構規範與形體規範在一定程度上存在矛盾，這也是我們下一節要論及的問題。

〔註20〕　《宣和書譜》，卷三云：「（徐浩）遣辭贍速而書法至精，帝喜之，寵絕一時。浩父嶠之善書，初以法授浩，至浩益工。撰法書論一篇，爲時楷模。」
〔註21〕　（唐）徐浩：《論書》，見《歷代書法論文選》，上海書畫出版社，1979年，第276頁。
〔註22〕　朱關田：《中國書法史・隋唐五代卷》，南京：江蘇教育出版社，1999年，第131頁。

4.2 書法與規範化的矛盾

4.2.1 追求形體美觀而形成的異體字

「異體字就是彼此音義相同而外形不同的字。嚴格的說，只有用法完全相同的字，也就是一字的異體，才能成為異體字。但是一般所說的異體字往往包括只有部分用法相同的字。嚴格意義的異體字可以稱為狹義異體字，部分用法相同的字可以成為部分異體字，二者合在一起就是廣義的異體字。」〔註23〕從實用角度來說，異體字屬於不規範的漢字符號，而書法家為了追求字形的美觀，往往隨意增減點畫或部件，這就形成了許多異體字，《顏氏家訓》記載：

> 晉、宋以來，多能書者。故其時俗，遞相染尚，所有部帙，楷正可觀，不無俗字，非為大損。至梁天監之間，斯風未變；大同之末，訛替滋生。蕭子雲改易字體，邵陵王頗行偽字；朝野翕然，以為楷式，畫虎不成，多所傷敗。至為一字，唯見數點，或妄斟酌，逐便轉移。爾後墳籍，略不可看。北朝喪亂之餘，書跡鄙陋，加以專輒造字，猥拙甚於江南。乃以「百」「念」為「憂」，「言」「反」為「變」，「不」「用」為「罷」，「追」「來」為「歸」，「更」「生」為「蘇」，「先」「人」為「老」，如此非一，遍滿經傳。唯有姚元標工於楷隸，留心小學，後生之師者眾。洎於齊末，秘書繕寫，賢於往日多矣。〔註24〕

這種狀況正是我們上節所討論，如智果《心成頌》當中就有：「繁則減除」、「疏當補續」兩條。他指出：「王書『懸』字、虞書『戀』字，皆去下一點。」如《智永千字文》當中懸作「懸」。「王書『神』字、『處』字皆加一點。」如王羲之《興福寺半截碑》神字作「神」。看來這種異體字早已有之。宗白華對歐陽詢《三十六法》評價道：「這一自古相傳歐陽詢的結體三十六法，是從真書的結構分析出字體美的構成諸法，一切是以美為目標。為了實現美，不怕依據美的規律來改變字形，就像希臘的建築，為了創造美的形象，也改變了石柱形，不按照幾何形線。」〔註25〕其實這種為了美而改變漢字結構的觀念一直存在，清代周星蓮在《臨池管見》中寫道：

〔註23〕 裘錫圭：《文字學概要》，商務印書館，1988 年，第 205 頁。
〔註24〕 （北齊）顏之推：《顏氏家訓集解・雜藝》，北京：中華書局，1996 年，第 574～575 頁。
〔註25〕 宗白華：《美學散步》，上海人民出版社，2005 年，第 311 頁。

　　　　歐、虞、褚、薛不拘拘於《説文》，猶之韓、柳、歐、蘇不斤斤
於音韻。空諸所有，精神乃出。古人作楷，正體帖體，紛見錯出，
隨意布置。惟魯公《干祿字書》一正一帖，剖析詳明，此專爲字畫
偏旁而設，而其用筆盡合楷則。近來書生筆墨，臺閣文章，偏旁布
置，窮工極巧，其實不過寫正體字，非眞楷書也。〔註26〕

這裡的「帖體」實際上就是「異體字」。「正體」和「帖體」錯落出現於作品
之中。周氏認爲「書生筆墨，臺閣文章」太過於「布置」和「工巧」不能算
作眞正的楷書。很明顯，周氏提倡在書法當中合理使用異體字。唐代碑誌等
書跡當中存在大量的異體字，在一定程度上屬於對審美需要。然而唐人對文
字使用有著比較靈活的標準，顏元孫在《干祿字書》中將文字分爲「正、通、
俗」三種：

　　　　所謂俗者，例皆淺近。唯籍帳、文案、券契、藥方，非涉雅言，
用亦無爽。倘能改革，善不可加。所謂通者，相承久遠，可以施表
奏箋啓，尺牘判狀，固免詆訶。（若須作文言及選曹銓試，兼擇正體，
用之尤佳）所謂正者，並有憑據。可以施著述文章，對策碑碣，將
爲允當。（進士考試，理宜必遵正體。明經對策，貴合經注本文。碑
書多作八分，任別詢舊則。）〔註27〕

儘管顏元孫區分了三類字的使用範圍，但在實際文字書寫當中，並不十分嚴
格，唐代碑誌文字當中的異體字現象十分常見。

　　　　我們從唐代碑誌文字當中選取了一些異體字字例，並參照相關書論來加
以說明：

4.2.1.1　增減點畫（書寫變異）

　　　　歐陽詢《三十六法》「增減」一條云：「字有難結體者，或因筆劃少而
增添，或因筆劃多而減省……但欲體勢茂美，不論古字當如何書也。」並
列舉了「新」、「建」、「曹」、「莢」作爲字例〔註28〕。《唐宋智亮及夫人徐氏
墓誌》中「拜」寫作拜。《唐董本墓誌》：「宅」作宅。歐陽詢《化度寺碑》

〔註26〕　（清）周星蓮：《臨池管見》，見《歷代書法論文選》，上海書畫出版社，1979
　　　　年，第 725 頁。
〔註27〕　（唐）顏元孫：《干祿字書・序》見《中華漢語工具書書庫》，合肥：安徽教
　　　　育出版社，2002 年，第 11 冊，第 587～588 頁。
〔註28〕　（唐）歐陽詢：《三十六法》，見《歷代書法論文選》，上海書畫出版社，1979
　　　　年，第 102 頁。

「休」寫作**休**，《九成宮醴泉銘》「建」寫作**建**。《許行本及妻崔氏墓誌》「曹」作「**曺**」。

《三十六法》「借換」條下云：「如《醴泉銘》『秘』字就『示』字右點，作『必』字左點，此借換也。〔註29〕」現存《九成宮醴泉銘》拓本「秘」字殘損，看不清本來面目，按照上文說法，當如《信行禪師碑》中的**秘**字。另外，《唐許行本及妻崔氏墓誌》中的**冰**和顏眞卿《多寶塔碑》中的**氷**都屬於這一類。「冰」字的處理方式已經成爲一種比較公認寫法。

4.2.1.2 改變構件或構件位置（構形變異）

「黃庭經『遊』字『魏』字，亦借換也。又如「靈」字，法帖中或作『罜』，或作『小』，亦借換也。又如『蘇』之爲『蘓』，『秋』之爲『烁』，『鵝』之爲『鵝』、爲『䳘』之類，爲其字難結體，故互換如此，亦借換也，所謂東映西帶是也。」〔註30〕《唐潞岩及夫人墓誌》「庭」作「**庭**」；《唐宋懿墓誌》「蘇」寫作「**蘓**」《唐王韶墓誌》中「秋」作「**烁**」；《唐張道墓誌》中「髦」寫作**髦**。顏眞卿《顏氏家廟碑》作**髦**；《唐張思賓墓誌》「髻」寫作**髻**，歐陽通《道因法師碑》作**髻**；《唐扈小沖墓誌》「髮」寫作**髮**，顏眞卿《顏氏家廟碑》作**髮**；柳公權《玄秘塔碑》「襲」作**襲**；褚遂良《孟法師碑》「璧」作**璧**，顏眞卿《宋璟碑》作**璧**；顏眞卿《竹山聯句》「染」作**染**，裴休《圭峰禪師碑》作**染**；褚遂良《孟法師碑》「岱」作**岱**。

以上字例都是將上下結構的字下部構件移到左側或右側，使其成爲左右結構。使字形更加方整，所謂「欲其四滿方正也」〔註31〕，這樣的安排使筆劃分佈更均勻，不會出現大的疏密，在一定程度上降低了結字的難度。以下幾例則正好相反，將左右結構的字變爲上下結構：

《唐朱簡及夫人墓誌》中「稽」寫作**稽**，殷令民《裴鏡民碑》作**稽**。「稽」字右下「旨」筆劃較多，不易書寫，因此將其移至下方。形成「頂戴」之勢。《唐趙本質墓誌》「峰」作**峯**。褚遂良《雁塔聖教序》作**峯**。「山」旁在左上部，如果寫得寬則比例失調，如果寫得窄，三個豎畫顯得擁擠，所以將其移至上

〔註29〕（唐）歐陽詢：《三十六法》，見《歷代書法論文選》，上海書畫出版社，1979年，第 102 頁。

〔註30〕（唐）歐陽詢：《三十六法》，見《歷代書法論文選》，上海書畫出版社，1979年，第 102 頁。

〔註31〕（唐）歐陽詢：《三十六法》，見《歷代書法論文選》，上海書畫出版社，1979年，第 101 頁。

部。《唐許行本及妻崔氏墓誌》「概」寫作𣜑。《唐趙本質墓誌》作𣜑。褚遂良《孟法師碑》作𣜑。「概」本爲左中右結構，這類字容易寫得過寬，因此變爲上下「頂戴」之法，增加字形的氣勢。王知敬《李靖碑》「謨」寫作𧪞，《唐王豫及夫人蕭氏墓誌》「屺」寫作岊，基本都屬於同一類。

　　我們從以上碑誌異體字字例可以看出，唐人爲了增加楷書造型的表現力，對楷書結構進行了諸多改變。這種對字形的改變，雖然有助於增強楷書的藝術表現力或者使人們更加易於把握楷書結構，但對於文字符號而言卻增添了許多混亂。必須指出的是，異體字的存在是多方面因素造成的結果，除了追求文字形體美觀以外，還有歷史的原因，需要單獨論述。

4.2.2　過度規範化對藝術個性的削減

　　書寫規範化追求的目標是統一規範的文字形體，這對於國家行政的運行，文教的實施具有重要現實意義。但當人們在書寫領域的審美意識逐漸發展完善以後，對漢字的書寫個性化要求不斷增加，實用性與藝術性相互影響。比如在草書在發展之初，就受到了隸書的影響，形成了章草。實際上，章草的形成就是草書規範化的過程。趙壹《非草書》一文指出：「蓋秦之末，刑峻網密，官書煩冗，戰攻並作，軍書交馳，羽檄紛飛，故爲隸草，趨急速耳。」草書的產生本來是爲了書寫便利，可是發展到了漢代逐漸變成書寫起來「難而遲」的字體，我想造成這種狀況的原因除了人們對其重視之外就是對其進行了規範化改造，即草書的隸書化。「隸書、草書本都是潦草的苟簡，只求實用的，但行用稍久，人們又在那裡面發展出書寫的藝術，一波三折，失去了草率的本意，漸漸地隸書草書又都是很難學好的書法了。」〔註32〕趙壹說當時學草書的人以「杜、崔爲楷」，《淳化閣帖》卷二所收的崔子玉書法就是典型的章草。到三國時期皇象的《急就章》，章草的規範化程度達到了極致。從筆法上看，章草用筆明顯加入八分書的波磔，筆劃起收皆有法度，不像漢代草書簡牘文字那樣率意自然。從字形上看，章草單字外形基本呈方形，字字獨立，絕少勾連之勢。這種規範後的章草，書寫時自然會受到很多束縛。既不實用，也不利於發展爲表情達意的書法藝術，只能被歷史淘汰。

　　到了唐代，字體演變已經終結，書寫的形式法度已發展到歷史的頂峰。再加上干祿仕進的推動，全社會十分崇尚書寫法度。上至帝王將相，下至普

〔註32〕唐蘭：《中國文字學》，上海古籍出版社，1981 年，第 120 頁。

通士子，不論是理論還是實踐都在建構書寫規範的極則。比如《三十六法》等結字理論，在提升人們對楷書結構的把握能力的同時，會導致楷書字形趨於千篇一律的趨勢。「永」字八法幫助人們掌握基本筆劃形態之外還可能導致書寫用筆的固化和僵化。因而與崇尚個性和表現力的書寫藝術性相互牴觸。其實，在唐代人們已經意識到這一問題，竇臮在《述書賦》當中已經表現出對歐陽詢、褚遂良書法的不滿：

> 若乃出自三公，一家面首。歐陽在焉，不顧偏醜。頤翹縮爽，了梟黝乣。如地隔華戎，屋殊戶牖。

> 河南專精，克儉克勤。伏膺《告誓》，銳思猗文。恐無成於畫虎，將有類於效顰。雖價重衣冠，名高內外，澆漓後學，而得無罪乎？〔註33〕

從這種評價可以看出人們書法觀念的轉變。〔註34〕歐、褚皆為初唐大家，其書法被奉為楷模，影響極大。竇臮活躍於天寶年間，以能書善鑒聞名，曾得到徐浩舉薦，與其兄竇蒙參與集賢院的書畫鑒別工作。〔註35〕他們所接觸的也多是集賢、翰林兩院的書手，但其言論已經表現出對工整嚴謹一路書法的不滿情緒。這種批評的聲音到了宋代越來越多，其中米芾最具代表。他將矛頭指向所有唐代名家，歐、虞、褚、薛、顏、柳、徐浩等都是其批判對象：

> 老杜作薛稷《慧普寺詩》云：「鬱鬱三大字，蛟龍岌相纏。」今有石本得視之，乃是勾勒倒收筆鋒，筆筆如蒸餅，「普」字如人握兩拳，伸臂而立，醜怪難狀。由是論之，古無真大字明矣。

〔註33〕（唐）竇臮：《述書賦》，見《歷代書法論文選》，上海書畫出版社，1979年，第255頁。

〔註34〕鄭曉華師在其專著《古典書學淺探》中指出：「《述書賦》以近乎調侃的口吻評述楷法被奉為海內圭臬、一切先朝早已蓋棺論定的歐陽詢，並公然攻擊褚遂良是畫虎類犬、澆漓後學，這種評論文字尚被認可為『知書善鑒』，這不能不說明，人們的思想已悄悄發生了變化。竇臮對講求法度、追求形式規範化的書家都評價不高，相反，對少雕琢、較質樸自然的書家卻禮讚有加……」鄭曉華：《古典書學淺探》，北京：社會科學文獻出版社，1999年，第130～131頁。

〔註35〕朱關田：《中國書法史・隋唐五代卷》，南京：江蘇教育出版社，1999年，第130頁。

字之八面，唯尚眞楷見之，大小各自有分。智永有八面，已少鍾法。丁道護、歐、虞筆始勻，古法亡矣。柳公權師歐，不及遠甚，而爲醜怪惡札之祖。自柳世始有俗書。

唐官誥在世爲褚、陸、徐嶠之體，殊有不俗者。開元已來，緣明皇字體肥俗，始有徐浩，以合時君所好，經生字亦自此肥。開元已前古氣，無復有矣。

唐人以徐浩比僧虔，甚失當。浩大小一倫，猶吏楷也。僧虔、蕭子雲傳鍾法，與子敬無異，大小各有分，不一倫。徐浩爲顏眞卿辟客，書韻自張顚血脈來，教顏大字促令小、小字展令大，非古也。

石曼卿作佛號，都無回互轉折之勢，小字展令大，大字促令小，是張顚教顏眞卿謬論。蓋字自有大小相稱，且如寫「太一之殿」，作四窠分，豈可將「一」字肥滿一窠，以對「殿」字乎！蓋自有相稱，大小不展促也。余嘗書「天慶之觀」，「天」、「之」字皆四筆，「慶」、「觀」字多畫在下，各隨其相稱寫之，掛起氣勢自帶過，皆如大小一般，眞有飛動之勢也。

柳與歐爲醜怪惡札祖，其弟公綽乃不俗於兄。筋骨之説出於柳，世人但以怒張爲筋骨，不知不怒張，自有筋骨焉。

歐、虞、褚、柳、顏，皆一筆書也。安排費工，豈能垂世。李邕脱子敬體，乏纖濃。徐浩晚年力過，更無氣骨。皆不如作郎官時婺州碑也。董孝子、不空，皆晚年惡札，全無妍媚，此自有識者知之。〔註 36〕

唐人苦心經營的用筆、結構全部都被米芾所否定。譏諷其用筆如「蒸餅」，形體「肥俗」，結字理論爲「謬論」，簡直就是「醜怪惡札祖」。歸納起來，米芾對唐人楷書的批評有三點：

用筆規範化，導致筆法簡單化（如蒸餅、筆勻）。

結體規範化，導致文字造型個性特徵的喪失（大小一倫）。

筋骨外露、力量外傾的風格傾向（以怒張爲筋骨）。〔註 37〕

〔註 36〕　（宋）米芾：《海嶽名言》，見《歷代書法論文選》，上海書畫出版社，1979 年，第 361～362 頁。

〔註 37〕　鄭曉華：《古典書學淺探》，北京：社會科學文獻出版社，1999 年，第 188 頁。

其實，唐人不僅在楷書上追求法度的極則，就連行書也有明顯的規範化傾向。自李世民推崇王羲之書法以後，掀起了學王的熱潮。《集王羲之書聖教序》等集字作品的刊行，更是影響了唐代及以後數百年的書法發展軌跡。行書本非正體，文人常用於書信、草稿。《書譜》云：「趨變適時，行書爲要；題勒方畐，眞乃居先。」自唐代開始用行書刻碑勒銘的做法改變了舊的習慣。用於碑刻的行書不得不進行調整，以適應新的形式。再加上楷法對行書用筆和結體的影響，就形成了「院體」書法。陳栖《負暄野錄》轉引黃長睿誌及書苑云：「僧懷仁集右軍書唐文皇製《聖教序》，近世翰林侍書輩學此，目曰院體，自唐世吳通微兄弟已有斯目。」〔註38〕院體主要流行於翰林院侍書，主要師法對象是《懷仁集王羲之書聖教序》。對於院體書法，也多受批評：《衍極注》云：

> 初，翰林學士院自五代以來，兵難相繼，待詔以院體相傳，字
> 勢輕弱無法，凡詔令碑刻，皆不足觀。〔註39〕

上文雖然說的是宋代院體「字勢輕弱」，唐代院體也存在這一問題。錢泳《書學》云：

> 有唐一代之書，今所傳者，惟碑刻耳。歐、虞、褚、薛，各自成
> 家，顏、柳、李、徐，不相沿襲。……至大中、咸通之間，則皆習徐
> 浩、蘇靈芝及集王《聖教》一派而流爲院體，去歐、虞漸遠矣。〔註40〕

錢泳認爲唐代院體書法比歐、虞書法差遠了。劉熙載用禪理論書，指出院體失敗的原因：

> 學聖教者致成爲院體，起自唐吳通微，至宋高崇望、白崇矩益
> 貽口實。故蘇、黃論書但稱顏尚書、楊少師，以見與聖教別異也。
> 其實顏、楊於聖教，如禪之翻案，於佛之心印，取其明離暗合。院
> 體乃由死於句下，不能下轉語耳。小禪自縛，豈佛之過哉！〔註41〕

同樣都是學習王羲之書法，顏眞卿和楊凝式屬於「禪之翻案」，即從經典作品中化出，並進行變革創新，而院體則是因循法則，只能「死於句下」。

〔註38〕（宋）陳栖：《負暄野錄》，見《歷代書法論文選》，上海書畫出版社，1979年，第378頁。

〔註39〕（元）鄭杓，劉有定：《衍極（注）》，見《歷代書法論文選》，上海書畫出版社，1979年，第421頁。

〔註40〕（清）錢泳：《書學》，見《歷代書法論文選》，上海書畫出版社，1979年，第622頁。

〔註41〕（清）劉熙載：《書概》，見《歷代書法論文選》，上海書畫出版社，1979年，第700頁。

第 5 章　書寫規範化取樣調查
（以唐代墓誌異體字爲考量對象）

　　異體字在古代碑刻文字當中很常見，但在不同時期呈現出不同的情況。比如在魏晉南北朝時期，王朝更替頻繁，社會動盪，國家疏於管理，文字使用混亂。

　　唐代雖然取得了政治統一，但文字的使用依然比較混亂。畢沅在《中州金石記》中說：「唐初字體，猶有六朝遺意，然別字最多。」〔註1〕唐代出現的《干祿字書》《五經文字》等正字著作，也是異體字氾濫的一個例證。據施安昌統計：

> 　　在初唐的碑誌中，通體、俗體字使用很多。在千字以上的碑文中，通、俗體字的比例往往達到 10% 左右。《干祿字書》所列出的通、俗體字以外的其他異體字也經常出現。〔註2〕

以上材料所述情況在一些著名書家的書跡中也是存在的。李邕《雲麾將軍李思訓碑》與《法華寺碑》中的異體字有：圖、謨、寇、因、執規、厚、弘、曹、壓、戒、喬、備、規、厥、誠、遂、惱、職等。比如歐陽詢《九成宮》當中有：（旨）、（舜）、（戒）、（襲）、（閉）、（功）、（關）、（朔）、（學）、（職）、（歷）、（將）、（美）、（因）、（從）、（含）、（導）〔註3〕等字。歐陽詢、李邕都是唐代著名書家，他們作品中的異體字無疑會產生較大的影響。

〔註1〕　（清）畢沅：《中州金石記》，北京：中華書局，1985年，第28頁。

〔註2〕　施安昌：《善本碑帖論集》，北京：紫禁城出版社，2002年，第22頁。

〔註3〕　爲了便於對照、上述字例用繁體標出。文章第二部分會涉及褚遂良、顏眞卿等名家書法中的異體字，爲行文方便此處只列舉歐陽詢所書異體字爲例。

5.1 唐代墓誌異體字的成因

5.1.1 社會文化

　　唐初，戰亂方休，唐太宗採納魏徵之諫，偃武修文，興辦教育、重視科舉，提倡儒學。貞觀元年，改修文館爲弘文館，命虞世南、歐陽詢教授楷書。貞觀二年，官府創辦書學——即專門的書法學校，與國子學、太學、四門學、律學、算學並列，成爲國子監六學之一，還將書法作爲考察任用人才的重要標準，即以身、言、書、判「四才」取士。以書取仕、創辦書學等舉措，使得書法在唐初就得到推崇與重視。李世民尤其推許王羲之的書法，得到《蘭亭序》之後，命馮承素等人搨摹多冊，分贈王子及諸王近臣；還命虞世南、歐陽詢、褚遂良和陸柬之等人臨摹，流傳於天下；並將王羲之的書信手札摹勒上石，刻成《十七帖》。唐貞觀十九年，玄奘法師從印度求法回到長安，太宗甚喜。貞觀二十二年，李世民親自爲之撰序，由弘福寺沙門懷仁從唐內府所藏王羲之書跡及民間王字遺墨中集字，歷時二十餘年，於咸亨三年刻成《集王羲之書聖教序碑》。這一系列舉措，使得王羲之書法得以廣泛傳播。唐武周時期墓誌當中有一些文字的體勢與《集王羲之書聖教序》十分相似，例如《王幹及夫人劉氏墓誌》中的以與《集王聖教序》中的以；《王幹及夫人劉氏墓誌》中的與《神龍蘭亭序》中的；《王玄裕墓誌》中的教與《集王聖教序》中的教等等。這樣的例子不勝枚舉。

　　初唐的歐陽詢和虞世南，皆由陳、隋入唐。他們對當時的書法影響很大。但是，他們的書作並不避異體俗字。顏元孫在《干祿字書》中把當時使用的漢字分爲俗字、通字和正字三種。他將俗字解釋爲：

　　　　　所謂俗者，例皆淺近。唯籍帳、文案、券契、藥方，非涉雅言，
　　用亦無爽，倘能改革，善不可加。〔註4〕

從上述材料可以看出，顏元孫對俗字的態度比較寬容。他認爲俗字適合用於非正式場合，如日常賬單、藥方之類。然而，在比較正式的碑誌當中，人們依然廣泛地使用俗字，包括一些知名的書法家。這種現象在初唐尤甚。歐陽詢《九成宮醴泉銘》當中有俗字45個，通字77個，約占全文字數的11%。〔註5〕這些俗字，同樣出現在唐武周時期的墓誌中：

〔註4〕（唐）顏元孫：《干祿字書·序》，據施安昌《善本碑帖論集》，紫禁城出版社，2002年，第39頁。

〔註5〕施安昌：《善本碑帖論集》，紫禁城出版社，2002年，第21頁。

唐武周時期墓誌異體字	墓誌名稱	歐陽詢《九成宮》的異體字
	高象護墓誌	
	關師墓誌	
	關師墓誌	
	元智威墓誌	
	元智威墓誌	
	周善持墓誌	

　　當時人們在學習歐陽詢、虞世南和王羲之等書家法帖時，很自然地承襲了這些法帖中的文字的寫法。從這層意義上講，書法的傳播對於異體字的傳播也起到了一定的作用，尤其在書法藝術異常繁盛的唐代。

　　異體字在初唐的文人士大夫階層當中廣泛使用。初唐四家歐、虞、褚、薛的作品中都能找到異體。古人學書有賴於兩個基本途徑：一是師徒相授；二是通過書籍等物質載體傳播，如石經、名家法帖等。書法學習的主要目的是爲了把字寫得美觀，並不計較文字的正與俗。因此，在臨摹歷代法帖的過程中繼承法帖中一些異體字的寫法是自然而然的事情。

5.1.2 書寫的傳承與延續

　　異體字的產生與字體演變有著緊密的聯繫。字體演變包含兩個層次的內容，即沿與革。「沿」是指某種寫法的流佈與傳播，「革」則是漢字本身的變異發展。例如：

　　越（）度也。從走戉聲。（《說文解字・走部》）

　　《魏公孫略墓誌》：

　　唐《王智本墓誌》：

　　以上兩方墓誌中「越」字的寫法明顯受篆書字形 的影響，直接將 楷書化。在這一例子中， 可能直接受 的影響，而 則可能是 的繼承與延續。下面分別從字體演變與文字使用延續兩個方面來探討異體字的產生和傳播。

5.1.2.1 字體演變

漢字歷經了漫長的演變過程才成爲今天的面貌，商周時期的字體爲甲骨文、金文，戰國晚期的簡牘中隸書已具雛形。秦朝時統一小篆並整理了隸書，至漢代隸書則成爲正體，漢魏之際，草、楷、行並起。各種字體演變相互影響，錯綜複雜。在古、今文字交替之際，產生了大量的異體，有些隸書和楷書依然保留了篆書某些特點。

《皇甫玄志董氏合葬墓誌》中將「首」寫作 ，《元罕及夫人張氏墓誌》把「道」寫作 。「首」在篆書中的寫法爲 ，《說文解字・首部》：首，同。古文 也。巛象髮，謂之鬊，鬊即巛也。」很明顯墓誌中的兩個字受到篆書寫法的影響，具有象形的意味。「哲」在《說文解字・口部》解釋爲：「，知也。從口折聲。哲或從心。」在《扈小沖墓誌》中爲 ，《宋智亮及夫人徐氏墓誌》中爲 。不難看出這兩種寫法與篆書結構的淵源。以下字例都可以反映出這兩種情況：

邦（），國也。從邑豐聲。（《說文解字・邑部》）

《逮貞及夫人李氏墓誌》：

遷（），登也。從辵 聲。（《說文解字・辵部》）

《元罕及夫人張氏墓誌》：

愼，謹也。從心眞聲。 古文。（《說文解字・心部》）

《王思訥及妻乙婁氏墓誌》：

《爨古墓誌》：

象（），長鼻牙，南越大獸，三秊一乳，象耳牙四足之形。凡象之屬皆從象。（《說文解字・象部》）

《陳崇本墓誌》：舫陳謀，見稱於若歲。

局（），促也。從口在尺下，復局之。一曰博，所以行棊。象形。（《說文解字・口部》）

《劉基及夫人秦氏墓誌》：道雖卑，六曹組紀。

此外，《元罕及夫人張氏墓誌》中還有 、等字，在字形上明顯與篆書 、 有關聯，此處不一一舉例。

唐人墓誌當中的篆書字形殘留，在一定程度上主要受《說文》的影響，因爲《說文》在唐代流傳很廣，是字學基礎讀物。學習《說文》本來是爲了追尋字源，明瞭字義，結果反而增加了少數人對篆書的追溯，造成楷書書寫不規範的現象。

5.1.2.2 書寫的延續性

文化的傳承在很大程度上需要文字記錄。文字的使用具有很強的延續性。漢字自其誕生之日起，雖然字體發生了演變和更替，但依然保存了自身的特點。王羲之《樂毅論》中，「毅」字寫作，唐代《傅思諫墓誌》寫作，唐《呼延章及妻馬氏墓誌》寫作，與現代簡化字「毅」相比較，依然可以看出其字形上的延續性特點。北魏《元思墓誌》中「冠」寫作，唐《梁玄敏墓誌》寫作，其寫法完全一致。

下面將唐以前墓誌異體字和唐武周時期墓誌異體字列表比較，能明顯看出其傳承關係：

字頭	唐以前異體字（《碑別字新編》〔註6〕）	武周時期異體字
匹	隋唐詨墓誌	樊太君墓誌 王緒太夫人郭五墓誌
友	魏元禮之墓誌	斛斯氏墓誌
夭	魏元誨墓誌 魏元譚妻司馬氏墓誌	亡宮六品墓誌
氏	魏蘇屯進墓誌	高珍墓誌
功	魏孫秋生造像	蘇卿墓誌
叫	魏於景墓誌	董本墓誌
左	齊諸葛始興造像	扈小沖墓誌

〔註 6〕秦公：《碑別字新編》，文物出版社，1985 年版。

弘	弘 隋范安貴墓誌	弘 李起宗及夫人孟氏合葬墓誌
永	永 晉爨寶子碑 永 魏張寧墓誌 永 魏元文墓誌	永 梁暾墓誌 永 八品亡宮墓誌 永 皇甫玄志董氏合葬墓誌
傑	傑 魏張玄墓誌 傑 魏司馬昞墓誌	傑 李文疑墓誌 傑 南郭生墓誌
兆	兆 魏高湛墓誌 兆 魏元端妻馮氏墓誌	兆 王智通及夫人李氏合葬墓誌 兆 扈小沖墓誌
再	再 齊高建妻王氏墓誌	再 孔元墓誌
因	因 魏孝文帝弔比干文	因 楊紹基墓誌
夷	夷 隋寇熾妻姜敬親墓誌	夷 高象護墓誌
低	低 低齊宋買造像	低 韓傑墓誌
延	延 齊宋敬業造像 延 齊趙桃□妻造像 延 魏劉洛眞造像	延 張道墓誌 延 李起宗及夫人孟氏合葬墓誌
步	步 魏韓震墓誌陰 步 隋寇奉叔墓誌	步 元智威墓誌 步 皇甫君妻張夫人墓誌
戒	戒 隋梁邕墓誌	戒 許琮妻李氏墓誌
來	來 漢史承奏銘	來 焦松及夫人種氏墓誌
卒	卒 漢孔廟置百石卒史碑	卒 張思賓墓誌
昂	昂 魏元誘妻薛伯徽墓誌	昂 潞岩及夫人墓誌
突	突 魏元融墓誌	突 屈突伯起墓誌
哭	哭 魏元壽安妃盧蘭墓誌	哭 元智威墓誌

期	碁魏司空王誦墓誌	碁張貞墓誌
象	魚魏公孫畧墓誌 鳥齊高肱墓誌	鳥陳崇本墓誌 鳥孔元墓誌

　　異體字的產生原因十分複雜，字體演變只是其中的原因之一。文字的發展演變有其自身的規律，但也會受到社會政治及文化等其他因素的影響。此外，書刻環節也是不可忽視的因素。

5.2　唐代墓誌異體字的類型

　　異體字有多種分類方法。裘錫圭將其分爲八類〔註7〕。張湧泉將其分爲十三類〔註8〕。歐昌俊與李海霞在《六朝唐五代石刻俗字研究》中分爲八種類型。〔註9〕裘錫圭在其分類後寫道：「上列這八類，並沒有一個完全統一的分類標準，所以有些例子的歸類是兩可的。」比如武周長壽二年（693）的《康智及夫人墓誌》：頻繁莊敬，奉先祖而無違。「頻繁」二字本無「艸」，加上草字頭之後這兩個字就等於增加了表意的形旁，這兩個字都可以歸入增加形旁類；此外，這兩個字並不是同時出現「艸」，先出現的影響另外一個，因此，這兩個字又可以歸入字形同類化的範圍。

　　上述例子可以看出，異體字的成因比較複雜，分類比較靈活。因此，許多分類或多或少都存在一定的局限性。這是由於研究者的出發點不同，或者他所面對的具體的異體字內容不同。本文參考以上三家的分類方法，將異體字分爲以下類型：

〔註7〕裘錫圭：《文字學概要》，北京：商務印書館，1988 年，第 206～208 頁。「(1)加不加偏旁的不同；(2)表意、形聲等結構性質上的不同；(3)同爲表意字而偏旁不同；(4)同爲形聲字而偏旁不同；(5)偏旁相同但配置方式不同；(6)省略字形一部分跟不省略的不同；(7)某些比較特殊的簡體和繁體的不同。(8)寫法略有出入或因訛變而造成的不同。」

〔註8〕張湧泉：《漢語俗字研究》：湖南長沙：嶽麓書社，1995 年，第 46～115 頁。「(1)增加意符；(2)省略意符；(3)改換意符；(4)改換聲符；(5)類化；(6)減省；(7)增繁；(8)音近替代；(9)變換結構；(10)異形借用；(11)書寫變異；(12)全體創造；(13)合文。」

〔註9〕歐昌俊、李海霞：《六朝唐五代石刻俗字研究》，四川成都：巴蜀書社，2004 年，第 63 頁。「(1)之間和改變筆劃類；(2)增減和改造部件以及部件移位類；(3)增減和改變形旁類；(4)增減和改變聲旁類；(5)草書楷化類；(6)字形同化類；(7)同音代替類；(8)全新創造類。」

一、書寫變異	（一）構件與筆劃增減變異	1. 增減筆劃
		2. 構件異寫
		3. 構件省併
		4. 字形類化
		5. 其他字體影響
	（二）構件易位	
二、構形變異	（三）形旁、聲旁的減省更換	1. 減省和更換形旁
		2. 減省和更換聲旁
	（四）會意字改變表意構件	
	（五）改變構形方式	1. 象形——形聲
		2. 形聲——會意
		3. 象形——會意
		4. 會意——形聲
		5. 形聲字重構
	（六）全新創造類：武周字	

　　每一類異體字的變異程度不同。有的只是點畫的增減，有的則是整個構字方式和構件的改變。上述分類按照異體字變異程度的增加順序進行排列。其中前兩類屬於書寫變異，後面四類可以歸結為構形變異〔註10〕。

5.2.1 書寫變異

5.2.1.1 構件與筆劃增減變異

　　在漢字整個的演變與使用歷史過程中，簡化與變異現象一直存在。「漢字職能的發揮，是兩個不可缺少的環節合成的，這就是書寫和辯認。就書寫而言，人們終是希望符號簡單易寫；而就認識而言，人們又希望符號豐滿易識。然而越簡化，就越易丟掉信息，給識別帶來困難；追求信息量大、區別度大，又難免增加符形的繁度，給記錄增加負擔。二者的要求是矛盾的。漢字就在這易寫與易識的矛盾中，不斷對個體符形進行調整，以實現簡繁適度的優化造型。調節字形的槓杆是漢字的表意性質。漢字總是不斷減少構件與筆劃，

〔註10〕　王寧：《漢字構形學講座》，上海教育出版社，2002 年，第 80 頁。「在同一歷史時期同時使用的漢字中，只有職能相同也就是音義相同的字，才有必要比較其構形。共時漢字中有兩種職能相同形體不同的情況值得注意：一是異寫字，一是異構字。」

來減少書寫的困難和減輕記憶的負荷，但是，這種簡化一般是在不影響表意與別詞的前提下進行的。」〔註11〕

5.2.1.1.1　增減筆劃

增加筆劃

書寫變異過程中出現的增加筆劃現象，有的可能是受同一類字形相近文字的影響。例如：

昂

昂，舉也，從日印聲。（《說文解字·日部》）

《□克從墓誌》中「昂」字下半部分的「印」，有可能受到「印」的影響，所以寫成 ![昂]。

曆

《姚恭及妻陳氏墓誌》中寫作 ![曆]，其「厤」上加一點，大概是受到「廣」的影響。

突

突，犬從穴中暫出也。從犬在穴中。一曰滑也。（《說文解字·穴部》）

「突」字下部本爲「犬」，受到「夭」的影響，變爲 ![突]（《崔玄籍及夫人李氏墓誌》）和 ![突]（《屈突伯起墓誌》）。

拔

拔，擢也。從手犮聲。（《說文解字·手部》）

「拔」字右部分本爲「犮」，「犮」與結構相似的「夭」在書寫中互相影響，寫作 ![拔]（《關師墓誌》），「夭」寫作 ![夭]（《斛斯氏墓誌》）。

舞

舞，樂也。用足相背，從舛；無聲。（《說文解字·舛部》）

「舞」的聲旁是「無」在《焦松及夫人種氏墓誌》中寫作 ![舞]，將其聲旁寫全，無疑是受「無」的影響。

〔註11〕　王寧《漢字構形學講座》，上海教育出版社，2002，第6頁。

有一類異寫字在書寫末筆多加上一點，既有收住筆勢的作用，也有填補空間的效果。這樣使得漢字結構更加均衡，搭配更加豐富。例如：

塵

塵，鹿行揚土也。從麤從土。（《說文解字·麤部》）

《衡義整及夫人元氏合葬墓誌》：山連古塞，乍偵胡塵。

宅

宅，所託也。從宀乇聲。（《說文解字·宀部》）

《董本墓誌》：白鶴來門，青烏啓宅。

床

床，安身之坐者。從木爿聲。（《說文解字·木部》）

《屈突伯起墓誌》：家非東府，載驚床下之牛。

休

休，息止也。從人依木。（《說文解字·木部》）

《張道墓誌》：遵前賢之規躅，揚祖宗之休烈。

《南郭生墓誌》：孤子休之等，痛極履霜，哀深閱水。

減省筆劃

增加點畫可能是爲追求字形更加美觀，減省筆劃則更多可能是爲了追求簡便。當然有時也可能更加美觀，結構安排更加合理。例如：

曹

曹，獄之兩曹也。在廷東。從棘，治事者；從日。（《說文解字·日部》）

《許行本及妻崔氏墓誌》中出現兩個寫法不同的「曹」：曹和曹。「曹」字上部分橫豎交錯，如果將「口」的空間寫的略小一點，則顯得非常擁堵，減少一個豎畫即可避免這種情況。

宿

宿，止也。從宀佰聲。（《說文解字·宀部》）

《楊嶽墓誌》中的宿，如果加上一橫，則將內部空間填的嚴嚴實實，感覺很沉悶。這一類異寫字的形成很有可能是書寫者或刻工在書刻過程中的隨機調整，但從變化的結果來看，減省了一些筆劃，似乎更爲美觀一些。與此

類似的還有：■（《衡義整及夫人元氏合葬墓誌》）、■（《張思賓墓誌》）、■（《高珍墓誌》）等。

富

富，備也。一曰厚也。從宀畐聲。（《說文解字・宀部》）

《孫公夫人陸氏墓誌》：嗣子朝議大夫前行絳州正平縣令上柱國■春縣開國男偲等。

憲

憲，敏也。從心從目，害省聲。（《說文解字・心部》）

《姚恭及妻陳氏墓誌》：■芳規而剡礎，紀餘藹於赫赫英族。

楚

楚，叢木。一名荊也。從林疋聲。（《說文解字・林部》）

《張道墓誌》：蘭宮侍■，桂苑遊梁。

5.2.1.1.2　構件異寫

表聲構件異寫

形聲字聲旁部分變異情況，例如：「葩」，下部的「皅」是表聲構件，在《蓋暢墓誌》中寫作■，「巴」寫成「匕」。「劉」左上的表聲構件「戼」在《潞岩及夫人墓誌》中為■，《劉基及夫人秦氏墓誌》中寫作■，《潞岩及夫人墓誌》中則為■。

演

演，長流也。一曰水名。從水寅聲。（《說文解字・水部》）

《張道墓誌》：天弧■鑒，地掖疏疆。

《張道墓誌》：昔神鳩■慶，芳枝冠於域中。

《八品亡宮墓誌》：龍宮■妙，鹿苑騰休。

虧

虧，氣損也。從虧雐聲。（《說文解字・虧部》）

《爨古墓誌》：■

《張思賓墓誌》：■。

《奚弘敬及夫人李氏墓誌》：異室於谷，內外之禮不虞。

《扈小沖墓誌》：忘生滅性，終■溫席之方。

寬

寬，屋寬大也。從宀莧聲。（《說文解字・宀部》）

《周善持墓誌》：若■之則貽伊咎，急之則不堪憂。

俗

俗，習也。從人谷聲。（《說文解字・人部》）

《張道墓誌》：用廉平而訓■，雉狎風琴。

私

私，禾也。從禾厶聲。北道名禾主人曰私主人。（《說文解字・禾部》）

《高珍墓誌》：欻以載初元年正月廿二日卒於■宅。

表意構件異寫

冠

冠，絭也。所以絭髮，弁冕之總名也。從冂從元，元亦聲。冠有法制，從寸。（《說文解字・冖部》）

《張道墓誌》將「寸」寫作「刂」：昔神鳩演慶，芳枝■於域中。

奸

奸，犯淫也。從女從干，干亦聲。（《說文解字・女部》）

《呼延章及妻馬氏墓誌》：以邑有■吏，左貶白州龍豪縣令。

哭

哭，哀聲也。從吅，獄省聲。凡哭之屬皆從哭。（《說文解字・哭部》）

《齊朗及夫人王氏墓誌》：既而哀生晝■，孀帷獨守。

靈

靈，巫也。以玉事神。從玉霝聲。（《說文解字・玉部》）

《趙阿文墓誌》：嵩山之英，河洛之■。

鱗

鱗，魚甲也。從魚粦聲。（《說文解字・魚部》）

《道墓誌》：附翼而上黃山，攀 鱗而遊黑水。

第

第，韋束之次弟也。從古字之象。凡弟之屬皆從弟。（《說文解字・弟部》）段玉裁解釋道：「以韋束物，如輚五束、衡三束之類。束之不一則有次弟也，引申之爲凡次弟之弟，爲兄弟之弟，爲豈弟之弟。」（《說文解字注》）

墓誌中將「第」寫作 （《王智本墓誌》）、（《潞岩及夫人墓誌》），將「竹」寫作「艹」。

《高象護墓誌》：君對策及 ，試守永州湘源縣尉。

葬

葬，藏也。從死在茻中：一其中，所以薦之。《易》曰：「古之葬者，厚衣之以薪。」（《說文解字・茻部》）「艹」寫作「大」或「亠」。

《齊朗及夫人王氏墓誌》將「艹」寫作「大」：即以其年一月十七日合 於北邙山原禮也。

蟬

蟬，以旁鳴者。從蟲單聲。（《說文解字・蟲部》）

《董本墓誌》：公侯遞襲，卿相 聯。

延

延，長行也。從延丿聲。（《說文解字・延部》）

申守及夫人田氏墓誌： 陵解劍，白馬來墳。

矦

侯，春饗所躲矦也。從人；從厂，象張布；矢在其下。天子躲熊虎豹，服猛也；諸矦躲熊豕虎；大夫射麋，麋，惑也；士射鹿豕，爲田除害也。其祝曰：「毋若不寧矦，不朝於王所，故伉而躲汝也。」（《說文解字・矢部》）

《朱簡及夫人墓誌》：昔先君朱 有文在手，因以封焉。

咎

咎，災也。從人從各。各者，相違也。（《說文解字・人部》）

《張思賓墓誌》：痛結黃穹，倏見棲鳶之 。

憑

憑，依几也。從几從任。《周書》：「憑玉几。」讀若馮。（《說文解字・几部》）

《張素及夫人趙氏墓誌》：去龍朔年中，屬三韓作梗，凌鯷海之隅。

有一些漢字，具有相同的構件，這些構件書寫變異之後也呈相同的形態。如「摽」、「僚」、「宗」，將構件「小」寫作三點；「寡」將「分」寫作四點：

《樊太君墓誌》：

《成循墓誌》：

《□克從墓誌》：

《齊朗及夫人王氏墓誌》：瑤琴鶴怨，偏傷婦

5.2.1.1.3 構件省併

漢字總的發展趨勢是簡單化，符號化。有些漢字的演變是通過構件的省併完成的。例如「鳳」字，甲骨文作，《說文》中小篆字形爲，古文爲、，《曹全碑》爲，楷書爲「鳳」，簡化字爲「凤」。「集」字則經歷了、、到「集」的簡化過程。

並

並，並也。從二立。凡並之屬皆從並。（《說文解字・並部》）

《許行本及妻崔氏墓誌》：期月政成，冰壺潔。

《王幹及夫人劉氏墓誌》：

蠶

蠶，任絲也。從䖵朁聲。（《說文解字・䖵部》）

《慕容君妻張順墓誌》：先娣姒之劬勞，必躬親於績。

竟

竟，樂曲盡爲竟。從音從人。（《說文解字・音部》）

《張貞墓誌》：虎嘯豐川，盛德共三王烈。

彪

彪，虎行皃。從虍文聲。讀若矜。（《說文解字・虍部》）

《王緒太夫人郭五墓誌》：有子 **彪** 緒，操履夷雅。

崩

崩，山壞也。從山朋聲。（《說文解字・山部》）

《張道墓誌》：號天雨泗，扣地 **崩** 心。

冰

冰，水堅也。從仌從水。（《說文解字・仌部》）

《許行本及妻崔氏墓誌》：期月政成，**冰** 壺並潔。

黃

黃，地之色也。從田從炗，炗亦聲。炗，古文光。凡黃之屬皆從黃。（《說文解字・黃部》）

《齊朗及夫人王氏墓誌》：雖 **黄** 泉幽壤，既暢同歸。

　　構件合併使漢字趨於簡化，這是文字不斷發展的結果。有些字爲我們今天的簡化字直接或間接地提供了參考。如：蟲— **电** —蟲；蠶— **蚕** —蠶；覔 **寛** —竟。有些結構不容易寫好的字，如「冰」、「能」在今天的書法作品中依然寫作 **冰** 、 **能** ，這一類字可以爲書法創作提供更多的字形選擇。

5.2.1.1.4 字形類化

　　字形同類化現象是異體字產生的原因之一。「同化，是指不同源的字形在構字中因搭配與位置關係在按書寫習慣改造字形過程中發生的一種混同現象。也就是說，人們在書寫漢字的時候，因受前後文或其他因素的影響，給本來不再需要偏旁的字加上偏旁或者把偏旁改變成前後文一致，這就是同化。」〔註12〕

傲

傲，倨也。從人敖聲。（《說文解字・人部》）「傲」本從人，受「傲慢」的「慢」影響，變爲從心敖聲。

《趙阿文墓誌》：丘園 **慠** 質，風月怡情。

〔註12〕歐昌俊、李海霞《六朝唐五代石刻俗字研究》，四川成都：巴蜀書社，2004年，第 189 頁。

規

規，有法度也。從夫從見。(《說文解字‧夫部》)「規矩」經常連用，受「矩」影響，變爲從矢從見。

《齊朗及夫人王氏墓誌》：倚廬陳誠，斷織申。

冕

冕，大夫以上冠也。邃延、垂旒、紞纊。從冃免聲。古者黃帝初作冕。(《說文解字‧冃部》)受冠影響，皆從冖。

《王君妻劉夫人墓誌》：其後鐘鳴鼎食，服乘軒。

《齊朗及夫人王氏墓誌》：軒連輝，英才閒起。

《扈小沖墓誌》：自齊梁之後，相輝。

《崔德墓誌》：再隆，保家之器彌篤。

頻　繁

《七品宮人墓誌》：入奉椒塗之芬，實佐之潔。(證聖元年)

有些漢字其本身的構件之間也會發生同類化現象，如：

靈

靈，靈巫。以玉事神。從玉霝聲。(《說文解字‧玉部》)

「靈」字的聲旁「霝」將形旁「玉」同化，《孔元墓誌》寫作，本應寫作(《樊太君墓誌》)。

5.2.1.1.5. 行草書寫法影響

漢字的五種字體——篆、隸、楷、行、草雖然面貌各異，但其淵源都可追溯到篆書。漢魏之際，各種字體同時存在並相互影響。有一些楷書異體字就是受到行草書寫法形成。這種現象在武周時期墓誌異體字中依然存在。例如：

備

備，慎也。從人葡聲。(《說文解字‧人部》)

《齊朗及夫人王氏墓誌》：光四德，溫柔六行。

《集王羲之書聖教序》：

彪

《許行本及妻崔氏墓誌》：曾祖 ，齊儀同三司、善元郡守，寧國縣開國公。

《集王羲之書聖教序》：

朝

《朱仁表墓誌》：

《集王羲之書聖教序》：

後

後，遲也。從彳、麼、夊者，後也。（《說文解字・彳部》）

《許行本及妻崔氏墓誌》：若粵權輿二象以還，八維建立之 ，則有山河紀地，日月麗天。

《集王羲之書聖教序》：

晉

晉，進也。日出萬物進。從日從臸。《易》曰：「明出地上，晉。（《說文解字・日部》）

《董本墓誌》：服冕乘軒，正直光乎 史。

《集王羲之書聖教序》：

虛

虛，大丘也。昆崙丘謂之昆崙虛。古者九夫爲井，四井爲邑，四邑爲丘。丘謂之虛。從丘虍聲。（《說文解字・丘部》）

《朱簡及夫人墓誌》：子中大雲寺僧庭玉，悟幻影之 假，在物我以存喪。

《集王羲之書聖教序》：

弦

弦，弓弦也。從弓，象絲軫之形。凡弦之屬皆從弦。（《說文解字・弦部》）

《趙本質墓誌》：霞不泛酎，山溜調 。

《神龍本蘭亭序》：

刺

刺，君殺大夫曰刺。刺，直傷也。從刀從束，束亦聲。(《說文解字‧刀部》)

《王玄裕墓誌》：祖睿，北齊中書舍人，冀州![刺]史。

《趙本質墓誌》：![刺]

李邕《雲麾將軍碑》：![刺]

與此相類的還有、等。

5.2.1.2 構件易位

構件易位是指構件的形態不變，只是由於書寫習慣等因素改變原來的位置。這種情況多是爲了使文字便於書寫和更加美觀。由於書寫習慣形成的異體字在很大程度上可能滲透著書寫者將文字美化的意識。例如：

碧

碧，石之青美者。從玉、石，白聲。(《說文解字‧玉部》)

《皇甫玄志董氏合葬墓誌》：恐![碧]海成田，青山爲谷。

髣 髴

髣，相似也。從彡方聲。(《說文解字‧彡部》)

髴，若似也。從彡弗聲。(《說文解字‧彡部》)

《李琮墓誌》：![髣髴]音塵，銘之泉壤。

髦

髦，髮也。從彡從毛。(《說文解字‧彡部》)

《張道墓誌》：其時唐家命職，妙選英![髦]。

鬍

鬍，頰須也。從須從冄，冄亦聲。(《說文解字‧須部》)

《趙本質墓誌》：攀龍![鬍]而不逮，對蠡絑而增哀。

髫

髫，小兒垂結也。從彡召聲。(《說文解字‧彡部》)

《張思賓墓誌》：詞林藝美，早自![髫]年。

髮

髮，根也。從彡犮聲。（《說文解字·彡部》）

《扈小沖墓誌》：或束 從宦，政績播於鄉閭。

《申守及夫人田氏墓誌》：歷宦多年，束 周行。

襲

襲，左衽袍。從衣，龖省聲。（《說文解字·衣部》）

《齊朗及夫人王氏墓誌》：基構崇騫， 巢門之胤裔。

讋

讋，失氣言。一曰不止也。從言，龖省聲。傅毅讀若慴。（《說文解字·言部》）

《趙本質墓誌》：縱輕死重氣之少， 其道者自新。

臂

臂，手上也。從肉辟聲。（《說文解字·肉部》）

《趙本質墓誌》：嚴嚴雙闕，方觀折 之功。

璧

璧，瑞玉圜也。從玉辟聲。（《說文解字·玉部》）

《王君妻劉夫人墓誌》：故得庭茂之蘭，室耀珪 。

岱

《扈小沖墓誌》：雲歸 嶺，魄散寒坰。

染

染，以繒染爲色。從水雜聲。（《說文解字·水部》）

《掌思明墓誌》：因勞 疾，終於私寓。

以上字例都是將上下結構的字的下部構件移到左側或右側，使其成爲左右結構。這樣一來使得字形更加方整。以下三例則正好相反，將右側的部分構件移至正下方，使其變得更有姿態：

嶅

嶅，山名。從山，稽省聲。（《說文解字·山部》）

《張素及夫人趙氏墓誌》：▓樹千尋，直用觀其森聳。

鐫

鐫，穿木鐫也。從金雋聲。一曰琢石也。讀若濣。（《說文解字‧金部》）

《申守及夫人田氏墓誌》：謹▓玄石，奉述銘言。

稽

稽，留止也。從禾從尤，旨聲。凡稽之屬皆從稽。（《說文解字‧稽部》）

《劉儉墓誌》：荊州刺史初延八俊之名，會▓太守方擅三遷之美。

《朱簡及夫人墓誌》：世居會▓，蔚爲名族。

以下字例構件易位的情況有三種：

左右結構──上下結構

上下結構──左右結構

上下結構互換位置

峰

峰，山端也。從山夆聲。（《說文解字‧山部》）

《韓仁惠及夫人墓誌》：將恐陵谷乎移，瞻峴▓而不識。

《趙本質墓誌》：紫▓玄鶴，金鄉白馬。

概

槩，斗斛。從木既聲。（《說文解字‧木部》）

《許行本及妻崔氏墓誌》：氣▓秋天，惠和冬日。

《趙本質墓誌》：俾夫英規懍懍，梗▓與金字俱生。

略

略，經略土地也。從田各聲。（《說文解字‧田部》）

《馮操墓誌》：趙獻龍顏，秦權豹▓。

謨

謨，議謀也。從言莫聲。《虞書》曰：「咎繇謨。」（《說文解字‧言部》）

《劉儉墓誌》：公諱儉，字▓，彭城人也。

期

期，豕肉醬也。從肉否聲。（《說文解字・肉部》）

《張道墓誌》：遽爾政成![期]月，秩滿四周。

《張貞墓誌》：移風易俗，無待一![期]。

屺

屺，山無草木也。從山己聲。《詩》曰：「陟彼屺兮。」（《說文解字・山部》）

《王豫及夫人蕭氏墓誌》：慨附蘿於松徑，悲束楚於嶽![屺]。

舅

舅，母之兄弟爲舅，妻之父爲外舅。從男臼聲。（《說文解字・男部》）

《申守及夫人田氏墓誌》：周詩哥於元![舅]，漢史贊於申公。

《古君妻匹婁淨德墓誌》：![舅]姑稱孝，道合於閨門。

囂

囂，聲也。氣出頭上。從㗊從頁。頁，首也。（《說文解字・㗊部》）

《奚弘敬及夫人李氏墓誌》：加以宅扰伊瀍，地絕![囂]滓。

裔

裔，衣裾也。從衣冏聲。（《說文解字・衣部》）

《暢懷禎墓誌》：本河東之苗![裔]。

《康智及夫人墓誌》：君諱智，字感，本炎帝之苗![裔]。

幼

幼，少也。從幺從力。（《說文解字・幺部》）

《李起宗及夫人孟氏合葬墓誌》：誕生髫彥，![幼]挺珪璋。

《衡義整及夫人元氏合葬墓誌》：公![幼]勤琢玉，早習篆金。

嶽

嶽，東，岱；南，靃；西，華；北，恒；中，泰室。王者之所以巡狩所至。從山獄聲。（《說文解字・山部》）

《慕容知廉墓誌》：檀臺上國，列海![嶽]之雄。

5.2.2 構形變異

構形變異是指變異的角度是構形上的，其結果是異構字的出現。本文參考王寧的漢字構理論〔註 13〕，對武周時期墓誌當中的構形變異異體字分爲：

1、形旁、聲旁的減省更換

2、表意構件

3、構形方式

4、新創造類——武周字

5.2.2.1 形旁、聲旁的減省更換

形旁和聲旁的減省更換可能致使文字的意思與讀音不再直觀地反映在字形上。比如「暫」在《說文解字》中解釋爲「不久也，從日斬聲」，其中「日」是表示與時間有關的表意構件。《七品亡宮墓誌》中「■時蘭緘，永播松風」，表意構件變爲「之」，在字形上無法體現這一原意。更換聲旁的例如「閣」，《說文解字》訓釋爲：「所以止扉也。從門各聲。」《崔公夫人李氏墓誌》中爲：「鳴佩鏗玲，入司徒之黃■。」其聲旁更換爲「合」，雖與「各」相近，但「閣」的讀音已不是很明瞭。

5.2.2.1.1 減省更換形旁

減省形旁

擊

擊，攴也。從手毄聲。（《說文解字·手部》）

《王伏生墓誌》：大周雍州長安縣弘政鄉遊■將軍王伏生……

「擊」就是用手敲擊之意，省去「手」之後，無法在字形上體現此意。

更換形旁

終

終，絿絲也。從系夂。（《說文解字·部》）

《元罕及夫人張氏墓誌》：以唐永徽元年十月一日寢疾，■於官第。

〔註 13〕 王寧《漢字構形學講座》，上海教育出版社，2002 年，第 82～83 頁。

纂

纂，似組而赤。從系算聲。（《說文解字・系部》）

《王德表墓誌》：鳳閣舍人兼控鶴內供奉河東薛稷。

隸

隸，附箸也。從隸柰聲。（《說文解字・隸部》）

《暢懷禎墓誌》：本爲河東之苗裔，隋末遷居洛陽，因爲屬。

陵

陵，大踏也。從夌聲。（《說文解字・踏部》）

《常協墓誌》：父四大忽，三焦殊節。

《衡義整及夫人元氏合葬墓誌》：闕森聳，神靈翳然。

缺

缺，器破也。從缶，決省聲。（《說文解字・缶部》）

《崔公夫人李氏墓誌》：賓敬是弘，每申儀於冀。

5.2.2.1.2 減省和更換聲旁

減省聲旁

聽

聽，聆也。從耳、悳，壬聲。

《王思惠妻孟大乘墓誌》：

《五品亡宮墓誌》：

歸

歸，女嫁也。從止，從婦省，聲。（《說文解字・止部》）

《梁畋墓誌》：

《五品亡宮墓誌》：

更換聲旁

有一部分形聲字更換聲旁之後，所更換的聲旁還能表示這個字的讀音，比如：

柏

柏，鞠也。從木白聲。(《說文解字・木部》)

《唐小姑墓誌》：帷帳罷月，松![柏]凝煙。

狗

狗，孔子曰：「狗，叩也。叩氣吠以守。」從犬句聲。(《說文解字・犬部》)

《斛斯氏墓誌》：是時青鳥兮顯跡，玉![猗]兮傳芳。

鶴

鶴，鳴九皋，聲聞于天。從鳥隺聲。(《說文解字・鳥部》)

《申守及夫人田氏墓誌》：遂使菱鏡之前，空棲獨![鶴]。

《唐小姑墓誌》：青鳥啓兆，白![鶴]臨堥。

禍

禍，害也，神不福也。從示咼聲。(《說文解字・示部》)

《衡義整及夫人元氏合葬墓誌》：![禍]延止服，罾跕飛鳶。

裕

裕，衣物饒也。從衣谷聲。《易》曰：「有孚，裕?咎。」(《說文解字・衣部》)

《周善持墓誌》：我今九齡有![裕]，何事屈節他州？

廟

廟，尊先祖皃也。從广朝聲。(《說文解字・广部》)

《陳崇本墓誌》：荆南悲文考之墳，臨海想孔郎之![廟]。

卒

萃，艸皃。從艸卒聲。讀若瘁。(《說文解字・艸部》)

《唐小姑墓誌》：春秋六十有六，![萃]於私舍。

霸

霸，月始生，霸然也。(《說文解字・月部》)承大月，二日；承小月，三日。從月䨣聲。《周書》曰：「哉生霸。」

《王德表墓誌》：談盡![霸]王，學窮儒墨。

還有一部分形聲字，其聲旁更換之後，字音不再直接體現在字形當中：

聰

聰，察也。從耳悤聲。（《說文解字・耳部》）

《王德表墓誌》：公幼挺奇偉，⬛明懿肅。

總

總，聚束也。從系悤聲。（《說文解字・系部》）

《皇甫君妻張夫人墓誌》：包異位以裁規，⬛坤儀而擅則。

《陳察及夫人柳氏墓誌》：⬛章夏鑰，晝子冬書。

牒

牒，箚也。從片枼聲。（《說文解字・片部》）

《王思訥及妻乙婁氏墓誌》：⬛

諜

諜，軍中反間也。從言枼聲。（《說文解字・言部》）

《貞隱子墓誌》：其後必大，史諜言之⬛具矣。

惡

惡，過也。從心亞聲（《說文解字・心部》）。

《王智本墓誌》：人貴清淨，天⬛盈滿。

遷

遷，登也。從辵䙴聲。（《說文解字・辵部》）

《高珍墓誌》：即以其年臘月十二日⬛窆於州西北二里平原禮也。

驅

驅，馬馳也。從馬區聲。（《說文解字・馬部》）

《劉儉墓誌》：馴雉無贊，⬛雞有術。

孺

孺，乳子也。一曰輸也，輸尚小也。從子需聲。（《說文解字・子部》）

《慕容君妻張順墓誌》：⬛子得黃中之稱，公孫兼素履之名。

祥

祥，福也。從示羊聲。一云善。（《說文解字‧示部》）

《元罕及夫人張氏墓誌》：肇訓表異，鸞舞呈 [image] 。

柳

柳（桺），小楊也。從木丣聲。丣，古文酉。（《說文解字‧木部》）

《常協墓誌》：夫人 [image] 氏，百世傳芳。

愆

[image] ，過也。從心衍聲。（《說文解字‧心部》）

《崔德墓誌》：且繩 [image] 糾忒，道揚巨墨之威。

假

假，非眞也。從人叚聲。一曰至也。（《說文解字‧人部》）

《尚明墓誌》：博物洽聞，未 [image] 摳衣之學。

5.2.2.2 會意字表意構件的更換

會意字中的表意構件更換可以導致對文字的重新解釋，如「葬，藏也。從死在茻中；一其中，所以薦之。《易》曰：「古之葬者，厚衣之以薪。」（《說文解字‧茻部》）在《王君妻劉夫人墓誌》中寫作 [image] ，這樣增加了「死在土中」的意思。

鼓

鼓，擊鼓也。從攴從壴，壴亦聲。（《說文解字‧攴部》）

《古君妻匹婁淨德墓誌》：哀笳響咽，疊 [image] 聲繁。

冠

冠，絭也。所以絭髮，弁冕之總名也。從冖從元，元亦聲。冠有法制，從寸。（《說文解字‧冖部》）

《梁玄敏墓誌》：衣 [image] 烏弈，豪族擅東國之權。

《王德表墓誌》：公博綜經史，研精翰墨， [image] 冕五常，被服六藝。

壑

壑，（叡）溝也。從叔從谷。讀若郝。（《說文解字‧叔部》）

《呼延章及妻馬氏墓誌》：縱之遊者，以爲泛巨【圖】。

《康智及夫人墓誌》：【圖】舟難駐，滔滔有逝水之悲。

《奚弘敬及夫人李氏墓誌》：父敬，潛居丘【圖】，頓絕名利。

《元罕及夫人張氏墓誌》：遽遷夜【圖】，奄晨露。

虎

虎，山獸之君。從虍，虎足象人足。象形。凡虎之屬皆從虎。（《說文解字·虎部》）

《呼延章及妻馬氏墓誌》：祖貴，隋【圖】牙郎將。

寇

寇，暴也。從攴從完。（《說文解字·攴部》）

《周善持墓誌》：王充竊據，宅躔【圖】境，身陷危城。

聯

聯，連也。從耳，耳連於頰也；從絲，絲連不絕也。（《說文解字·耳部》）

《皇甫君妻張夫人墓誌》：軒蓋蟬【圖】，時稱公子。

朙

明，照也。從月從囧。凡朙之屬皆從朙。（《說文解字·朙部》）

《元罕及夫人張氏墓誌》：俄而考績課最，黜幽陟【圖】。

疏

疏，通也。從㐬從疋，疋亦聲。（《說文解字·㐬部》）

《扈小沖墓誌》：志遠情【圖】，不遺疵賤。

雁

雁，鳥也。從隹從人，厂聲。（《說文解字·隹部》）。

《唐小姑墓誌》：矯矢啼猿，虛弓落【圖】。

《慕容君妻張順墓誌》：雍雍鳴【圖】，乃娉夫人。

5.2.2.3　構形方式的改變

本部分對構形方式的改變類型分爲：

1、象形——形聲

2、形聲——會意

3、象形——會意

4、會意——形聲

5、形聲字重構

5.2.2.3.1 象形——形聲

局

局，![同]，促也。從口在尺下，復局之。一曰博，所以行棊。象形。（《說文解字‧口部》）《說文解字注》云：「尺所以指斥規榘事也。口在尺下，三緘其口之意。」「局」本為象形字，寫作![局]，可以解釋為從尸句聲，成了形聲字。

《劉洪預墓誌》：行殿中省尚乘![局]奉乘。

《莫義墓誌》：遂授朝散大夫，奚官![局]令如故。

匹

匹，四丈也。從八、匸。八揲一匹，八亦聲。（《說文解字‧匸部》）

《王緒太夫人郭五墓誌》：![匹]由秦晉，偶則潘楊。

燕

燕，玄鳥也。籋口，布翄，枝尾。象形。凡燕之屬皆從燕。（《說文解字‧燕部》）「燕」本為象形字，加上「鳥」旁變成了從鳥燕聲的形聲字。構形方式改變，所以「鷰」是「燕」的異構字。

《王君妻薛氏墓誌》：春入剪刀，或裁雞而帖![鷰]。

《趙睿及夫人宗氏合葬墓誌》：既符![鷰]頷，又劭鷹揚。

要

要，身中也。象人要自𦥑之形。從𦥑，交省聲。（《說文解字‧𦥑部》）

《楊升墓誌》：折![要]斯恥，陶泉明所以歸來。

夭

夭，屈也。從大，象形。凡夭之屬皆從夭。（《說文解字‧夭部》）

《康智及夫人墓誌》：![夭]壽殊契，衾襚同期。

5.2.2.3.2 形聲──會意

怨

怨，恚也。從心夗聲（《說文解字・心部》）。

《周善持墓誌》：官有嚴程，人多胥。

劍

劍，人所帶兵也。從刃僉聲。（《說文解字・刃部》）

《皇甫君妻張夫人墓誌》：龍■通神，識洞幽明之際。

鴛

鴛，鴛鴦也。從鳥夗聲。（《說文解字・鳥部》）

《李起宗及夫人孟氏合葬墓誌》：今掩荒墳，共歎雙■之樹。

5.2.2.3.3 象形──會意

阜

阜，大陸，山無石者。象形。凡踏之屬皆從踏。（《說文解字・踏部》）「阜」本爲象形字，後加上「山」就成了會義字，構形方式已改變。

《呼延章及妻馬氏墓誌》：公邑■竦，雲霞炳蔚。

5.2.2.3.4 會意──形聲

贊

贊，見也。從貝從兟。（《說文解字・貝部》）

《齊朗及夫人王氏墓誌》：克■中饋，允釐內政。

《許琮妻李氏墓誌》：以天授二年三月十三日恩敕加五品，授■皇縣君。

卒

卒，隸人給事者衣爲卒。卒，衣有題識者。（《說文解字・衣部》）

《楊約及夫人喬氏墓誌》：以咸亨三年三月十八日■於綏福里第。

《高珍墓誌》：欻以載初元年正月廿二日■於私宅。

閉

閉，闔門也。從門才，所以距門也。（《說文解字・門部》）

《康智及夫人墓誌》：魚燈永■，鶴弔長吟。

壑

壑，（ ）溝也。從叡從谷。讀若郝。（《說文解字‧叡部》）

《申守及夫人田氏墓誌》：孰謂舟 夜遷，望風柯而結恨。

5.2.2.3.5 形聲字重構

叢

叢，聚也。從丵取聲。（《說文解字‧丵部》）「叢」本是「從丵取聲」的形聲字，「蘱」則可以看做從艸聚聲的形聲字。形旁和聲旁都已改變。故「蘱」爲「叢」的異構字。

《崔德墓誌》：枕掎川原，剪除 薄。

《趙本質墓誌》：元夫 臺聳構，寶符之序克昌。

舞

舞，樂也。用足相背，從舛；無聲。（《說文解字‧舛部》）

《趙本質墓誌》：閏葉離離，重泉之鸞自 。

欲

欲，貪欲也。從欠谷聲。（《說文解字‧欠部》）

《掌思明墓誌》：性多溫雅，不慕市朝之 。

5.2.2.4 全新創造類：武周字

從唐代武周所造新字的字形上不難看出武則天本人希望政權永固，國家興旺的意圖。這些新造文字多爲象形字和會義字。施安昌對所改新字逐一進行分析。他將新字劃分爲三類：

自然類：天、地、日、月（兩形）、星、年、正，8字。

國家類：國、君、臣、人，4字。

年號類：載、初、證、聖、授，5字。

另一字「瞾」，武則天名，是特殊的。〔註14〕

本文收錄的武周字加上「瞾」共計18個，與上述新字數目的統計一致，下面是墓誌中的武周字字例：

〔註14〕 施安昌：《善本碑帖論集》，北京：紫禁城出版社，2002年，第71頁。

天

天，顛也。至高無上，從一、大。（《說文解字・一部》）

《慕容知廉墓誌》：![天]生此才，神與其藝。

《康智及夫人墓誌》：![天坐]齊人，文章總鸞鳳之姿。

地

地，元氣初分，輕清陽爲天，重濁陰爲地。萬物所陳ヽ也。從土也聲。（《說
文解字・土部》）

《衡義整及夫人元氏合葬墓誌》：聲沉於![坐]，魂散於天。

《唐小姑墓誌》：![坐]久天長。

日

日，實也。太陽之精不虧。從口一。象形。凡日之屬皆從日。（《說文解
字・日部》）

《斛斯氏墓誌》：實恐居諸![日]月，遷易丘陵。

《唐小姑墓誌》：以天授二年六月三![日]葬於杜郭村北崗禮也。

《七品宮人墓誌》忽以證聖元年五月十五![日]終於侍宮。

月

月，闕也。大陰之精。象形。凡月之屬皆從月。（《說文解字・月部》）

《暢懷禎墓誌》：其![月]二十七日亡於長安。

《高珍墓誌》：以調露元年十二![月]十日奄晞朝露。

星

星，![曐]曐，萬物之精，上爲列星。從晶生聲。一曰象形。從口，古口復
注中，故與日同。古文![星]，![星]或省。（《說文解字・晶部》）

《高珍墓誌》：將謂杞國天傾，上無![星]月。

年

![年]，谷孰也。從禾千聲。《春秋傳》曰：「大有秊。」（《說文解字・禾部》）

《董本墓誌》：![年]廿一，明經及第。

《楊約及夫人喬氏墓誌》：以咸亨三![年]三月十八日卒於綏福里第。

正

正，是也。從止，一以止。凡正之屬皆從正。（《說文解字・正部》）

《衡義整及夫人元氏合葬墓誌》：祖生，隋萊州別駕，本州島島島大中

![正] 。

《高珍墓誌》：欻以載初元年 ![正] 月廿二日卒於私宅。

國

國，邦也。從囗從或。（《說文解字・囗部》）

《張思賓墓誌》：上柱 ![國] ，張思賓卒於私第。

君

君，尊也。從尹。發號，故從口。（《說文解字・口部》）

《劉基及夫人秦氏墓誌》： ![君] 諱基，字張宜。

臣

臣，牽也。事君也。象屈服之形。凡臣之屬皆從臣。（《說文解字・臣部》）

《許行本及妻崔氏墓誌》：考緒，太原佐命，恕死第一等功 ![臣] 。

人

人，天地之性最貴者也。此籀文。象臂脛之形。凡人之屬皆從人。（《說文解字・人部》）

《暢懷禎墓誌》：君諱懷禎，字仲鄰，洛州陽城 ![人] 也。

載

載，乘也。從車𢦏聲。（《說文解字・車部》）

《古君妻匹婁淨德墓誌》：夫人坤雲 ![載] 誕，柔祗降德。

《九品亡宮墓誌》： ![載]

初

初，始也。從刀從衣。裁衣之始也。（《說文解字・刀部》）

《高珍墓誌》：欻以載 ![初] 元年正月廿二日卒於私宅。

證

證，告也。從言登聲。（《說文解字・言部》）

《古君妻匹婁淨德墓誌》：粵以 ![字] 聖元年壹月十八窆於邙山之原禮也。

《七品宮人墓誌》：忽以 ![字] 聖元年五月十五日終於侍宮。（證聖元年）

聖

聖，通也。從耳呈聲。（《說文解字・耳部》）

《齊朗及夫人王氏墓誌》：於大周證 ![字] 元年臘月廿一日終於南市之第。

《七品宮人墓誌》：忽以證 ![字] 元年五月十五日終於侍宮。（證聖元年）

授

受，相付也。從爰，舟省聲。（《說文解字・爰部》）

《董本墓誌》：維天 ![字] 三年壬辰正月戊辰朔八日乙亥寢疾，卒於……

　　施安昌考證「君」字在大多數情況都不改寫。尤其在墓誌銘文開頭：「君諱某字某」時，筆者考察的武周時期墓誌中，絕大多數都是如此。但偶有例外，如上字例中「君」條：「 ![字] 諱基，字張宜。」估計屬於書寫失誤，武周所造「君」字屬於「國君」的專用字，並非一般的尊稱。〔註 15〕

〔註 15〕　施安昌：《善本碑帖論集》，北京：紫禁城出版社，2002 年，第 49～51 頁。

餘論：先秦至唐書寫規範化的規律與基本特徵

　　漢字作爲實用性的語言工具，對於國家行政實施，文化教育建設都具有舉足輕重的地位。在整個社會生活當中，文字的使用率非常高，可以說須臾不可離開。首先，漢字自身的工具性決定了其發展特點。人們在實際應用當中不斷對其進行調整以更好地適應書寫傳播的需求。這主要體現在追求簡易、美觀兩個方面。這是漢字書寫規範的內在驅動力，凝結著無數書寫者的意志。其次，古代書寫規範有賴於國家行政力量。漢字與生俱來具有政治屬性與社會屬性。漢字的誕生與人類社會發展同步。《說文·敘》云：「古者庖犧氏之王天下也，仰則觀象於天，俯則觀法於地，視鳥獸之文與地之宜，近取諸身，遠取諸物；於是始作《易》八卦，以垂憲象。及神農氏，結繩爲治，而統其事。庶業其繁，飾僞萌生。黃帝史官倉頡，見鳥獸蹄迒之跡，知分理之可相別異也，初造書契。」〔註1〕可見創造文字就是爲了便於管理國家，處理各種事務。《禮記·中庸》：「非天子，不議禮、不制度、不考文。」天子「考文」制度其中就包含了規範文字，後世莫不如此。還有，中國古代書寫規範主要通過文化教育來實現。自商周時期起，國家和地方都設置官學。春秋戰國以後，私學逐漸興起。秦漢以降至隋唐，各種教育制度已經比較完備。各類學校承擔了書寫教育的主要任務。此外，各種字書與名家法帖的廣泛流傳也對社會書寫規範起到很大作用。

〔註 1〕（漢）許慎：《說文解字·敘》，北京：中華書局，1963 年，第 314 頁。

以「六書」機制與漢字演變爲內部動因

漢字構形生成方式取決於中國人特有的思維方式，即「觀物取象」。《易傳》云：「古者庖羲氏之王天下也，仰則觀象於天，俯則觀法於地，視鳥獸之文與地之宜，近取諸身，遠取諸物；於是始作八卦，以通神明之德，以類萬物之情。」漢字正是在這種思維方式支配下產生的。這種通過「仰觀俯察」進行「觀物取象」的方式正是漢字「六書」的源頭，即象形。康有爲云：「文字之始，莫不生於象形。物有無形者，不能窮也，故以指事繼之。理有憑虛，無事可指者，以會意盡之。若諧聲假借，其後起者也。轉注則劉歆創例，古者無之。」〔註2〕隨著文字的「孳乳寖多」，「六書」觀念逐漸完備，到漢代才形成理論體系。「六書」有其萌芽、發展與成熟的過程，但始終都是聯繫漢字「形」與「義」之間的紐帶，對漢字書寫規範起到直接的制約作用。古人云：「周之保氏教國子以六書。既教之小學，使辨其爲書之形。必教之大學，使其通爲書之意。」〔註3〕可以說「六書」理論是漢字書寫的無形標尺。

漢字隨著人們的實際應用，以「簡易」、「美觀」的方向發展，產生了篆、隸、楷、草、行五種字體。字體發展演變是無數書寫者的書寫實踐所推動的，體現出書寫者的集體意志。雖是人爲推動，但體現在字體上則具有客觀性。比如，魏晉南北朝時期，王朝更替很快，社會動盪不安，這固然是書寫混亂的一方面原因。但相較而言，秦漢以來字體演變的影響成分似乎更多一些。隸變的過程本身就產生了很多的異體字，再加上隸書向楷書演變所產生的異體字，導致了這一時期文字狀況的複雜性。

以國家行政制度爲推動力

制定文字政令與法規

在中國歷史上，國家以政令和法規的形式規範文字的方式並不鮮見。其規範效用取決於政令施行的效力。比如秦代時施行比較嚴厲，規範效果非常

〔註 2〕姜義華、張榮華編校：《康有爲全集》第一集，北京：中國人民大學出版社，2007 年，第 252 頁。
〔註 3〕（宋）陳思：《書苑菁華》見盧輔聖主編：《中國書畫全書》第二冊，上海書畫出版社，1992 年，第 526 頁。

顯著。其他時期，則遠不及秦代。秦始皇統一六國之後，實行「一法度衡石丈尺，車同軌，書同文」的嚴厲措施，「罷其不與秦文合者」。隨著秦代政治的統一，六國文字紛亂的局面戛然而止，取而代之的是線條均勻，形體端莊規範的標準字體——秦小篆。當然在實用領域還有隸書的存在。漢代時，《尉律》規定：「吏民上書，字或不正，輒舉劾。」在文獻當中沒有見到秦代對於吏民上書時的文字書寫要求，但從秦代實行嚴刑峻法與漢承秦制這兩方面看，估計應當一樣。南北朝時期，異體字極多。《魏書》記載始光二年曾頒佈詔書規範文字，一些異體字經官方認可後成為正體字。這種官方下詔令規範文字的做法，也出現在唐代。五代林罕在其《字源偏旁小說序》中記載：「……又有文下作子為孝，更旁作生為甥，凡數十百字謂之野書。唐有敕文明加禁斷。今往往見之，亦不可輒學。〔註4〕」關於唐代下敕令廢除這些「野書」的其他記載，史書不詳。《通志》卷六十三云：「（《古文尚書》）不幸遭明皇更以今文，其不合開元文字者，謂之『野書』。」不知是否為同一件事，尚待考證。

相關制度建設

職官設置

先秦時期，學在官府，政教合一。政府的一些官員在擔任行政職務的同時還承擔著學術與教育的職責。比如西周時保氏負責國子的教育工作，教其禮、樂、射、御、書、數等知識技能。《周禮·秋官》外史「掌達書名於四方」。大行人「七歲屬象胥，諭言語，協辭命。九歲屬瞽史，諭書名，聽聲音。」外史和大行人都負責諸侯國的語言文字規範工作，並定期進行監督考察。太史一職則主要負責史官的教育與考核。周宣王太史作《史籀篇》就是用來教史學童的教材，漢代時也是這樣。考核選拔史官也是太史的職責，《漢書》云：「太史試學童，能諷書九千字以上，乃得為史。」秦漢以後，主要以博士為學官。秦代博士掌管國家典籍。漢武帝設五經博士，為後來分科教育以及科舉奠定基礎。魏晉時期設置「書博士」，教學生學習書法。到隋唐時已經建立了完善的書學，以書學博士為教師。

漢代起國家藏書日漸豐富，校書郎與正字兩種職官出現，負責勘校經典，是正文字。這一舉措保證了典籍的質量，也對文字規範起到不小的作用。隋

〔註4〕（宋）朱長文：《墨池編·林罕小說序》見盧輔聖主編：《中國書畫全書》第一冊，上海書畫出版社，1992年，第213頁。

唐時期，秘書等各省均設楷書手一職。這些書手負責抄寫經典圖書，他們的書法規範嚴謹，對形成當時的書法風氣起到一定作用。還有翰林書手，多以寫制誥出身，服務皇帝，其審美也以端莊規範爲準，由於其地位較高，影響自然也較大。

選官要求

文字作爲國家統治的重要工具，自然成爲選拔官吏的主要考核項目。秦漢選拔文吏，要求「能書會計」。漢魏以後，整個社會文化水平極大提高，書法藝術迅速發展。到唐代時，僅僅「能書」已經不具備競爭優勢。唐代科舉士子登科後，吏部銓選時「書」成爲重要參考依據，要求「楷法遒美」。由於考生很多，吏部往往以「書、判」考評士子優劣，端莊遒美的楷書判狀無疑起到關鍵性作用。由於社會知識階層數量較多，追求仕進成爲趨勢。因此，「以書取士」的要求對全社會書寫規範有著強有力的推動作用。這一舉措對後世書法也影響深遠。

以文化教育爲實現方式

以各類學校教育爲中心

中國古代歷來重視文教。據文獻記載，三代時都已有學校。就目前見到的材料來看，商代已有書寫教育。唐蘭《天壤閣甲骨文存考釋》與郭沫若《殷契粹編》收錄的甲骨當中，就有一些屬於老師教學徒的習字卜辭。（見本文第三章第一節）商周貴族教育主要以「六藝」爲主，其中「書」就是培養識字書寫能力。關於漢代小學教育，《齊民要術》引錄崔寔《四民月令》中的記載：

> 正月，農事未起，命成童以上。謂年十五以上至二十。入大學，學五經，師法求備，勿讀書傳。研凍釋，命幼僮，謂九歲以上十四歲以下也。如小學，學書篇章。謂六甲九九《急就》、《三蒼》之屬。八月，暑小退，命幼僮入小學，如正月焉。十月，農事必，命成童以上入大學，如正月焉。十一月，研水凍，命幼童讀孝經論語篇章，入小學。〔註5〕

〔註5〕轉引自張政烺：《六古義》，見《歷史語言研究所集刊》（第十冊），北京：中華書局，1987年，第4頁。

可知漢代鄉學小學主要學習內容是「學書篇章」即六甲、九九、《急就篇》、《三蒼》等內容。六甲就是甲子表，記日記時經常使用，因此爲首要學習內容。九九則是算術九九表，《急就篇》與《三蒼》都是漢代十分流行的字書。當然這些都屬於普通教育的學習內容。秦漢時期文史職業教育也很發達。如秦代的學室教育。秦以刀筆吏爲師，這些文史負責教自己的子弟學習文法律令。漢代也大致相同。張家山漢簡《史律》篇有相關記載。西晉時，秘書監設書博士教書法，書令史也負責典教書畫。這可以看作後來書學的雛形。隋唐時書學成爲專門的書法學校，與國子學、四門學、太學、律學、算學並列，隸屬國子監，專門培養書寫人才。當然，各地方學校乃至私學都開設書法課，這從敦煌文書當中的《千字文》、《正名要錄》、《字寶》等字書以及許多的習字寫本都可以看出這一點。﹝註6﹞當然，唐代書法教育繁榮與「以書取士」制度分不開。

以字書、石經爲範本

字書可以作爲學校書寫教育的教材，也可以作爲自學教材。對於學書識字非常便利，在古代非常流行。最早的字書是周宣王太史編的《史籀篇》，估計最早是以簡牘的形式寫成。到漢代時《史籀篇》還作爲史學童的專業教材。《漢書》記載，諷九千字以上，即可作史。秦代時李斯作《倉頡篇》，中車府令趙高作《爰歷篇》，太史令胡毋敬作《博學篇》，這三篇字書的內容都取自《史籀篇》，用小篆編寫。漢初，閭里書師將這三篇合爲一篇，稱《蒼頡篇》。此外，還有黃門令史游作的《急就篇》。這些字書多是編次文字，沒有解說。直到許愼《說文解字》的出現才有了字典的性質。論學術性，《說文解字》首當其衝。當然其他字書對於基礎書寫教育影響也很大。南朝梁陳之際的顧野王編纂了《玉篇》一書，是最早的楷書字典，但其影響似乎不是很大。唐代顏元孫承襲家學編《干祿字書》，爲唐代字樣學的代表之作，影響很大，對規範文字功不可沒。

從漢至唐共刻有三部石經，分別是：《熹平石經》、《正始石經》、《開成石經》。無論對經學發展還是書寫規範都有重要意義。《熹平石經》以成熟八分書寫，是典型的漢隸。《正始石經》則以古文、小篆和隸書三體刻成。意在弘

﹝註 6﹞敦煌文書中的習字內容有王羲之《蘭亭序》、《尚想綺帖》、《十七帖》等。

揚古文經學，對魏晉時期的字體復古產生了一定影響。《開成石經》刻於唐文宗時，楷書寫成，煌煌巨製，對文化發展有很大貢獻。

以書法名家法帖爲範本

漢魏以後，書法名家逐漸多了起來。再加上紙張的廣泛使用，促進了書法的發展。鍾繇、胡昭等書家的法帖，在西晉時已是秘書監書博士教書法用的範本。史書記載，北朝書家崔浩曾受託爲人抄寫《急就篇》上百本。可見人們對於書寫的審美功能追求在逐漸增加。隋僧智永，爲王羲之七世孫，曾書《千字文》八百餘本，分贈浙東諸寺，敦煌寫本中還發現蔣進善臨本。唐代，歐、虞、褚、薛乃至顏、柳，都爲世人楷模。太宗崇王，更是影響了當時書風。

然而書法家寫字，並不拘於正體異體。隨著書法家法帖的傳播，異體字也傳播開來，這對書寫規範而言自然不利。然而，法帖當中的異體字對於當今書法創作也有借鑒意義。

古人規範文字與現在不同，一個字的正體不具有唯一性，正與俗之間往往沒有明確的界限。荀子《正名篇》說：「名無固宜，約之以命。約定俗成謂之宜，異於約則謂之不宜。名無固實，約之以命實，約定俗成謂之實名。」這種「約定俗成」的方式所具有的約束力畢竟有限。顏之推認爲要「隨代損益，各有同異。」到了顏元孫則將文字分爲「正、通、俗」三類，有一些還屬於「並正」。唐玄度《新加九經字樣·序》云：「如總據《說文》。即古體驚俗。若近代之文字。或傳寫乖訛。」學者這種「隨代損益」的主張固然是好的，但面對古代多種字體並存並用的情況，要想取得統一恐怕很難。古代有限的傳播方式與比較靈活的文字觀念影響著書寫規範化的成效。這是時代所囿，我們無須苛求。

附 圖

尖起尖收　　　　　藏頭露尾　　　　　藏頭護尾

1-2.1 商周文字筆意變化比較

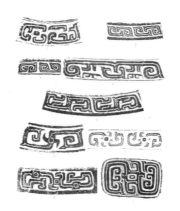

《商周彝器通考》竊曲紋舉例　　　　　　金文圖案化字例

（上：虢季子白盤　下：史頌匜）

南宮乎鍾（宣王時期）　　　　　曾侯乙鈎形器（戰國早期）

1-2.2

《利簋》（武王時期）　　　　　　《天亡簋》（武王時期）

1-2.3

1-2.4　不其簋（西周晚期）

1-2.5 秦公鎛

秦公鍾

秦公簋

1-2.6

嶧山碑　　　　　　　　　　　石鼓文（後勁本）

1-2.7

1-2.8

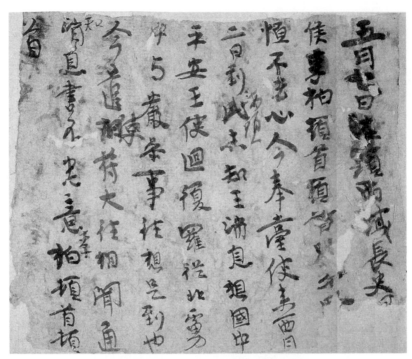

1-2.9 李柏文書

2-1.1 《王杖詔令冊》

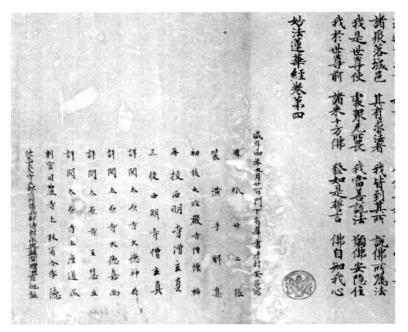

2-3.1 S.0312《妙法蓮華經卷第四》卷尾題記

妙法蓮華經持品第十三
尒時藥王菩薩摩訶薩及大樂說菩薩摩訶
薩與二萬菩薩眷屬俱皆於佛前作是誓言
唯願世尊不以為慮我等於佛滅後當奉持
讀誦說此經典後惡世眾生善根轉少多增
上慢貪利供養增不善根遠離解脫雖難可
教化我等當起大忍力讀誦此經持說書寫
種種供養不惜身命尒時眾中五百阿羅漢

提善男子善女人受持讀誦此經
賤是人先世罪業應墮惡道以今
故先世罪業則為消滅當得阿耨
三菩提湏菩提我念過去无量阿
然燈佛前得值八百四千萬億那
逃皆供養承事无空過者若復有

S.0312　封安昌《妙法蓮華經卷四》　　　S.0513　歐陽玄《金剛波若波羅密經》

2-3.2

王偁書《王審知德政碑》（局部）　　　張文哲《司馬齊卿墓誌》

2-3.3

2-3.4　張若芬《張休光墓誌》（局部）

府君諱公素字全白京兆
家焉曾祖諱武祖諱瑤並
雲麾將軍昭武校尉守右
綜羣書一覽無遺五行俱
不羣迥然孤立可謂五百
得其人迷應清曙紫
作上護軍四季賜緋奠袋
二祀伏以兇渠作孽常山
聖皇嚇怒太點天兵十道
凌重圍四合公乃施万計

2-3.5　史頎書《王公素墓誌》（局部）

2-3.6　徐浩書《朱巨川告身》（局部）

| 柳公權《神策軍碑》 | 柳公權《回元觀鐘樓塔銘》 |

2-3.7

3-1.1　《殷契粹編》1465

3-1.2　《殷契粹編》1468

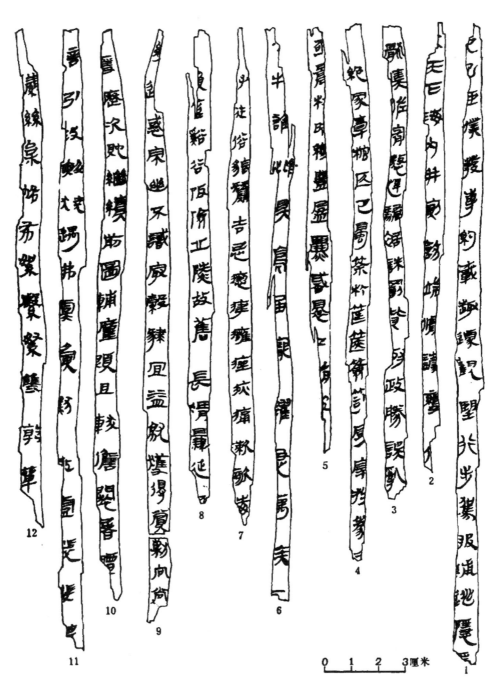

3-2.1 阜陽漢簡《蒼頡篇》摹本

3-2.2　敦煌漢簡《蒼頡篇》摹本

3-2.3 《干祿字書》局部（明拓本）

3-3.1 《熹平石經》殘石

3-3.2　《正始石經》殘石

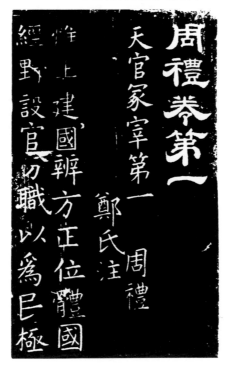

3-3.3　《開成石經》局部（《周禮》）

3-3.4 《天發神讖碑》局部（三國・吳）

《西清古鑑》（《追簋》摹本）　　　《正始石經》古文選字

3-3.5

3-3.6 敦煌抄本《字寶》（P.2717）

3-3.7 敦煌本《正名要錄》（S.388-12）

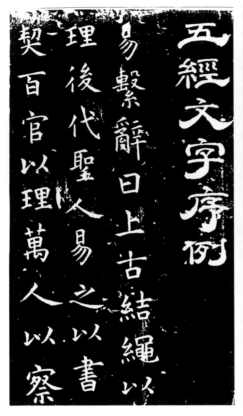
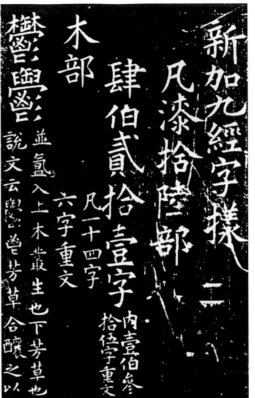

《開成石經》本《五經文字》　　　《開成石經》本《九經字樣》

3-3.8

附表：唐代墓誌異體字字形表

序號	字頭	字形	墓誌名稱
1	哀		董本墓誌
			慕容稚英墓誌
2	礙		柏玄墓誌
3	案		皇甫君妻張大人墓誌
4	黯		康智及夫人墓誌
5	昂		口克從墓誌
			潞岩及夫人墓室
6	遨		牛阿師墓誌
7	襖		爨古墓誌
8	奧		裴咸墓誌
9	懊		趙阿文墓誌

序號	字頭	字形	墓誌名稱
10	拔		張貞墓誌
			關師墓誌
			慕容君妻費氏墓誌
			孫澄墓誌
11	跋		屈突伯起墓誌
12	靶		申守及夫人田氏墓
13	罷		罷-唐小姑墓誌
14	霸		霸-王德表墓誌
			許行本及妻崔氏墓誌
15	柏		唐小姑墓誌
16	拜		宋智亮及夫人徐氏墓誌
17	班		九品亡宮墓誌

序號	字頭	字形	墓誌名稱
18	頒		元智威墓誌
19	斑		王君妻薛氏墓誌
			楊訓及夫人鄭氏墓誌
20	邦		逮貞及夫人李氏墓誌
21	包		元智威墓誌
22	褒		王德表墓誌
23	保		元罕及夫人張氏墓誌
24	報		楊君墓誌
25	抱		慕容稚英墓誌
26	暴		關師墓誌
27	卑		高象護墓
28	備		齊朗及夫人王氏墓誌

			王思訥及妻乙妻氏墓誌
			王緒太夫人郭五墓誌
			王玄裕墓誌
			張君妻徐明墓誌
29	被		元智威墓誌
30	崩		焦松及夫人種氏墓誌
			菀君妻梁氏墓誌
			張道墓誌
31	筆		張道墓誌
32	畢		暢懷禎墓誌
33	閉		高象護墓誌
34	碧		皇甫玄志董氏合葬墓誌
35	臂		趙本質墓誌
36	璧		慕容稚英墓誌
			王君妻劉夫人墓誌
37	邊		潞岩及夫人墓誌
			楊君墓誌
38	編		皇甫君妻張夫人墓誌

39	鯾		高象護墓誌
40	穼		高珍墓誌
41	變		衡義整及夫人元氏合葬墓誌
			許行本及妻崔氏墓誌
			元罕及夫人張氏墓誌
42	彪		許行本及妻崔氏墓誌
43	驃		元罕及夫人張氏墓誌
44	標		元智威墓誌
45	鑣		許公妻王氏墓誌
			張貞墓誌
46	標		樊太君墓誌
			標-慕容稚英墓誌
47	鱉		張道墓誌
48	賓		張君妻徐明墓誌
			慕容君妻李氏墓誌
			張君妻徐明墓誌
49	濱		許行本及妻崔氏墓誌
50	冰		許行本及妻崔氏墓誌

51	稟		李文疑墓誌
			慕容稚英墓誌
			王玄裕墓誌
			王豫及夫人蕭氏墓誌
52	並		王幹及夫人劉氏墓誌
			許行本及妻崔氏墓誌
53	病		李瓛及夫人鄭氏墓誌
54	伯		趙本質墓誌
55	博		崔思古墓誌
			元智威墓誌
56	渤		崔銳妻高漆娘墓誌
			高珍墓誌
			趙本質墓誌
57	薄		衡義整及夫人元氏合葬墓誌
			楊訓及夫人鄭氏墓誌
58	步		皇甫君妻張夫人墓誌
			皇甫玄志董氏合葬墓誌
			元智威墓誌

編號	字	字形	出處	編號	字	字形	出處	編號	字	字形	出處
		少	趙本質墓誌			藏	焦松及夫人種氏墓誌			經	元智威墓誌
59	才	才	趙本質墓誌			藏	裴咸墓誌			蟬	成循墓誌
60	纔	纔	斛斯氏墓誌			藏	王君妻薛氏墓誌	75	蟬	蟬	董本墓誌
61	參	參	元智威墓誌	68	操	操	元智威墓誌			蟬	慕容稚英墓誌
		參	爨古墓誌	69	曹	曹	許行本及妻崔氏墓誌			蟬	屈突伯起墓誌
		參	馮操墓誌			曹	陳察及夫人柳氏墓誌	76	躔	躔	趙本質墓誌
		參	衡義整及夫人元氏合葬墓誌			曹	許行本及妻崔氏墓誌	77	嘗	嘗	陳崇本墓誌
		參	王玄裕墓誌			冊	封抱墓誌	78	常	常	陳崇本墓誌
		參	元罕及夫人張氏墓誌			冊	傅思諫墓誌	79	超	超	唐小姑墓誌
62	蠶	蠶	慕容君妻張順墓誌			冊	韓仁惠及夫人墓誌	80	巢	巢	申守及夫人田氏墓誌
63	慚	慚	王智通及夫人李氏合葬墓誌	70	冊	冊	扈小沖墓誌	81	朝	朝	衡義整及夫人元氏合葬墓誌
		慚	扈小沖墓誌			冊	劉基及夫人秦氏墓誌			朝	朱仁表墓誌
		慚	奚弘敬及夫人李氏墓誌			冊	王思訥及妻乙婁氏墓誌	82	徹	徹	古君妻匹婁淨德墓誌
64	粲	粲	成循墓誌	71	策	策	王德表墓誌	83	澈	澈	張道墓誌
		粲	唐小姑墓誌			策	周善持墓誌			塵	董希令及夫人趙氏墓誌
65	倉	倉	趙本質墓誌	72	禧	禧	蘇卿墓誌			塵	衡義整及夫人元氏合葬墓誌
66	蒼	蒼	高象護墓誌	73	禪	禪	趙元智墓誌	84	塵	塵	尚明墓誌
67	藏	藏	衡義整及夫人元氏合葬墓誌	74	纏	纏	皇甫玄志董氏合葬墓誌			塵	元智威墓誌

85	臣		許行本及妻崔氏墓誌
86	沉		傅思諫墓誌
			皇甫玄志董氏合葬墓誌
87	辰		扈小沖墓誌
			元智威墓誌
88	晨		古君妻匹婁淨德墓誌
			扈小沖墓誌
			趙本質墓誌
89	稱		扈小沖墓誌
			王思訥及妻乙婁氏墓誌
90	丞		高象護墓誌
91	承		爨古墓誌
			高珍墓誌
92	城		高象護墓誌
93	乘		斛斯氏墓誌
			元罕及夫人張氏墓誌
94	騁		張信墓誌

95	遲		奚弘敬及夫人李氏墓誌
96	齒		黑齒常之墓誌
97	恥		元罕及夫人張氏墓誌
98	褫		斛斯氏墓誌
99	沖		王德表墓誌
100	蟲		南玄暕墓誌
101	寵		五品亡宮墓誌
			七品亡宮墓誌
102	儔		趙本質墓誌
103	疇		蘇卿墓誌
			王玄裕墓誌
104	籌		王君妻薛氏墓誌
			掌思明墓誌
			趙本質墓誌
105	初		高珍墓誌
			潞岩及夫人墓誌
106	雛		南郭生墓誌
107	礎		張道墓誌

108	楚		張道墓誌
109	處		孫澄墓誌
			唐小姑墓誌
110	穿		牛阿師墓誌
111	傳		斛斯氏墓誌
			楊陶墓誌
112	床		屈突伯起墓誌
			周善持墓誌
113	愴		楊君墓誌
114	垂		慕容稚英墓誌
			元智威墓誌
115	純		焦松及夫人種氏墓誌
116	輟		崔玄籍及夫人李氏墓誌
117	疵		扈小沖墓誌
118	辭		暢懷禎墓誌
			李起宗及夫人孟氏合葬墓誌
			王玄裕墓誌
119	刺		南玄暕墓誌

編號	字	字形	出處
	剌		王玄裕墓誌
			趙本質墓誌
120	從		皇甫玄志董氏合葬墓誌
			元智威墓誌
121	蔥		李文疑墓誌
122	聰		王德表墓誌
			王思惠妻孟大乘墓誌
			朱簡及夫人墓誌
123	叢		崔德墓誌
			趙本質墓誌
124	爨		爨古墓誌
			爨古墓誌
125	悴		成循墓誌
126	萃		李文疑墓誌
127	瘁		許行本及妻崔氏墓誌
128	粹		成循墓誌
			元智威墓誌
			張信墓誌
129	翠		斛斯氏墓誌
			皇甫君妻張夫人墓誌
			秦朗墓誌
130	磋		李文疑墓誌
131	達		康智及夫人墓誌
			孫澄墓誌
132	答		韓傑墓誌
133	岱		扈小沖墓誌
134	帶		封抱墓誌
135	逮		康智及夫人墓誌
136	戴		趙本質墓誌
137	丹		六品亡宮墓誌
138	旦		趙本質墓誌
139	誕		皇甫君妻張夫人墓誌
			樊太君墓誌
			宋智亮及夫人徐氏墓誌
140	道		元罕及夫人張氏墓誌
141	得		八品亡宮墓誌
142	德		扈小沖墓誌
			康智及夫人墓誌
			元罕及夫人張氏墓誌
			王德表墓誌
143	登		劉洪預墓誌
			楊升墓誌
144	等		高珍墓誌
			張道墓誌
145	鄧		元智威墓誌
146	低		韓傑墓誌
147	敵		李宗墓誌
			王思訥及妻乙婁氏墓誌
			趙阿文墓誌
148	邸		陳崇本墓誌
149	地		衡義整及夫人元氏合葬墓誌
			唐小姑墓誌
			元智威墓誌

編號	字	字形	出處	編號	字	字形	出處	編號	字	字形	出處
150	遞		劉基及夫人秦氏墓誌	158	簩		韓傑墓誌	170	對		王緒太夫人郭五墓誌
			董本墓誌	159	諜		王玄裕墓誌				皇甫君妻張夫人墓誌
			慕容稚英墓誌				貞隱子墓誌				潞岩及夫人墓誌
151	第		高象護墓誌	160	鼇		斛斯氏墓誌				張素及夫人趙氏墓誌
			潞岩及夫人墓誌	161	牒		王思訥及妻乙妻氏墓誌	171	敦		劉基及夫人秦氏墓誌
			孫公夫人陸氏墓誌	162	蝶		王進墓誌	172	遁		慕容稚英墓誌
			王智本墓誌	163	鼎		陳崇本墓誌	173	奪		韓仁惠及夫人墓誌
152	典		高象護墓誌				王君妻劉夫人墓誌	174	俄		楊君墓誌
			陳察及夫人柳氏墓誌	164	定		元智威墓誌	175	惡		王智本墓誌
153	砧		高珍墓誌	165	鬥		孫澄墓誌	176	萼		慕容知廉墓誌
154	奠		韓傑墓誌	166	督		陳崇本墓誌				屈突伯起墓誌
155	殿		劉洪預墓誌				屈突伯起墓誌	177	恩		高珍墓誌
			裴咸墓誌				楊陶墓誌	178	兒		李難墓誌
			趙本質墓誌	167	篤		康智及夫人墓誌	179	爾		楊訓及夫人鄭氏墓誌
156	雕		衡義整及夫人元氏合葬墓誌	168	度		慕容君妻張順墓誌	180	貳		公士尉神柩記.
			蘇卿墓誌				朱簡及夫人墓誌				韓仁惠及夫人墓誌
157	弔		陳察及夫人柳氏墓誌	169	斷		李起宗及夫人孟氏合葬墓誌				劉洪預墓誌
			王智本墓誌				劉儉墓誌				楊約及夫人喬氏墓誌

			張信墓誌	191	芬		樊太君墓誌	203	鳧	王德表墓誌
181	髮		扈小沖墓誌	192	氛		爨古墓誌	204	紱	趙本質墓誌
			申守及夫人田氏墓誌	193	奮		王智通及夫人李氏合葬墓誌	205	苻	斛斯氏墓誌
182	樊		奚弘敬及夫人李氏墓誌	194	豐		翟公妻康氏墓誌	206	福	封抱墓誌
183	藩		董本墓誌				八品亡宮墓誌			朱仁表墓誌
184	泛		九品亡宮墓誌				董本墓誌	207	阜	呼延章及妻馬氏墓誌
			斛斯氏墓誌	195	風		李瓛及夫人鄭氏墓誌	208	副	張貞墓誌
			李瓛及夫人鄭氏墓誌				王玄裕墓誌	209	傅	趙本質墓誌
185	範		慕容稚英墓誌	196	峰		韓仁惠及夫人墓誌	210	富	孫公夫人陸氏墓誌
			張貞墓誌				趙本質墓誌	211	覆	暢懷禎墓誌
186	梵		樊太君墓誌	197	鋒		張道墓誌			成循墓誌
187	髣		李宗墓誌				趙阿文墓誌	212	馥	李瓛及夫人鄭氏墓誌
			爨古墓誌	198	逢		樊太君墓誌			皇甫君妻張夫人墓誌
188	飛		慕容稚英墓誌				許琮妻李氏墓誌	213	該	趙本質墓誌
			高珍墓誌	199	鳳		高象護墓誌	214	陔	屈突伯起墓誌
189	分		斛斯氏墓誌	200	佛		李宗墓誌	215	改	元罕及夫人張氏墓誌
			王智通及夫人李氏合葬墓誌	201	敷		陳崇本墓誌			許行本及妻崔氏墓誌
190	紛		慕容稚英墓誌	202	伏		屈突伯起墓誌	216	概	趙本質墓誌

217	敢	陳察及夫人柳氏墓誌
		劉洪預墓誌
218	幹	康智及夫人墓誌
		許公妻王氏墓誌
219	剛	程瞻墓誌
		申守及夫人田氏墓誌
220	崗	梁曠墓誌
		唐小姑墓誌
221	綱	劉基及夫人秦氏墓誌
222	皋	掌思明墓誌
223	高	王玄裕墓誌
224	膏	焦松及夫人種氏墓誌
225	割	陳察及夫人柳氏墓誌
		張道墓誌
226	閣	崔公夫人李氏墓誌
227	革	高象護墓誌
228	葛	焦松及夫人種氏墓誌
229	隔	高珍墓誌

230	耕	孔元墓誌
		尚明墓誌
		元智威墓誌
231	功	蘇卿墓誌
232	恭	皇甫君妻張夫人墓誌
		屈突伯起墓誌
233	鞏	屈突伯起墓誌
234	共	元罕及夫人張氏墓誌
235	溝	張道墓誌
236	緱	王玄裕墓誌
		楊嶽墓誌
237	狗	斛斯氏墓誌
238	構	董希令及夫人趙氏墓誌
		劉基及夫人秦氏墓誌
		趙本質墓誌
		朱仁表墓誌
239	遘	康智及夫人墓誌
		齊朗及夫人王氏墓誌

240	谷	苑君妻梁氏墓誌
		王緒太夫人郭五墓誌
		康智及夫人墓誌
		劉含章妻李五娘墓誌
241	骨	焦松及夫人種氏墓誌
		元智威墓誌
242	鼓	古君妻匹婁淨德墓誌
243	故	衡義整及夫人元氏合葬墓誌
		劉基及夫人秦氏墓誌
244	顧	高足西墓誌
245	瓜	董希令及夫人趙氏墓誌
		許行本及妻崔氏墓誌
246	寡	齊朗及夫人王氏墓誌
247	乖	爨古墓誌
		爨古墓誌
248	觀	楊陶墓誌
		趙本質墓誌
249	冠	梁玄敏墓誌

			牛阿師墓誌				五品亡宮墓誌	261	虢		崔公夫人李氏墓誌
			王德表墓誌				楊升墓誌				蘇卿墓誌
			楊君墓誌				楊陶墓誌	262	過		元智威墓誌
			張道墓誌				張道墓誌				楊紹基墓誌
250	館		曹玄機及妻陳氏墓誌				張素及夫人趙氏墓誌	263	害		王德表墓誌
251	灌		王緒太夫人郭五墓誌				朱簡及夫人墓誌				爨古墓誌
252	光		蘇卿墓誌				呼延章及妻馬氏墓誌	264	含		樊太君墓誌
			元罕及夫人張氏墓誌	254	龜		張道墓誌				慕容君妻李氏墓誌
253	歸		暢懷禎墓誌	255	規		齊朗及夫人王氏墓誌	265	函		康智及夫人墓誌
			爨古墓誌				蘇卿墓誌	266	韓		韓傑墓誌
			封抱墓誌				許公妻王氏墓誌	267	罕		元罕及夫人張氏墓誌
			李瓛及夫人鄭氏墓誌	256	軌		楊訓及夫人鄭氏墓誌				貞隱子墓誌
			梁曔墓誌	257	龜		韓傑墓誌	268	漢		扈小沖墓誌
			慕容君妻費氏墓誌	258	簋		崔德墓誌				扈小沖墓誌
			慕容稚英墓誌	259	國		高珍墓誌				李起宗及夫人孟氏合葬墓誌
			蘇卿墓誌				衡義整及夫人元氏合葬墓誌				楊訓及夫人鄭氏墓誌
			王君妻劉夫人墓誌				張思賓墓誌				慕容稚英墓誌
			王緒太夫人郭五墓誌	260	簋		崔德墓誌	269	號		扈小沖墓誌

		康智及夫人墓誌	274	衡		高珍墓誌	285	候		莫義墓誌
		王思訥及妻乙妻氏墓誌				黑齒常之墓誌				關師墓誌
		王玄裕墓誌	275	衕		高珍墓誌	286	乎		王玄裕墓誌
		張道墓誌	276	虎		常協墓誌	287	呼		尚明墓誌
270	褐	爨古墓誌				衡義整及夫人元氏合葬墓誌				元罕及夫人張氏墓誌
		元智威墓誌	277	弘		李起宗及夫人孟氏合葬墓誌	288	弧		張道墓誌
271	鶴	唐小姑墓誌	278	虹		李瓛及夫人鄭氏墓誌				陳崇本墓誌
		董本墓誌	279	侯		馮操墓誌	289	壺		成循墓誌
		申守及夫人田氏墓誌				扈小沖墓誌				馮操墓誌
		唐小姑墓誌				王玄裕墓誌				劉含章妻李五娘墓誌
272	鑿	常協墓誌				朱簡及夫人墓誌	290	斛		斛斯氏墓誌
		關師墓誌	280	喉		王德表墓誌	291	虎		關師墓誌
		呼延章及妻馬氏墓誌	281	後		許行本及妻崔氏墓誌				呼延章及妻馬氏墓誌
		康智及夫人墓誌	282			楊訓及夫人鄭氏墓誌	292	護		古君妻匹婁淨德墓誌
		申守及夫人田氏墓誌	283	厚		焦松及夫人種氏墓誌				潞岩及夫人墓誌
		奚弘敬及夫人李氏墓誌				張思賓墓誌	293	花		屈突伯起墓誌
		元罕及夫人張氏墓誌	284	後		劉基及夫人秦氏墓誌	294	畫		申守及夫人田氏墓誌
273	橫	斛斯氏墓誌				慕容稚英墓誌	295	懷		逮貞及夫人李氏墓誌

		懷	高象護墓誌			徽	莫義墓誌	316	禍	禍	傅思諫墓誌

		懷	高象護墓誌	
		懷	元智威墓誌	
296	歡	歡	李起宗及夫人孟氏合葬墓誌	
		歡	李起宗及夫人孟氏合葬墓誌	
297	還	還	高足酉墓誌	
		還	掌思明墓誌	
298	寰	寰	張道墓誌	
299	澳	澳	蘇卿墓誌	
300	煥	煥	孔元墓誌	
301	肓	肓	焦松及夫人種氏墓誌	
302	荒	荒	潞岩及夫人墓誌	
		荒	楊訓及夫人鄭氏墓誌	
303	黃	黃	高象護墓誌	
		黃	齊朗及夫人王氏墓誌	
304	蝗	蝗	高象護墓誌	
		蝗	南玄陳墓誌	
305	恢	恢	楊升墓誌	
306	徽	徽	九品亡宮墓誌	

		徽	莫義墓誌	
		徽	蘇卿墓誌	
307	卉	卉	王德表墓誌	
308	諱	諱	董本墓誌	
		諱	劉基及夫人秦氏墓誌	
		諱	慕容稚英墓誌	
309	喙	喙	慕容君妻李氏墓誌	
310	惠	惠	元智威墓誌	
311	毀	毀	蘇卿墓誌	
312	昏	昏	斛斯氏墓誌	
		昏	楊訓及夫人鄭氏墓誌	
313	谿	谿	許行本及妻崔氏墓誌	
314	或	武	李瓛及夫人鄭氏墓誌	
		武	李瓛及夫人鄭氏墓誌	
		或	奚弘敬及夫人李氏墓誌	
		或	楊君墓誌	
315	獲	獲	呼延章及妻馬氏墓誌	
		獲	張思賓墓誌	

316	禍	禍	傅思諫墓誌	
		禍	關師墓誌	
		禍	衡義整及夫人元氏合葬墓誌	
		禍	王玄裕墓誌	
317	機	機	陳崇本墓誌	
318	璣	璣	高珍墓誌	
319	跡	跡	關師墓誌	
		迹	莫義墓誌	
		跡	唐小姑墓誌	
		迹	楊陶墓誌	
		迹	元智威墓誌	
320	姬	姬	元智威墓誌	
		姬	李瓛及夫人鄭氏墓誌	
		姬	王玄裕墓誌	
321	基	基	劉基及夫人秦氏墓誌	
322	績	績	高足酉墓誌	
323	秳	秳	張素及夫人趙氏墓誌	
324	擊	擊	王伏生墓誌	

325	稽		張素及夫人趙氏墓誌
			董本墓誌
			董本墓誌
			劉儉墓誌
			朱簡及夫人墓誌
326	羇		斛斯氏墓誌
327	吉		焦松及夫人種氏墓誌
328	極		慕容稚英墓誌
329	極		七品亡宮墓誌
			申守及夫人田氏墓誌
			王玄裕墓誌
330	急		安懷及夫人史氏墓誌
331	疾		封抱墓誌
			孫公夫人陸氏墓誌
332	棘		董本墓誌
			趙本質墓誌
333	瘠		朱仁表墓誌
334	籍		賈隱及夫人墓誌

335	幾		七品亡宮墓誌
			南郭生墓誌
			孫澄墓誌
336	戟		陳崇本墓誌
337	紀		董本墓誌
			董本墓誌
			慕容稚英墓誌
338	際		成循墓誌
			楊訓及夫人鄭氏墓誌
339	既		逯貞及夫人李氏墓誌
			高邈墓誌
			扈小沖墓誌
			蘇卿墓誌
340	繼		南郭生墓誌
341	寂		趙本質墓誌
342	寄		衡義整及夫人元氏合葬墓誌
343	祭		慕容君妻張順墓誌
344	薊		董希令及夫人趙氏墓誌

345	冀		衡義整及夫人元氏合葬墓誌
			張信墓誌
			趙本質墓誌
346	驥		劉洪預墓誌
			元智威墓誌
347	夾		元智威墓誌
348	嘉		宋智亮及夫人徐氏墓誌
349	賈		董本墓誌
350	假		尚明墓誌
			宋智亮及夫人徐氏墓誌
			趙本質墓誌
			朱簡及夫人墓誌
351	奸		呼延章及妻馬氏墓誌
352	堅		楊陶墓誌
353	殲		焦松及夫人種氏墓誌
354	兼		元智威墓誌
355	監		衡義整及夫人元氏合葬墓誌
356	儉		楊訓及夫人鄭氏墓誌

357	檢		高象護墓誌				趙本質墓誌				元智威墓誌
358	建		樊太君墓誌	364	蔣		衡義整及夫人元氏合葬墓誌	375	傑		高足酉墓誌
			扈小沖墓誌	365	降		許行本及妻崔氏墓誌				呼延章及妻馬氏墓誌
			孫公夫人陸氏墓誌	366	絳		關師墓誌				皇甫君妻張夫人墓誌
359	劍		董本墓誌	367	驕		高珍墓誌				李瓛及夫人鄭氏墓誌
			皇甫君妻張夫人墓誌	368	椒		九品亡宮墓誌				宋智亮及夫人徐氏墓誌
			孫公夫人陸氏墓誌	369	皎		楊紹基墓誌				辛恭墓誌
360	薦		安懷及夫人史氏墓誌	370	矯		唐小姑墓誌	376	潔		蘇卿墓誌
			王德表墓誌	371	叫		董本墓誌				許行本及妻崔氏墓誌
			張道墓誌	372	嶠		斛斯氏墓誌				趙本質墓誌
361	踐		蘇卿墓誌	373	嗟		陳崇本墓誌	377	結		王幹及夫人劉氏墓誌
			莫義墓誌				封抱墓誌	378	竭		斛斯氏墓誌
362	獎		王德表墓誌				王君妻劉夫人墓誌	379	解		爨古墓誌
363	將		衡義整及夫人元氏合葬墓誌				張素及夫人趙氏墓誌				傅思諫墓誌
			李文疑墓誌				掌思明墓誌				關師墓誌
			楊君墓誌				高珍墓誌				劉洪預墓誌
			掌思明墓誌	374	節		衡義整及夫人元氏合葬墓誌				南郭生墓誌
			趙本質墓誌				扈小沖墓誌				唐小姑墓誌

			元智威墓誌	398	局		扅小沖墓誌
380	戒		關師墓誌				逮貞及夫人李氏墓誌
381	誠		皇甫君妻張夫人墓誌	399	鳩		劉儉墓誌
			楊訓及夫人鄭氏墓誌	391	經		董本墓誌
382	今		慕容稚英墓誌				高象護墓誌
			掌思明墓誌				尚明墓誌
383	襟		元智威墓誌				元智威墓誌
384	謹		八品亡宮墓誌				劉儉墓誌
385	槿		慕容君妻李氏墓誌	392	旌		古君妻匹婁淨德墓誌
386	盡		張道墓誌				扅小沖墓誌
387	勁		楊訓及夫人鄭氏墓誌				趙本質墓誌
			罕及夫人張氏墓誌	393	景		扅小沖墓誌
388	晉		董本墓誌				王豫及夫人蕭氏墓誌
			屈突伯起墓誌				元智威墓誌
			智通及夫人李氏合葬墓誌	394	徑		李起宗及夫人孟氏合葬墓誌
389	縉		韓傑墓誌				王豫及夫人蕭氏墓誌
390	京		扅小沖墓誌				楊紹基墓誌
			元智威墓誌	395	竟		張貞墓誌
				396	敬		高珍墓誌
							元罕及夫人張氏墓誌
				397	靜		董本墓誌

			□克從墓誌
			梁玄敏墓誌
			潞岩及夫人墓誌
			莫義墓誌
400	舊		裴咸墓誌
			屈突伯起墓誌
			王君妻薛氏墓誌
			王豫及夫人蕭氏墓誌
			王智通及夫人李氏合葬墓誌
			張信墓誌
			貞隱子墓誌
401	咎		張思賓墓誌
402	樞		公士尉神樞記
403	就		申守及夫人田氏墓誌
			楊訓及夫人鄭氏墓誌

404	舅	古君妻匹妻淨德墓誌
		申守及夫人田氏墓誌
405	駒	楊嶽墓誌
406	裾	韓傑墓誌
		趙本質墓誌
407	局	劉洪預墓誌
		劉基及夫人秦氏墓誌
		莫義墓誌
408	矩	元智威墓誌
409	據	陳崇本墓誌
		元智威墓誌
410	聚	劉含章妻李五娘墓誌
		屈突伯起墓誌
411	遽	八品亡宮墓誌
		慕容稚英墓誌
412	鑴	秦朗墓誌
		申守及夫人田氏墓誌
		許琮妻李氏墓誌

413	絕	斛斯氏墓誌
		楊訓及夫人鄭氏墓誌
		扈小沖墓誌
		張道墓誌
414	厥	高象護墓誌
		呼延章及妻馬氏墓誌
		劉洪預墓誌
415	君	元智威墓誌
		元智威墓誌
		劉基及夫人秦氏墓誌
		元智威墓誌
		尚明墓誌
416	均	楊訓及夫人鄭氏墓誌
417	俊	斛斯氏墓誌
		朱簡及夫人墓誌
418	開	李文疑墓誌
		李文疑墓誌
		楊紹基墓誌

419	凱	衡義整及夫人元氏合葬墓誌
		屈突伯起墓誌
420	楷	慕容稚英墓誌
		趙本質墓誌
421	侃	五品亡宮墓誌
422	看	六品亡宮墓誌
423	考	高象護墓誌
		高象護墓誌
		許行本及妻崔氏墓誌
424	恐	高珍墓誌
		公士尉神柩記
		李曖及夫人鄭氏墓誌
425	叩	皇甫玄志董氏合葬墓誌
426	寇	牛阿師墓誌
		王德表墓誌
		黑齒常之墓誌
		蘇卿墓誌
		王德表墓誌

編號	字	出處		編號	字	出處		編號	字	出處
		周善持墓誌		437	臘	高珍墓誌		451	累	成循墓誌
427	哭	齊朗及夫人王氏墓誌				李起宗及夫人孟氏合葬墓誌		452	黎	劉基及夫人秦氏墓誌
		元智威墓誌		438	來	焦松及夫人種氏墓誌				屈突伯起墓誌
428	苦	王君妻薛氏墓誌		439	萊	慕容君妻李氏墓誌		453	釐	慕容稚英墓誌
429	跨	趙本質墓誌		440	嵐	衡義整及夫人元氏合葬墓誌				齊朗及夫人王氏墓誌
430	寬	成循墓誌		441	藍	慕容君妻張順墓誌		454	禮	韓傑墓誌
		楊升墓誌		442	闔	許行本及妻崔氏墓誌				王君妻薛氏墓誌
		周善持墓誌		443	勞	慕容稚英墓誌				五品亡宮墓誌
431	款	陳察及夫人柳氏墓誌				尙明墓誌		455	裏	蕭思一及夫人宗氏墓誌
432	匡	皇甫君妻張夫人墓誌		444	牢	趙本質墓誌				屈突伯起墓誌
433	筐	王德表墓誌		445	老	貞隱子墓誌		456	麗	古君妻匹婁淨德墓誌
434	虧	爨古墓誌		446	樂	慕容稚英墓誌				九品亡宮墓誌
		扈小沖墓誌				君妻劉夫人墓誌		457	隸	暢懷禎墓誌
		申守及夫人田氏墓誌		447	勒	慕容稚英墓誌				黑齒常之墓誌
		奚弘敬及夫人李氏墓誌		448	雷	慕容稚英墓誌		458	歷	姚恭及妻陳氏墓誌
		張思賓墓誌		449	淚	焦松及夫人種氏墓誌				裴咸墓誌
435	夔	申守及夫人田氏墓誌				掌思明墓誌		459	聯	常協墓誌
436	昆	王思訥及妻乙妻氏墓誌		450	類	趙本質墓誌				成循墓誌

編號	字	異體字	出處
	聰		董本墓誌
			皇甫君妻張夫人墓誌
			李瓛及夫人鄭氏墓誌
460	廉		鑿古墓誌
			高象護墓誌
461	斂		七品亡宮墓誌
			楊訓及夫人鄭氏墓誌
462	梁		扈小沖墓誌
463	兩		皇甫君妻張夫人墓誌
			掌思明墓誌
464	聊		慕容稚英墓誌
465	僚		成循墓誌
			王緒太夫人郭五墓誌
466	遼		王德表墓誌
467	蓼		董本墓誌
468	列		屈突伯起墓誌
469	烈		董本墓誌
			董本墓誌
470	蠡		高象護墓誌
			鑿古墓誌
			申守及夫人田氏墓誌
			王豫及夫人蕭氏墓誌
471	臨		陳崇本墓誌
			南郭生墓誌
			楊陶墓誌
			楊訓及夫人鄭氏墓誌
472	鱗		張道墓誌
473	麟		王德表墓誌
474	懷		趙本質墓誌
475	靈		楊訓及夫人鄭氏墓誌
			樊太君墓誌
			孔元墓誌
			蘇卿墓誌
			張信墓誌
			趙阿文墓誌
476	凌		樊太君墓誌
			古君妻匹婁淨德墓誌
			常協墓誌
			崔思古墓誌
			衡義整及夫人元氏合葬墓誌
			扈小沖墓誌
			南郭生墓誌
477	劉		元智威墓誌
			劉基及夫人秦氏墓誌
			潞岩及夫人墓誌
			元智威墓誌
478	留		高珍墓誌
			慕容稚英墓誌
			掌思明墓誌
479	柳		常協墓誌
			屈突伯起墓誌
480	龍		屈突伯起墓誌
			元智威墓誌
			高珍墓誌

			焦松及夫人種氏墓誌
481	隆		齊朗及夫人王氏墓誌
			申守及夫人田氏墓誌
482	隴		申守及夫人田氏墓誌
			掌思明墓誌
483	婁		古君妻匹婁淨德墓誌
			王思訥及妻乙婁氏墓誌
484	鏤		皇甫君妻張夫人墓誌
			屈突伯起墓誌
485	露		慕容君妻李氏墓誌
486	陸		梁暾墓誌
			王德表墓誌
487	淥		康智及夫人墓誌
488	鹿		韓仁惠及夫人墓誌
			宋懿墓誌
489	潞		劉基及夫人秦氏墓誌
			潞岩及夫人墓誌
490	録		蘇卿墓誌
491	旅		陳察及夫人柳氏墓誌
			南郭生墓誌
			屈突伯起墓誌
			王豫及夫人蕭氏墓誌
492	屢		掌思明墓誌
493	履		趙本質墓誌
494	慮		皇甫君妻張夫人墓誌
495	率		趙本質墓誌
496	欒		董本墓誌
497	亂		趙本質墓誌
498	略		馮操墓誌
499	馬		元智威墓誌
500	邁		慕容知廉墓誌
501	蠻		王思訥及妻乙婁氏墓誌
502	滿		高邈墓誌
			古君妻匹婁淨德墓誌
503	蔓		陳崇本墓誌
504	邙		扈小沖墓誌
			李文疑墓誌
			屈突伯起墓誌
			王君妻劉夫人墓誌
			元智威墓誌
505	茅		逮貞及夫人李氏墓誌
506	髦		張道墓誌
507	卯		皇甫玄志董氏合葬墓誌
			掌思明墓誌
508	貿		七品亡宮墓誌
			蘇卿墓誌
509	耄		斛斯氏墓誌
510	貌		張道墓誌
511	沒		楊訓及夫人鄭氏墓誌
512	眉		九品亡宮墓誌
513	梅		掌思明墓誌
514	美		高足酉墓誌
			呼延章及妻馬氏墓誌
			元智威墓誌

編號	字	字形	出處
515	昧		慕容稚英墓誌
516	媚		斛斯氏墓誌
			楊訓及夫人鄭氏墓誌
517	寐		趙本質墓誌
518	氓		許行本及妻崔氏墓誌
519	盟		申守及夫人田氏墓誌
			許行本及妻崔氏墓誌
520	夢		焦松及夫人種氏墓誌
			尚明墓誌
			張思賓墓誌
521	彌		王智通及夫人李氏合葬墓誌
522	密		成循墓誌
			王君妻劉夫人墓誌
523	綿		康智及夫人墓誌
524	冕		扈小沖墓誌
			王君妻劉夫人墓誌
525	緬		成循墓誌
526	面		楊陶墓誌

編號	字	字形	出處
527	蔾		馬君妻石二娘墓誌
528	邈		高象護墓誌
529	廟		陳崇本墓誌
			康智及夫人墓誌
530	蔑		爨古墓誌
			楊約及夫人喬氏墓誌
			楊約及夫人喬氏墓誌
531	岷		劉儉墓誌
532	瑉		許行本及妻崔氏墓誌
533	明		尚明墓誌
			元罕及夫人張氏墓誌
534	冥		楊訓及夫人鄭氏墓誌
			斛斯氏墓誌
			元智威墓誌
535	銘		慕容稚英墓誌
			王玄裕墓誌
536	螟		張貞墓誌
537	謨		劉儉墓誌

編號	字	字形	出處
538	模		王智通及夫人李氏合葬墓誌
539	歿		元罕及夫人張氏墓誌
540	车		趙本質墓誌
541	侔		高珍墓誌
542	畝		李文疑墓誌
			掌思明墓誌
543	睟		崔德墓誌
544	牧		楊君墓誌
545	墓		斛斯氏墓誌
546	慕		高象護墓誌
			慕容稚英墓誌
547	穆		焦松及夫人種氏墓誌
			梁玄敏墓誌
			楊訓及夫人鄭氏墓誌
			楊約及夫人喬氏墓誌
548	乃		七品亡宮墓誌
549	男		元智威墓誌
550	能		元智威墓誌

551	尸	樊太君墓誌
		元智威墓誌
552	擬	慕容稚英墓誌
553	睨	趙本質墓誌
554	年	董本墓誌
		高珍墓誌
		楊約及夫人喬氏墓誌
555	念	亡宮六品墓誌
556	鳥	唐小姑墓誌
		唐小姑墓誌
557	嫋	趙本質墓誌
558	躡	趙本質墓誌
559	孽	王德表墓誌
560	蘗	焦松及夫人種氏墓誌
561	寧	董弘及夫人樊氏墓誌
		衡義整及夫人元氏合葬墓誌
562	凝	斛斯氏墓誌
		慕容稚英墓誌

		唐小姑墓誌
		趙本質墓誌
563	弄	蕭思一及夫人宗氏墓誌
564	葩	蓋暢墓誌
565	派	王玄裕墓誌
		許行本及妻崔氏墓誌
566	攀	張道墓誌
567	旁	逮貞及夫人李氏墓誌
568	裴	王玄裕墓誌
569	佩	八品亡宮墓誌
570	烹	成循墓誌
		許行本及妻崔氏墓誌
571	蓬	蓋暢墓誌
		楊約及夫人喬氏墓誌
572	匹	樊太君墓誌
		王緒太夫人郭五墓誌
573	偏	爨古墓誌
574	飄	扈小沖墓誌

575	貧	扈小沖墓誌
576	頻	蘇卿墓誌
		蘇卿墓誌
577	娉	慕容君妻張順墓誌
578	聘	趙本質墓誌
579	憑	張素及夫人趙氏墓誌
580	蘋	七品亡宮墓誌
581	魄	慕容稚英墓誌
582	剖	楊升墓誌
583	僕	元智威墓誌
584	圃	許行本及妻崔氏墓誌
585	溥	九品亡宮墓誌
586	妻	苑君妻梁氏墓誌
587	柒	李起宗及夫人孟氏合葬墓誌
		曹玄機及妻陳氏墓誌
		暢懷禎墓誌
588	棲	陳崇本墓誌
589	戚	楊訓及夫人鄭氏墓誌

		張君妻徐明墓誌	602	氣	許行本及妻崔氏墓誌	612	潛	皇甫玄志董氏合葬墓誌
590	期	張道墓誌	603	棄	屈突伯起墓誌	613	黔	陳崇本墓誌
		張貞墓誌	604	葺	南郭生墓誌	614	牆	扈小沖墓誌
591	漆	崔銳妻高漆娘墓誌	605	器	關師墓誌	615	喬	趙本質墓誌
		高象護墓誌	606	遷	高珍墓誌	616	僑	楊約及夫人喬氏墓誌
592	蹊	李起宗及夫人孟氏合葬墓誌			扈小沖墓誌	617	橋	衡義整及夫人元氏合葬墓誌
593	齊	高象護墓誌			王君妻薛氏墓誌			康智及夫人墓誌
594	其	元罕及夫人張氏墓誌			元罕及夫人張氏墓誌	618	切	皇甫玄志董氏合葬墓誌
595	歧	張思賓墓誌			掌思明墓誌			元智威墓誌
596	騎	元智威墓誌			趙元智墓誌	619	親	掌思明墓誌
597	蘄	韓仁惠及夫人墓誌	607	牽	劉儉墓誌	620	侵	趙阿文墓誌
598	屺	王豫及夫人蕭氏墓誌			張貞墓誌	621	衾	屈突伯起墓誌
		唐小姑墓誌	609	鉛	元罕及夫人張氏墓誌	622	秦	陳崇本墓誌
599	啟	皇甫君妻張夫人墓誌	609	謙	高珍墓誌	623	琴	扈小沖墓誌
		潞岩及夫人墓誌			王德表墓誌			杜君夫人趙慧墓誌
600	杞	高珍墓誌	610	虔	王緒太夫人郭五墓誌	624	勤	康智及夫人墓誌
601	起	韓傑墓誌			王玄裕墓誌			李宗墓誌
		衡義整及夫人元氏合葬墓誌	611	幹	劉儉墓誌			蘇卿墓誌

625	寢		樊太君墓誌
			慕容稚英墓誌
			楊升墓誌
			掌思明墓誌
			趙本質墓誌
			朱簡及夫人墓誌
626	輕		高珍墓誌
			慕容稚英墓誌
627	卿		慕容君妻張順墓誌
			趙本質墓誌
628	慶		崔銳妻高漆娘墓誌
			慕容君妻李氏墓誌
			張道墓誌
629	窮		王幹及夫人劉氏墓誌
630	瓊		蓋暢墓誌
			王玄裕墓誌
			張君妻徐明墓誌
631	驅		劉儉墓誌

632	趨		楊嶽墓誌
			趙元智墓誌
			潞岩及夫人墓誌
633	趣		扈小沖墓誌
634	權		黑齒常之墓誌
			劉洪預墓誌
			潞岩及夫人墓誌
			屈突伯起墓誌
			許行本及妻崔氏墓誌
635	痊		王德表墓誌
636	犬		李文疑墓誌
637	勸		蘇卿墓誌
638	缺		崔公夫人李氏墓誌
639	確		孫澄墓誌
640	關		衡義整及夫人元氏合葬墓誌
			屈突伯起墓誌
			掌思明墓誌
641	群		掌思明墓誌

642	然		楊升墓誌
643	然		楊升墓誌
			宋智亮及夫人徐氏墓誌
644	髻		趙本質墓誌
645	冉		趙本質墓誌
646	染		掌思明墓誌
647	壤		高珍墓誌
			關師墓誌
648	讓		許行本及妻崔氏墓誌
649	擾		慕容稚英墓誌
650	遶		-焦松及夫人種氏墓誌
651	人		暢懷禎墓誌
			元智威墓誌
			高珍墓誌
652	日		斛斯氏墓誌
			唐小姑墓誌
653	融		唐小姑墓誌
654	柔		八品亡宮墓誌

編號	字	字形	出處
655	儒		李瓛及夫人鄭氏墓誌
656	孺		慕容君妻張順墓誌
657	繻		申守及夫人田氏墓誌
658	辱		朱簡及夫人墓誌
659	綢		尚明墓誌
660	蕊		張君妻徐明墓誌
661	銳		董本墓誌
662	睿		古君妻匹婁淨德墓誌
663	叡		關師墓誌
664	潤		爨古墓誌
665	若		高珍墓誌
			許行本及妻崔氏墓誌
666	三		宋智亮及夫人徐氏墓誌
667	散		衡義整及夫人元氏合葬墓誌
668	桑		八品亡宮墓誌
			斛斯氏墓誌
			張道墓誌
			趙元智墓誌

編號	字	字形	出處
669	喪		慕容君妻張順墓誌
			王智本墓誌
670	色		九品亡宮墓誌
			李文疑墓誌
671	嗇		楊訓及夫人鄭氏墓誌
672	嶷		尚明墓誌
673	埏		爨古墓誌
674	善		八品亡宮墓誌
			董本墓誌
			古君妻匹婁淨德墓誌
			梁曒墓誌
			潞岩及夫人墓誌
675	擅		衡義整及夫人元氏合葬墓誌
			皇甫君妻張夫人墓誌
			掌思明墓誌
676	贍		申守及夫人田氏墓誌
677	傷		董本墓誌
			康智及夫人墓誌

編號	字	字形	出處
			元智威墓誌
			掌思明墓誌
678	商		高象護墓誌
679	觴		元智威墓誌
680	劭		爨古墓誌
681	蛇		劉儉墓誌
682	舍		陳察及夫人柳氏墓誌
			元智威墓誌
683	捨		李起宗及夫人孟氏合葬墓誌
684	社		南郭生墓誌
685	身		八品亡宮墓誌
686	深		樊太君墓誌
687	神		元智威墓誌
688	慎		爨古墓誌
			王思訥及妻乙婁氏墓誌
689	升		崔公夫人李氏墓誌
			趙本質墓誌
690	聲		古君妻匹婁淨德墓誌

號	字	出處	號	字	出處	號	字	出處
	聲	王思訥及妻乙妻氏墓誌	703	釋	暢懷禎墓誌	716	術	劉儉墓誌
		元智威墓誌	704	誓	慕容君妻費氏墓誌	717	樹	唐小姑墓誌
691	灑	宋智亮及夫人徐氏墓誌	705	噬	關師墓誌	718	庶	李起宗及夫人孟氏合葬墓誌
692	繩	衡義整及夫人元氏合葬墓誌	706	收	暢懷禎墓誌			王玄裕墓誌
		蘇卿墓誌	707	首	皇甫玄志董氏合葬墓誌			趙元智墓誌
693	聖	高象護墓誌	708	壽	□嘉應墓誌	719	數	申守及夫人田氏墓誌
694	聖	齊朗及夫人王氏墓誌			關師墓誌	720	漱	封抱墓誌
	聖	翟公妻康氏墓誌			莫義墓誌	721	衰	傅思諫墓誌
	聖	朱簡及夫人墓誌			王德表墓誌			慕容君妻費氏墓誌
695	實	朱簡及夫人墓誌	709	授	董本墓誌			王君妻薛氏墓誌
696	矢	南玄暕墓誌	710	綏	高象護墓誌	722	雙	韓傑墓誌
697	氏	高珍墓誌	711	候	關師墓誌	723	霜	慕容稚英墓誌
698	世	扈小沖墓誌			張思賓墓誌	724	爽	傅思諫墓誌
699	市	元智威墓誌	712	殊	蕭繪及夫人劉氏墓誌	725	朔	高象護墓誌
700	式	慕容稚英墓誌	713	淑	王思訥及妻乙妻氏墓誌			衡義整及夫人元氏合葬墓誌
701	試	高象護墓誌	714	疏	扈小沖墓誌			趙阿文墓誌
702	適	古君妻匹婁淨德墓誌			元罕及夫人張氏墓誌	726	絲	尙明墓誌
		斛斯氏墓誌	715	舒	程瞻墓誌	727	司	趙本質墓誌

728	私	高珍墓誌
729	死	斛斯氏墓誌
730	兜	高象護墓誌
731	俟	朱簡及夫人墓誌
732	嗣	康智及夫人墓誌
733	聳	趙本質墓誌
734	蘇	宋懿墓誌
		申守及夫人田氏墓誌
735	俗	張道墓誌
736	夙	程瞻墓誌
		楊約及夫人喬氏墓誌
737	訴	□克從墓誌
		南郭生墓誌
		屈突伯起墓誌
		王德表墓誌
		楊約及夫人喬氏墓誌
		高象護墓誌
738	宿	楊嶽墓誌

739	粟	董希令及夫人趙氏墓誌
740	酸	王幹及夫人劉氏墓誌
741	算	康智及夫人墓誌
		宋懿墓誌
742	雖	劉基及夫人秦氏墓誌
743	綏	封抱墓誌
744	隋	董本墓誌
		樊太君墓誌
		呼延章及妻馬氏墓誌
		劉洪預墓誌
		慕容君妻張順墓誌
		元罕及夫人張氏墓誌
		張道墓誌
745	隨	楊陶墓誌
746	歲	董本墓誌
		申守及夫人田氏墓誌
		宋智亮及夫人徐氏墓誌
747	遂	元罕及夫人張氏墓誌

748	碎	張貞墓誌
749	隧	慕容稚英墓誌
750	燧	爨古墓誌
751	所	楊訓及夫人鄭氏墓誌
		元罕及夫人張氏墓誌
752	索	李瓛及夫人鄭氏墓誌
753	壇	關師墓誌
754	檀	古君妻匹婁淨德墓誌
		王豫及夫人蕭氏墓誌
755	歟	董本墓誌
		李起宗及夫人孟氏合葬墓誌
756	唐	高象護墓誌
		李瓛及夫人鄭氏墓誌
		劉基及夫人秦氏墓誌
		王智本墓誌
		元罕及夫人張氏墓誌
757	濤	趙本質墓誌
758	滔	南郭生墓誌

759	韜		爨古墓誌
760	桃		皇甫君妻張夫人墓誌
			許公妻王氏墓誌
761	陶		皇甫君妻張夫人墓誌
			劉洪預墓誌
			王君妻劉夫人墓誌
			張貞墓誌
762	淘		扈小沖墓誌
763	滕		蘇卿墓誌
764	體		斛斯氏墓誌
			五品亡宮墓誌
			楊訓及夫人鄭氏墓誌
765	天		斛斯氏墓誌
			慕容知廉墓誌
766	殄		許行本及妻崔氏墓誌
767	條		梁玄敏墓誌
			姚恭及妻陳氏墓誌
768	髻		張思賓墓誌

769	窕		許公妻王氏墓誌
770	眺		秦朗墓誌
771	鐵		南郭生墓誌
772	聽		王思惠妻孟大乘墓誌
			五品亡宮墓誌
773	廷		王玄裕墓誌
774	庭		潞岩及夫人墓誌
			王玄裕墓誌
			楊訓及夫人鄭氏墓誌
775	挺		高珍墓誌
			慕容稚英墓誌
			王玄裕墓誌
776	彤		關師墓誌
777	統		元智威墓誌
778	慟		傅思諫墓
779	痛		尚明墓誌
			許公妻王氏墓誌
780	投		皇甫玄志董氏合葬墓誌

781	突		崔玄籍及夫人李氏墓誌
			屈突伯起墓誌
782	圖		屈突伯起墓誌
			元智威墓誌
783	徒		尚明墓誌
784	茶		康智及夫人墓誌
785	土		陳崇本墓誌
786	兔		南玄暕墓誌
			掌思明墓誌
787	頹		李瓛及夫人鄭氏墓誌
788	退		楊訓及夫人鄭氏墓誌
789	脫		楊紹基墓誌
790	鴕		慕容稚英墓誌
791	瓦		楊訓及夫人鄭氏墓誌
792	宛		孔元墓誌
793	琬		趙本質墓誌
794	萬		爨古墓誌
			公士尉神樞記八品亡宮墓誌

795	亡		樊太君墓誌
796	往		樊太君墓誌
797	岡		呼延章及妻馬氏墓誌
			王玄裕墓誌
			朱簡及夫人墓誌
798	忘		焦松及夫人種氏墓誌
799	望		□克從墓誌
			王玄裕墓誌
			元智威墓誌
800	危		宋懿墓誌
801	微		宋懿墓誌
802	違		許行本及妻崔氏墓誌
803	唯		高珍墓誌
804	維		許行本及妻崔氏墓誌
805	衛		陳崇本墓誌
			李難墓誌
806	尉		高象護墓
			八品亡宮墓誌

807	烏		楊君墓誌
808	鳴		爨古墓誌
			斛斯氏墓誌
			康智及夫人墓誌
809	無		楊陶墓誌
810	武		董本墓誌
			屈突伯起墓誌
			張思賓墓誌
811	舞		扈小沖墓誌
			焦松及夫人種氏墓誌
			趙本質墓誌
812	務		屈突伯起墓誌
813	霧		慕容君妻張順墓誌
			姚恭及妻陳氏墓誌
814	兮		皇甫玄志董氏合葬墓誌
815	希		董希令及夫人趙氏墓誌
			封抱墓誌
816	析		樊太君墓誌

817	穸		掌思明墓誌
818	犀		王幹及夫人劉氏墓誌
			張信墓誌
819	溪		屈突伯起墓誌
820	膝		扈小沖墓誌
821	曦		趙本質墓誌
822	席		申守及夫人田氏墓誌
823	襲		崔思古墓誌
824	襲		董本墓誌
			梁皦墓誌
			齊朗及夫人王氏墓誌
			楊陶墓誌
825	檄		衡義整及夫人元氏合葬墓誌
826	徒		傅思諫墓誌
			高象護墓誌
			蘇卿墓誌
			楊訓及夫人鄭氏墓誌
			張道墓誌

編號	字	字形	出處	編號	字	字形	出處	編號	字	字形	出處
827	戲		趙本質墓誌	841	憲		劉洪預墓誌		蕭		王思惠妻孟大乘墓誌
828	係		衡義整及夫人元氏合葬墓誌				王君妻薛氏墓誌				蘇卿墓誌
829	舄		皇甫君妻張夫人墓誌				姚恭及妻陳氏墓誌	853	囂		奚弘敬及夫人李氏墓誌
			梁玄敏墓誌	842	陷		王德表墓誌	854	笑		慕容君妻李氏墓誌
			楊陶墓誌	843	鄉		高珍墓誌	855	嘯		成循墓誌
830	隙		康智及夫人墓誌楊岳墓誌	844	香		齊朗及夫人王氏墓誌				蘇卿墓誌
			趙阿文墓誌	845	襄		蕭思一及夫人宗氏墓誌	856	協		樊太君墓誌
831	遐		趙阿文墓誌				趙睿及夫人宗氏合葬墓誌	857	寫		斛斯氏墓誌
832	瑕		朱簡及夫人墓誌	846	詳		九品亡宮墓誌	858	偰		蕭思一及夫人宗氏墓誌
833	霞		扈小沖墓誌	847	祥		元罕及夫人張氏墓誌	859	薙		崔德墓誌
			趙本質墓誌	848	翔		尚明墓誌				韓仁惠及夫人墓誌
834	廈		朱仁表墓誌	849	響		焦松及夫人種氏墓誌				李難墓誌
835	仙		九品亡宮墓誌	850	象		陳崇本墓誌				孫澄墓誌
836	鮮		陳察及夫人柳氏墓誌				孔元墓誌	860	辛		李文疑墓誌
837	弦		趙本質墓誌				蘇卿墓誌	861	馨		慕容君妻李氏墓誌
838	縣		翟公妻康氏墓誌				貞隱子墓誌	862	豐		王智通及夫人李氏合葬墓誌
839	線		亡宮六品墓誌	851	削		楊陶墓誌	863	興		楊紹基墓誌
840	限		慕容稚英墓誌	852	簫		扈小沖墓誌	864	星		高珍墓誌

865	形		李起宗及夫人孟氏合葬墓誌
866	姓		申守及夫人田氏墓誌
867	幸		逮貞及夫人李氏墓誌
868	性		元智威墓誌
			朱仁表墓誌
869	凶		崔玄籍及夫人李氏墓誌
			皇甫君妻張夫人墓誌
			李文疑墓誌
870	雄		蘇卿墓誌
871	休		李文疑墓誌
			南郭生墓誌
			張道墓誌
872	修		斛斯氏墓誌
			元罕及夫人張氏墓誌
			元智威墓誌
873	朽		程瞻墓誌
			元罕及夫人張氏墓誌
874	袖		高象護墓誌

875	胥		朱簡及夫人墓誌
876	虛		李起宗及夫人孟氏合葬墓
			朱簡及夫人墓誌
877	壚		朱簡及夫人墓誌
			潞岩及夫人墓誌
878	徐		齊朗及夫人王氏墓誌
879	許		尚明墓誌
880	緒		許行本及妻崔氏墓誌
881	絮		長孫緘墓誌
882	旋		傅思諫墓誌
			趙阿文墓誌
			趙元智墓誌
883	薛		陳察及夫人柳氏墓誌
			元智威墓誌
884	血		王豫及夫人蕭氏墓誌
885	塤		王豫及夫人蕭氏墓誌
886	巡		王豫及夫人蕭氏墓誌
887	馴		王豫及夫人蕭氏墓誌

888	訓		菀君妻梁氏墓誌
889	徇		高象護墓誌
890	亞		申守及夫人田氏墓誌
891	婭		楊約及夫人喬氏墓誌
892	煙		慕容稚英墓誌
893	焉		董本墓誌
			高珍墓誌
			康智及夫人墓誌
			周善持墓誌
894	延		張道墓誌
			李起宗及夫人孟氏合葬墓誌
			申守及夫人田氏墓誌
			張道墓誌
895	嚴		慕容稚英墓誌
			王君妻薛氏墓誌
896	岩		元智威墓誌
			趙本質墓誌
897	沿		逮貞及夫人李氏墓誌

898	研		王慶祚墓誌
899	鹽		蘇卿墓誌
			張貞墓誌
			掌思明墓誌
900	筵		楊紹基墓誌
901	顏		關師墓誌
			扈小沖墓誌
902	簷		焦松及夫人種氏墓誌
903	巚		崔德墓誌
904	儼		斛斯氏墓誌
905	懲		崔德墓誌
906	偃		扈小沖墓誌
			尚明墓誌
			楊訓及夫人鄭氏墓誌
907	掩		李曠及夫人鄭氏墓誌張道墓誌
908	演		張道墓誌
			八品亡宮墓誌
			張道墓誌

909	厭		陳察及夫人柳氏墓誌
910	彥		李起宗及夫人孟氏合葬墓誌
			宋懿墓誌
911	宴		皇甫君妻張夫人墓誌
912	豔		樊太君墓誌
			慕容君妻費氏墓誌
913	驗		唐小姑墓誌
914	雁		慕容君妻張順墓誌
			屈突伯起墓誌
			唐小姑墓誌
			朱仁表墓誌
915	燕		黑齒常之墓誌
			潞岩及夫人墓誌
			王君妻薛氏墓誌
			趙睿及夫人宗氏合葬墓誌
916	楊		六品亡宮墓誌
			元智威墓誌
917	養		焦松及夫人種氏墓誌

918	夭		康智及夫人墓誌
			亡宮六品墓誌
919	妖		王思訥及妻乙妻氏墓誌
920	袄		南郭生墓誌
921	腰		楊升墓誌
922	堯		張道墓誌
			趙本質墓誌
923	搖		楊紹基墓誌
924	遙		孫公夫人陸氏墓誌
			元智威墓誌
925	瑤		趙本質墓誌
926	繇		康智及夫人墓誌
927	寔		康智及夫人墓誌
928	耀		王德表墓誌
929	野		王幹及夫人劉氏墓誌
			封抱墓誌
930	業		楊訓及夫人鄭氏墓誌
			鄭知賢墓誌

931	葉		趙本質墓誌
			成循墓誌
			爨古墓誌
			趙本質墓誌
932	醫		封抱墓誌
933	揖		安懷及夫人史氏墓誌
934	猗		高珍墓誌
935	儀		屈突伯起墓誌
			掌思明墓誌
936	夷		陳察及夫人柳氏墓誌
			高象護墓誌
937	貽		周善持墓誌
938	疑		封抱墓誌
			王玄裕墓誌
939	彝		張愃墓誌
940	以		趙本質墓誌
941	矣		爨古墓誌
942	義		封抱墓誌

943	藝		王君妻劉夫人墓誌
			李宗墓誌
			王君妻薛氏墓誌
944	抑		王玄裕墓誌
945	邑		斛斯氏墓
			莫義墓誌
			尚明墓誌
946	奕		崔思古墓誌
947	疫		王思訥及妻乙婁氏墓誌
948	誼		爨古墓誌
949	逸		崔思古墓誌
			皇甫君妻張夫人墓誌
			朱簡及夫人墓誌
950	柀		亡宮六品墓誌
951	裔		暢懷禎墓誌
			康智及夫人墓誌
			楊升墓誌
			張愃墓誌

952	毅		傅思諫墓誌
			呼延章及妻馬氏墓誌
			楊君墓誌
953	瘥		傅思諫墓誌
			李瓛及夫人鄭氏墓誌
			掌思明墓誌
954	翳		衡義整及夫人元氏合葬墓誌
			張道墓誌
955	翼		董本墓誌
956	懿		慕容君妻李氏墓誌
957	因		關師墓誌
			楊紹基墓誌
958	姻		楊約及夫人喬氏墓誌
959	殷		楊陶墓誌
960	鼠		焦松及夫人種氏墓誌
961	陰		申守及夫人田氏墓誌
			張素及夫人趙氏墓誌
962	寅		王幹及夫人劉氏墓誌

963	隱		韓仁惠及夫人墓誌
			馬君妻石二娘墓誌
			楊訓及夫人鄭氏墓誌
			元智威墓誌
			掌思明墓誌
964	胤		劉基及夫人秦氏墓誌
			屈突伯起墓誌
			王智通及夫人李氏合葬墓誌
			楊陶墓誌
965	應		焦松及夫人種氏墓誌
966	英		趙本質墓誌
			高邈墓誌
			劉基及夫人秦氏墓誌
			尚明墓誌
			王智本墓誌
			楊約及夫人喬氏墓誌
967	塋		慕容稚英墓誌
968	盈		孫公夫人陸氏墓誌

969	楹		張思賓墓誌
970	嬴		潞岩及夫人墓誌
971	瀛		屈突伯起墓誌
972	穎		陳崇本墓誌
			康智及夫人墓誌
			朱簡及夫人墓誌
973	影		六品亡宮墓誌
974	暎		張信墓誌
975	擁		關師墓誌
976	邑		楊訓及夫人鄭氏墓誌
977	雍		扈小沖墓誌
978	永		八品亡宮墓誌
			爨古墓誌
			梁曒墓誌
979	勇		安懷及夫人史氏墓誌
980	詠		常協墓誌
			皇甫玄志董氏合葬墓誌
			元智威墓誌

981	用		楊訓及夫人鄭氏墓誌
982	悠		慕容稚英墓誌
			王德表墓誌
983	郵		楊陶墓誌
984	游		張道墓誌
985	猷		梁曒墓誌
			慕容稚英墓誌
986	友		斛斯氏墓誌
			楊陶墓誌
987	箴		七品亡宮墓誌
988	幼		衡義整及夫人元氏合葬墓誌
			李起宗及夫人孟氏合葬墓誌
989	紆		蘇卿墓誌
			衡義整及夫人元氏合葬墓誌
990	魚		慕容稚英墓誌
991	鮪		張道墓誌
992	漁		王智本墓誌
993	腴		陳崇本墓誌

994	與	焦松及夫人種氏墓誌
		焦松及夫人種氏墓誌
995	庚	屈突伯起墓誌
		王德表墓誌
996	窳	□克從墓誌
997	巒	王進墓誌
		楊陶墓誌
		趙本質墓誌
998	預	潞岩及夫人墓誌
999	域	張道墓誌
1000	閾	李瓛及夫人鄭氏墓誌
1001	寓	掌思明墓誌
1002	御	古君妻匹婁
		關師墓誌
		焦松及夫人種氏墓誌
		裴咸墓誌
		尚明墓誌
1003	裕	王玄裕墓誌

		王玄裕墓誌
		周善持墓誌
1004	欲	掌思明墓誌
1005	禦	潞岩及夫人墓誌
		張信墓誌
1006	鴛	陳崇本墓誌
		李起宗及夫人孟氏合葬墓誌
1007	淵	封抱墓誌
1008	園	楊升墓誌
		元智威墓誌
1009	爰	張君妻徐明墓誌
		趙元智墓誌
1010	原	陳察及夫人柳氏墓誌
		衡義整及夫人元氏合葬墓誌
		扈小沖墓誌
1011	圓	陳崇本墓誌
1012	緣	封抱墓誌
1013	猿	趙本質墓誌

1014	遠	扈小沖墓誌
		掌思明墓誌
1015	苑	慕容君妻李氏墓誌
		元智威墓誌
1016	怨	斛斯氏墓誌
		齊朗及夫人王氏墓誌
		周善持墓誌
1017	月	暢懷禎墓誌
		高珍墓誌
		唐小姑墓誌
1018	嶽	慕容知廉墓誌
		許行本及妻崔氏墓誌
1019	閱	皇甫君妻張夫人墓誌
		屈突伯起墓誌
1020	粵	衡義整及夫人元氏合葬墓誌
1021	越	劉洪預墓誌
		王智本墓誌
		元智威墓誌

1022	耘		元智威墓誌
1023	允		陳察及夫人柳氏墓誌
			高珍墓誌
1024	韻		韓傑墓誌
1025	蘊		王玄裕墓誌
1026	雜		尚明墓誌
1027	災		關師墓誌
			南玄暕墓誌
1028	哉		爨古墓誌
			樊太君墓誌
			申守及夫人田氏墓誌
1029	載		古君妻匹婁淨德墓誌
			九品亡宮墓誌
1030	再		孔元墓誌
1031	簪		趙本質墓誌
1032	暫		趙本質墓誌
1033	贊		齊朗及夫人王氏墓誌
			許琮妻李氏墓誌

1034	臧		逮貞及夫人李氏墓誌
			趙睿及夫人宗氏合葬誌
1035	葬		董本墓誌
			高象護墓誌
			衡義整及夫人元氏合葬墓誌
			劉儉墓誌
			潞岩及夫人墓誌
			莫義墓誌
			齊朗及夫人王氏墓誌
			王君妻劉夫人墓誌
			翟公妻康氏墓誌
			張思賓墓誌
			掌思明墓誌
1036	遭		封抱墓誌
1037	藻		斛斯氏墓
			元罕及夫人張氏墓誌
1038	擇		杜君夫人趙慧墓誌
			潞岩及夫人墓誌

1039	澤		梁暾墓誌
			張道墓誌
			趙本質墓誌
			朱仁表墓誌
1040	曾		暢懷禎墓誌
			元智威墓誌
1041	增		康智及夫人墓誌
1042	贈		高象護墓誌
1043	宅		董本墓誌
1044	沾		關師墓誌
1045	瞻		掌思明墓誌
			關師墓誌
			姚恭及妻陳氏墓誌
			貞隱子墓誌
1046	鱣		韓傑墓誌
1047	展		尚明墓誌
			元智威墓誌
1048	張		王德表墓誌

1049	招	元智威墓誌
1050	昭	九品亡宮墓誌
1051	沼	皇甫玄志董氏合葬墓誌
1052	兆	扈小沖墓誌
		王智通及夫人李氏合葬墓誌
1053	趙	元智威墓誌
1054	旐	古君妻匹婁淨德墓誌
		關師墓誌
1055	肇	牛阿師墓誌
		王君妻劉夫人墓誌
1056	哲	宋智亮及夫人徐氏墓誌
1057	哲	扈小沖墓誌
1058	豐	趙本質墓誌
1059	珍	元智威墓誌
1060	眞	許行本及妻崔氏墓誌
1061	禎	暢懷禎墓誌
1062	箴	慕容稚英墓誌
		齊朗及夫人王氏墓誌

1063	枕	趙本質墓誌
1064	軫	慕容稚英墓誌
1065	畛	焦松及夫人種氏墓誌
1066	振	王思訥及妻乙婁氏墓誌
		元智威墓誌
1067	征	孫澄墓誌
1068	徵	孫公夫人陸氏墓誌
		董弘及夫人樊氏墓誌
1069	整	衡義整及夫人元氏合葬墓誌
		王慶怍墓誌
		王玄裕墓誌
1070	正	高珍墓誌
		衡義整及夫人元氏合葬墓誌
		許行本及妻崔氏墓誌
1071	鄭	裴咸墓誌
		王豫及夫人蕭氏墓誌
		楊君墓誌
		楊陶墓誌

1072	政	楊陶墓誌
1073	證	封抱墓誌
		古君妻匹婁淨德墓誌
		齊朗及夫人王氏墓誌
		王伏生墓誌
		朱簡及夫人墓誌
1074	之	梁玄敏墓誌
1075	支	康智及夫人墓誌
1076	枝	元智威墓誌
1077	祇	王智通及夫人李氏合葬墓誌
1078	執	劉基及夫人秦氏墓誌
		王君妻薛氏墓誌
1079	直	衡義整及夫人元氏合葬墓誌
		張貞墓誌
1080	職	蘇卿墓誌
1081	植	元智威墓誌
1082	止	申守及夫人田氏墓誌
1083	旨	關師墓誌

1084	衭		姚恭及妻陳氏墓誌
1085	指		-爨古墓誌
			李文疑墓誌
1086	峙		許行本及妻崔氏墓誌
1087	陟		皇甫君妻張夫人墓誌
			慕容稚英墓誌
			張君妻徐明墓誌
1088	秩		皇甫玄志董氏合葬墓誌
1089	致		慕容稚英墓誌
1090	置		陳察及夫人柳氏墓誌
			慕容知廉墓誌
			元智威墓誌
1091	終		菀君妻梁氏墓誌
			元罕及夫人張氏墓誌
1092	種		焦松及夫人種氏墓誌
1093	眾		傅思諫墓誌
			李宗墓誌
1094	咒		慕容君妻張順墓誌

1095	冑		關師墓誌
1096	屬		安懷及夫人史氏墓誌
			陳察及夫人柳氏墓誌
			樊太君墓誌
			高珍墓誌
1097	祝		李瓛及夫人鄭氏墓誌
1098	著		關師墓誌
			皇甫君妻張夫人墓誌
			王智通及夫人李氏合葬墓誌
1099	築		申守及夫人田氏墓誌
1100	專		屈突伯起墓誌
1101	篆		蘇卿墓誌
			王君妻薛氏墓誌
1102	妝		樊太君墓誌
1103	莊		高珍墓誌
			楊君墓誌
1104	壯		董本墓誌
1105	追		皇甫君妻張夫人墓誌

1106	墜		高珍墓誌
1107	窀		掌思明墓誌
1108	琢		楊陶墓誌
1109	茲		呼延章及妻馬氏墓誌
1110	姿		八品亡宮墓誌
1111	資		元智威墓誌
1112	滋		姚恭及妻陳氏墓誌
1113	貲		陳察及夫人柳氏墓誌
1114	姊		斛斯氏墓誌
1115	紫		康智及夫人墓誌
			趙本質墓誌
1116	訾		衡義整及夫人元氏合葬墓誌
1117	宗		□克從墓誌
1118	蹤		慕容稚英墓誌
			王君妻劉夫人墓誌
1119	總		慕容君妻張順墓誌
			陳察及夫人柳氏墓誌
			皇甫君妻張夫人墓誌

1120	縱	焦松及夫人種氏墓誌
		掌思明墓誌
1121	鄒	元智威墓誌
		趙本質墓誌
1122	卒	爨古墓誌
		董本墓誌
		高珍墓誌
		宋智亮及夫人徐氏墓誌
		小姑墓誌
		楊約及夫人喬氏墓誌
		張思賓墓誌
1123	族	崔公夫人李氏墓誌
		齊朗及夫人王氏墓誌
		王思惠妻孟大乘墓誌
1124	祖	陳察及夫人柳氏墓誌
		樊太君墓誌
1125	纂	王德表墓誌
1126	最	崔玄籍及夫人李氏墓誌

		元罕及夫人張氏墓誌
1127	尊	宋智亮及夫人徐氏墓誌
		宋智亮及夫人徐氏墓誌
1128	樽	扈小沖墓誌
1129	左	扈小沖墓誌
1130	作	許琮妻李氏墓誌
1131	坐	八品亡宮墓誌
		蘇卿墓誌
1132	祚	陳崇本墓誌
1133	座	屈突伯起墓誌

參考文獻

一、古代文獻

1. （漢）班固《漢書》，中華書局，1962 年。
2. （漢）蔡邕《獨斷》，四部叢刊本。
3. （漢）許慎《説文解字》，中華書局，1963 年。
4. （北齊）顏之推著，王利器注《顏氏家訓集解》，中華書局，1996 年。
5. （北齊）魏收《魏書》，中華書局，1974 年。
6. （南朝宋）范曄《後漢書》，中華書局，1965 年。
7. （南朝梁）蕭子顯《南齊書》，中華書局，1972 年版。
8. （唐）房玄齡等《晉書》，中華書局，1974 年。
9. （唐）令狐德棻等《周書》，中華書局，1971 年。
10. （唐）魏徵等《隋書》，中華書局，1973 年。
11. （唐）杜佑《通典》，中華書局，1988 年。
12. （唐）李林甫等《唐六典》，中華書局，1992 年。
13. （唐）顏眞卿《顏魯公集》，上海古籍出版社，1992 年。
14. （唐）顏元孫《干祿字書》，中華書局，1985 年。
15. （後晉）劉昫等《舊唐書》，中華書局，1975 年。
16. （宋）歐陽修、宋祁《新唐書》，中華書局，1975 年。
17. （宋）王欽若《冊府元龜》，中華書局，1989 年。
18. （宋）王溥《唐會要》，中華書局，1955 年。
19. （宋）宋敏求《唐大詔令集》，商務印書館，1959 年。
20. （宋）佚名著，顧逸點校《宣和書譜》，上海書畫出版社 1984 年。
21. （宋）歐陽修《集古錄跋尾》人民美術出版社，2010 年。
22. （明）徐一夔等《大明集禮》，日本早稻田大學藏本。

23. （清）阮元校刻《十三經注疏》中華書局，1980 年。

24. （清）張照等《石渠寶笈》，《景印文淵閣四庫全書》第 824 冊，臺灣商務印書館，1986 年。

25. （清）吳大澂《說文古籀補》，中國書店，1990 年。

26. （清）段玉裁《說文解字注》，上海古籍出版社，1981 年。

27. （清）劉鶚《鐵雲藏龜》，抱殘守闕齋 ， 清光緒三十年（1904）。

28. （清）孫詒讓《周禮正義》，中華書局，1987 年。

29. （清）章學誠著，嚴傑譯《文史通義全譯》，貴州人民出版社，1997 年。

30. （清）康有爲著，姜義華、張榮華編校《康有爲全集》第一集，中國人民大學出版社，2007 年。

31. 盧輔聖編《中國書畫全書》，上海書畫出版社，1992 年。

32. 崔爾平點校《歷代書法論文選》，上海書畫出版社，1979 年

33. 《十三經注疏·周禮注疏》，北京大學出版社，1999 年。

34. 《十三經注疏·春秋公羊傳注疏》，北京大學出版社，1999 年。

35. 《十三經注疏·儀禮注疏》，北京大學出版社，1999 年。

二、現當代專著

1. 呂思勉《文字學四種》，上海古籍出版社，2009 年。

2. 陳夢家《中國文字學》，中華書局，2006 年。

3. 陳夢家《殷虛卜辭綜述》，中華書局，1988 年。

4. 唐蘭《天壤閣甲骨文存並考釋》，《甲骨文研究資料彙編》第十四冊，北京圖書館出版社，2000 年。

5. 郭沫若《殷墟萃編》，《甲骨文研究資料彙編》第七冊，北京圖書館出版社，2000 年。

6. 錢玄同、朱宗萊《文字學音篇形義篇》，臺灣學生書局，1969 年。

7. 馬敘倫《說文解字六書疏證》，上海書店，1985 年。。

8. 胡厚宣主編《全國商史學術討論會論文集》，《殷都學刊贈刊》，1985 年。

9. 董作賓《董作賓先生全集》，藝文出版社。

10. 蔣善國《漢字學》，上海教育出版社，1987 年。

11. 蔣善國《漢字學》，上海教育出版社，1987 年。

12. 周有光《比較文字學初探》，語文出版社，1998 年。

13. 高明《中國古文字學通論》，北京大學出版社，1996 年。

14. 黨懷興《宋元明六書學研究》，中國社會科學出版社，2003 年。

15. 柳詒徵《國史要義》，華東師範大學出版社，2000 年。

16. 陳彬龢《中國文字與書法》，武漢古籍書店，1982 年。

17. 陳滯冬《中國書學論著提要》成都出版社，1990 年。

18. 周紹良《唐代墓誌彙編》，上海古籍出版社，1992 年。

19. 秦公《碑別字新編》，文物出版社，1985 年。

20. 啟功《古代字體論稿》，文物出版社，1999 年。

21. 王寧《漢字構形學講座》，上海教育出版社，2002 年。

22. 唐蘭《中國文字學》，上海古籍出版社，1979 年版。

23. 裘錫圭《文字學概要》，商務印書館，1988 年版。

24. 范可育等著《楷字規範史略》，華東師範大學出版社，2000 年。

25. 章太炎《國學講演錄·經學略說》，華東師範大學出版社，1995 年。

26. 趙平安《隸變研究》，河北大學出版社，2008 年。

27. 張湧泉《漢語俗字研究》，嶽麓書社，1995 年版。

28. 施安昌《善本碑帖論集》，紫禁城出版社，2002 年。

29. 趙超《中國古代石刻概論》，文物出版社，1997 年。

30. 叢文俊《中國書法史·先秦、秦代卷》，江蘇教育出版社，2000 年。

31. 華人德《中國書法史·兩漢卷》，江蘇教育出版社，1999 年。

32. 朱關田《中國書法史·隋唐五代卷》，江蘇教育出版社，1999 年。

33. 朱關田《初果集》，榮寶齋出版社，2008 年版。

34. 鄭曉華《翰逸神飛：中國書法藝術的歷史與審美》，中國人民大學出版社，2000 年。

35. 鄭曉華《古典書學淺探》，社會科學文獻出版社，1999 年。

36. 王元軍《漢代書刻文化研究》，上海書畫出版社，2007 年。

37. 馬國權編《沈尹默論書從稿》，三聯書店香港分店，1982 年，

38. 賴瑞和《唐代基層文官》，中華書局，2008 年。

39. 吳宗國《唐代科舉制度研究》，遼寧大學出版社，1992 年。

40. 許兆昌《周代史官文化》，吉林大學出版社，2001 年

41. 《中國簡牘集成》第 10 冊，敦煌文藝出版社，2001 年。

42. 鄭文《論衡析詁》，巴蜀書社，1999 年。

43. 宋鎮豪《商代史·商代社會生活與禮俗》，中國社會科學出版社，2010 年。

44. 陳學恂主編《中國教育史研究·先秦分卷》，華東師範大學出版社，2009 年。

45. 陳學恂主編《中國教育史研究‧隋唐分卷》，華東師範大學出版社，2009年。

46. 李國鈞、王炳照總主編《中國教育制度通史》第一卷，山東教育出版社，2000年。

47. 宋大川、王建軍《中國教育制度通史》〈第二卷〉，山東教育出版社，2000年。

48. 陳邦懷《殷代社會史料徵存》天津人民出版社，1959年。

49. 宗白華《美學散步》，上海人民出版社，2005年。

50. 張家山二四七號漢墓竹簡整理小組《張家山漢墓竹簡‧二四七號墓》（釋文修訂版），北京文物出版社，2001年。

51. 《睡虎地秦墓竹簡‧編年紀釋文注釋》，文物出版社，1990年。

52. 閻步克《樂師與史官》，三聯書店，2001年。

53. 謝桂華、李均明《居延漢簡釋文合校》，文物出版社 1987年。

54. 彭林《〈周禮〉主體思想與成書年代研究》中國人民大學出版社，2009年。

55. 蔣禮鴻《蔣禮鴻集》第二卷，浙江教育出版社，2001年。

56. 邱振中《書法的形態與闡釋》，中國人民大學出版社，2005。

57. 李學勤《新出青銅器一件》，文物出版社，1990年。

58. 向彬《中國古代書法教育研究》，中國社會科學出版社，2009年。

59. 張典友《宋代書制論略》，文物出版社，2012年。

60. 〔法〕福西永《形式的生命‧導論》陳平譯，北京大學出版社，2011年。

61. 〔美〕蘇珊‧朗格《藝術問題》，中國社會科學出版社，1983年。

三、工具書與圖版類文獻

1. 唐作藩《中國語言文字學大辭典》，中國大百科全書出版社，2007年。

2. 《辭源》（建國六十週年紀念版），商務印書館，2009年。

3. 中國歷史大辭典編委會《中國歷史大辭典》，上海辭書出版社，2000年。

4. 敦煌研究院編《敦煌遺書總目索引新編》，中華書局，2000年。

5. 馬承源主編《商周青銅器銘文選》，文物出版社，1988年。

6. 徐自強編《北京圖書館藏中國歷代石刻拓本彙編》，中州古籍出版社，1989年。

7. 郝本性編《隋唐五代墓誌彙編》，天津古籍出版社，1991年版。

8. 高明、涂白奎《古文字類編》，上海古籍出版社，2008年。

9. 李炳武主編《中華國寶：陝西珍貴文物集成‧碑刻書法卷》，陝西人民教育出版社，1999年。

10. 甘肅省文物考古研究所《敦煌漢簡》，中華書局，1991年。

四、學位論文

1. 周侃《唐代書手研究》，首都師範大學博士論文，2007。

2. 李慧斌《宋代制度層面的書法史研究》吉林大學博士論文，2009 年。

3. 賀煒煒《隋唐墓誌異體字研究 ——兼論異體字與書法表現之關係》，首都師範大學博士論文，2013 年。

4. 張愛華《唐代〈開成石經〉研究》，首都師範大學碩士論文，2009 年。

五、期刊、論文集論文

1. 張正烺《六書古義》，《歷史語言研究所集刊》，第十冊，中華書局，1987 年。

2. 呂靜《秦漢官僚體制下的基層文吏研究》，《北京行政學院學報》，2011 年第 6 期。

3. 劉桓《殷代史官及其相關問題》，殷都學刊，1993 年第 3 期。

4. 朱楨《貞人非卜辭契刻者》，《殷都學刊》，1986 年第 4 期。

5. 唐長孺《讀〈抱朴子〉推論南北學風的異同》，劉德增編《儒學傳播研究》，中華書局，2003 年。

6. 趙平安《新出〈史律〉與〈史籀篇〉的性質》，《隸變研究》，河北大學出版社，2008 年。

7. 陳志平《中國古代書學一詞的七種含義》，《高等書法教育學科建設與發展國際研討會論文集》，文物出版社 2005 年版。

8. 樊俊利《〈説文〉籀文與西周金文和證》，《語文研究》，2009 年第 4 期。

9. 陸錫興《唐代的文字規範和楷體正字的形成》，語文建設，1992 年第 6 期。

10. 施安昌《唐人〈干祿字書〉研究》，《顏真卿書干祿字書》，紫禁城出版社，1990 年。

11. 張標《阜陽出土《倉頡篇》的若干問題》，《河北師範大學學報》（社會科學版），1990 年，第 4 期 。

12. 《阜陽漢簡〈蒼頡篇〉》，《文物》，1983 年第 2 期 。

13. 〔日〕大庭脩《論漢代的論功陞進》，中国社会科学院歷史研究所戰國秦漢史研究室編的《簡牘研究譯叢》，中國社會科學出版社。

六、網站

1. 國際敦煌項目網站：http://idp.nlc.gov.cn／